本书出版获国家行政学院2014～2016年中青年骨干教师培养计划资助

中国城镇企业职工养老保险制度的历时性研究

李志明◎著

A Diachronic Study of
the Old-age Insurance for
Urban Enterprise Employees
in China

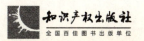知识产权出版社

全国百佳图书出版单位

图书在版编目(CIP)数据

中国城镇企业职工养老保险制度的历时性研究/李志明著.—北京：知识产权出版社,2015.10
ISBN 978-7-5130-3475-3

Ⅰ.①中… Ⅱ.①李… Ⅲ.①城镇—企业—职工—养老保险制度—研究—中国 Ⅳ.①F842.67

中国版本图书馆 CIP 数据核字(2015)第 111736 号

内容提要

本书以中国城镇企业职工养老保险制度为研究对象,综合运用历史研究法、文献研究法、制度分析方法等研究方法,在分阶段探究中国城镇企业职工养老保险制度的背景、内容、特征及其所带来的政策效应,进行制度演变历史回顾的基础上,总结概括了该制度变迁过程的一般规律,分析国家(主要是政府)、企业和个人在该制度中的责任分配问题,并进一步对中国城镇企业职工养老保险制度未来发展进行了展望,最后得出研究结论。

责任编辑:宋　云　　　　　　责任校对:韩秀天
封面设计:李志伟　　　　　　责任出版:卢运霞

中国城镇企业职工养老保险制度的历时性研究

李志明　著

出版发行：知识产权出版社 有限责任公司　　　网　　址:http://www.ipph.cn
社　　址:北京市海淀区马甸南村 1 号　　　天猫旗舰店:http://zscqcbs.tmall.com
责编电话:010-82000860 转 8388　　　　　责编邮箱:hnsongyun@163.com
发行电话:82000860 转 8101/8102　　　　 发行传真:010-82000893/82005070/82000270
印　　刷:三河市国英印务有限公司　　　　经　　销:各大网上书店、新华书店及相关专业书店
开　　本:720mm×1000mm　1/16　　　　印　　张:15.5
版　　次:2015 年 10 月第 1 版　　　　　　印　　次:2015 年 10 月第 1 次印刷
字　　数:254 千字　　　　　　　　　　　定　　价:46.00 元

ISBN 978-7-5130-3475-3

目　录

图表索引

第1章 导 论

一、研究背景及意义

（一）研究背景

老年人的收入保障问题是一个全球性的问题。"在世界上的富国里，如果你在65岁退休，通常你还能再活15～20年。而100年前，通常你可能早已故去了。20世纪末给许多人带来了最后的礼物：年老这种奢侈品。但同所有的奢侈品一样，年老是昂贵的。政府已经在为它的成本大伤脑筋，但政府也知道最坏的还在后头。在未来30～40年，像寿命的增加和出生人口的减少这样的人口变化，会迫使大多数国家从根本上重新考虑照料老人及支付这些费用的种种安排"。❶

从人类历史上看来，当人们进入老年阶段、退出劳动领域后，其养老需求主要可以通过以下几种方式得到保障：要么依靠工作期间积累的个人积蓄和财产，要么依靠家庭其他成员的赡养，要么依靠商业人寿保险计划，要么依靠社会养老保险体系。随着全球范围内工业化进程的加快，非正规的、以社区和家庭为基础的传统养老保障方式逐渐趋于衰落，由政府和社会建立的社会养老保险制度则发挥着越来越重要的功能。老年问题是世界各国政府面临的现实而又紧迫的重大经济社会问题。当前，世界上大约有40%的工人、30%以上的老年人是由正规的社会保险方式提供老年保障的，许多发达国家

---

❶ ［美］小哈罗德·斯凯博等：《国际风险与保险》，荆涛、高蒙、季燕梅等译，第426页，北京，机械工业出版社，1999。

养老金的支出占国内生产总值的比例超过了 10%。❶ 从另外一个角度来看，几乎所有建立了社会保障制度的国家，社会养老保险制度都是其中最重要的社会保障项目。这一方面是由于"在人口老龄化趋势日益加剧的条件下，养老问题在许多国家或地区已经由个人的私人事务演变成一种普遍化的社会风险，从而需要国家和社会建立社会化的养老保障机制"；另一方面则是由于"养老保险因其覆盖面较广，保障水平较高，其财务收支规模几乎在世界各国社会保障制度中一直高居所有社会保障项目之首"。❷

在中国，城镇企业职工养老保险制度初创于新中国成立伊始，至今已走过 60 多年的风雨历程，直至 2005 年 12 月 3 日国务院颁布实施《国务院关于完善城镇企业职工养老保险制度的决定》（国发〔2005〕38 号）后，制度框架才基本走向定型。其间，制度模式就经历了从"国家/企业保险"到"纯粹的企业保险"再到"社会保险"的转变；资金筹集渠道则由最开始的企业单方缴费演变为企业和个人共同缴费；运行管理主体也由工会组织，随后变为企业组织，最后变为社会保险经办机构；制度财务模式也由最初的现收现付制转化为"部分现收现付 + 部分完全积累"❸，等等。由此足见，城镇企业职工养老保险制度的发展和转型是多么复杂而曲折。与世界上其他建立了社会保障制度的国家一样，在中国，养老保险支出总额一直高居所有社会保障项目之首。2014 年，城镇职工基本养老保险基金支出总额达 21 755 亿元，而同年失业保险基金支出 615 亿元，城镇基本医疗保险基金支出 8134 亿元，工伤保险基金支出 560 亿元，生育保险基金支出 368 亿元，❹ 养老保险基金支出约占整个社会保险项目支出总额的 69.2%。可以说，中国整个社会保障制度建设的成败，在很大程度上取决于养老保险制度建设的成败。

2012 年 11 月 8 日，胡锦涛同志在中国共产党第十八次全国代表大会上的报告（以下简称"十八大"报告）中提出，改革和完善企业社会保险制度，"逐步做实养老保险个人账户，实现基础养老金全国统筹，建立兼顾各类人员

---

❶ 参见叶响裙：《中国社会养老保障：困境与抉择》，第 1 页，北京，社会科学文献出版社，2004。

❷ 参见郑功成等：《中国社会保障制度变迁与评估》，第 77 页，北京，中国人民大学出版社，2002。

❸ 参见郑功成等：《中国社会保障制度变迁与评估》，第 90 页，北京，中国人民大学出版社，2002。

❹ 参见人力资源和社会保障部：《2014 年度人力资源和社会保障事业发展统计公报》。

的社会保障待遇确定机制和正常调整机制"，为进一步完善城镇企业职工养老保险制度指明了方向。2013年11月12日，中国共产党第十八届中央委员会第三次全体会议通过的《中共中央关于全面深化改革若干重大问题的决定》（以下简称"十八届三中全会决定"）专门对城镇企业职工养老保险制度的未来改革作出了战略部署，要求"坚持社会统筹和个人账户相结合的基本养老保险制度，完善个人账户制度，健全多缴多得激励机制，确保参保人权益，实现基础养老金全国统筹，坚持精算平衡原则"。这预示着，中国城镇企业职工养老保险制度未来改革的重点将放在"完善个人账户制度"和"实现基础养老金全国统筹"两个方面。2015年1月14日，国务院以国发〔2015〕2号发布《关于机关事业单位工作人员养老保险制度改革的决定》，正式改革现行机关事业单位工作人员退休制度，参照城镇企业职工养老保险制度架构建立社会统筹与个人帐户相结合的基本养老保险制度，与城镇职工相统一。可见，未来机关事业单位工作人员养老金制度将逐渐与企业职工养老保险制度并轨。城镇企业职工养老保险制度作为目标制度，其不断发展完善不仅对于自身实现"十八大"报告所提出的"增强公平性、适应流动性、保证可持续性"的重点目标至关重要，而且还能够为机关事业单位工作人员养老制度改革创造有利环境。

综上所述，城镇企业职工养老保险制度建设的重要性和基本养老保险制度改革发展的复杂性、曲折性、艰巨性以及养老金并轨方案正待全面推开的紧迫性构成了本书的研究背景。

（二）研究意义

站在中国进入全面深化改革、养老保险制度改革顶层设计方案"呼之欲出"、城镇企业职工养老保险制度正在走向定型完善的新历史阶段，回顾城镇企业职工养老保险制度演进变迁的历史过程，分析每一个发展阶段的相关历史细节——制度变革背后的主导因素、制度改革前后的主要内容、新制度呈现出的总体在其中特征以及新制度实施后的政策效应，找出制度发展变迁以及相关主体在其中责任分配演变的特征与规律，并提出该制度未来发展目标构想，具有如下意义。

本书的理论价值在于，将城镇企业职工养老保险制度的发展变迁放在当时时代背景下加以考量，深度挖掘该制度历史变迁背后的影响因素，特别是改革前后各方意见的激烈碰撞，剖析该制度内容的发展轨迹，真实还原城镇企业职工养老保险制度发展演进历程，为今后对该制度的研究提供尽可能明晰详尽的参考文献。这是因为已有的研究当中基本上找不出类似的全面综合性的研究。现有研究成果要么由于过于简练因而反映不出制度演进变迁的复杂过程；要么由于只截取了个别或某些发展阶段（例如 20 世纪 50 ~ 80 年代），而未能完整反映制度演进变迁的全部面貌。本书运用新制度经济学中的制度分析方法，通过系统梳理城镇企业职工养老保险制度的变迁演进过程，探寻每一个阶段中影响该制度演变的决定性因素，进而得出关于城镇企业职工养老保险制度发展影响因素的一般化结论。在此基础上，通过借用项目管理中经常用到的责任分配矩阵（Responsibility Assignment Matrix，RAM）分析方法对国家（主要是政府）、企业和个人在该制度变革、资金供给和管理监督等方面的责任分配进行梳理，最后还对制度未来发展演变进行了前瞻性的展望。这些研究内容在同类研究中都是比较少见的。

除了理论价值，本书还具有一定的实践指导意义，主要表现在通过对城镇企业职工养老保险制度发展的回顾能够为该制度的未来发展提供历史经验借鉴。本书对于城镇企业职工养老保险制度的未来发展构想及政策建议是在进行制度回顾研究和制度分析，并综合考虑该制度未来发展的相关影响因素的基础上提出的，符合中国国情和该制度发展规律，具有一定可行性，能够为政府机关在进行养老保险制度改革决策时提供参考。与此同时，中央正在就整个社会养老保险制度改革进行顶层设计，各路方案激辩争鸣，机关事业单位工作人员养老金制度未来将与城镇企业职工养老保险制度并轨的改革方向也已经明确，这些都使得本书研究主题的现实意义大为增强。

二、相关概念解析

（一）养老保障

老年乃是人类生理的必然过程，是一种可以确定、可以预期的生命现象。就内涵而言，"老年乃是一种个人生理的、心理的及社会释义的综合体"❶，

---

❶ 参见柯木兴：《社会保险》，第 45 页，台北，中国社会保险学会，1991。

原则上无法成为不确定的风险。但是，自然人因年老退出劳动后，势必同时失去其正常的所得来源，生活上容易陷入经济不安全的状态。这时候就需要建立一种机制——养老保障或老年保障，为个人进入老年后提供替代性收入来源以实现经济安全并满足老年生活需要。从内涵来看，养老保障是指通过各种支持手段（经济供养、生活照料以及情感慰藉等）来满足老年人的基本生活需要，实现老有所养的人类行为或社会制度，涵盖了与社会成员老年生活保障相关的各种制度化和非制度化的保障机制。在参考 2005 年世界银行报告提出的五支柱养老金制度❶以及郑功成等于 2002 年提出的关于中国多层次老年保障体系的设想❷的基础上，笔者认为广义上的养老保障应该包括以下五个层次的保障方式。

第一，非正规的保障形式，包括个人自己储蓄，来自家庭、亲友或社区非正式扶持，其他与之相配套的社会福利政策（如老年人补贴、医疗保健、情感慰藉与咨询等）；

第二，普享型或家计调查式的"基本"或"社会"养老保障，包括以税收为基础的普惠制国民养老金以及老年贫困救济制度等社会救助；

第三，差别性职业养老保障，这主要是指与劳动就业及缴费相关的强制性的公共养老金计划，政府还应在此基础上建立相应的老年福利服务体系；

第四，企业或非企业单位提供的养老保障，包括作为职业福利的企业年金计划等补充养老计划以及单位提供的其他福利（如住房福利等）；

第五，个人自愿购买的市场化养老保障，这主要是指商业性人寿保险以及其他通过市场获得的老年保障。

在中国，养老保障在学术语境中使用较多，在官方文件及日常生活用语中并不多见。一般来说，养老保障的首要问题就是为老年人提供经济补偿、化解老年生活的经济不安全。自人类从农牧社会进入工业社会后，随着社会生产方式以及生活方式特别是人口、家庭结构的变迁，老年所带来的经济不安全后果，已经不是大多数的个人、家庭或团体所能承担的，从而只好借由风险分摊机制，通过从国家层面构建的有政府参与的、社会化的保障方式

5

❶ 参见罗伯特·霍尔茨曼、理查德·欣茨等：《21 世纪的老年收入保障——养老金制度改革国际比较》，郑秉文等译，第 9－12 页，北京，中国劳动社会保障出版社，2006。
❷ 参见郑功成等：《中国社会保障制度变迁与评估》，第 107－109 页，北京，中国人民大学出版社，2002。

解决。

（二）养老保险与社会养老保险

从严格意义上来讲，养老保险是指运用保险技术，以社会成员或劳动者为保障对象，以社会成员或劳动者的年老为保障内容的商业性或社会性生活保障机制。它强调风险分摊以及受保障者权利与义务相结合，并以提供基本经济保障为目的。根据保障主体、受保障对象、保障机制等方面的不同，它可以分为商业养老保险和社会养老保险两大类。社会养老保险是国家强制实施的保障制度，其目的是保障因年老退休而丧失收入者的基本生活，解除养老后顾之忧、维护社会稳定；商业养老保险则是建立在自愿的基础之上，通过商业合同形式确立的一种较高水平的老年生活保障。

从通常意义上来讲，在中国，养老保险与社会养老保险的含义并无二致，可以相互换用，都是指国家和社会根据一定的法律和法规，为解决劳动者在达到国家规定的解除劳动义务的劳动年龄界限，或因年老丧失劳动能力、退出劳动岗位后的基本生活而建立的一种社会保险制度。具体而言，它们都主要包含以下三个层次含义。

第一，养老保险或社会养老保险是在法定范围内的老年人完全或基本退出社会生产后才自动发生作用的。这里所说的"完全"，是以劳动者与生产资料的分离或脱离为特征的；所谓"基本"，指的是参加生产活动已不成为主要社会生活内容的状态。需要强调说明的是，世界各国一般使用法定的年龄界限（各国标准不同）作为切实可行的衡量标准。在达到法定退休年龄后，社会成员可以自愿或被强制要求退出劳动力市场，之后的老年基本生活由养老保险或社会养老保险制度安排来提供保障。

第二，养老保险或社会养老保险的目的是保障老年人的基本生活需求，为其提供稳定可靠的生活来源。一般来说，养老保险或社会养老保险主要提供经济保障，然后再由老年人通过社会、市场或家庭机制来获得生活照料和精神慰藉。

第三，养老保险或社会养老保险以社会保险为手段来达到保障的目的。社会保险是基于大数法则，运用风险集中管理技术，利用被保险人及其利益关系人以缴费为主形成的共同基金对被保险人因特定风险事故而导致的损失予以经济补偿、确保被保险人及受其扶养的家庭成员基本收入安全的社会经

济制度。❶

第 1 章 导 论

养老保险或社会养老保险是世界各国较普遍实行的一种社会保障制度。一般具有以下几个特点：一是由国家立法强制施行，企业单位和个人都必须参加，符合养老金领取条件的人，可向社会保险部门申领养老金；二是养老保险的费用来源，一般由国家、单位和个人三方或单位和个人双方共同负担，并在较为广泛的范围内实行资金互济；三是养老保险具有社会性，影响面广，待遇享受人员多且时间较长，保险金支出规模庞大，因此，必须设置专门机构，实行专业化、社会化的统一规划和管理。

在本书中，养老保险被界定为国家和社会为城镇企业职工提供老年生活保障的正式制度安排，它经历了由"国家/企业保险"到"纯粹的企业保险"，再到"社会养老保险"的演变，与一般意义上的养老保险概念有所不同。

（三）制度的界定

近年来，随着制度经济学思潮的兴起，"制度"成为社会科学研究领域中一个非常时髦的词汇，各个学科均从不同的角度对制度概念作了界定。❷ 比较经典的关于"制度"的界定来自于美国经济学家道格拉斯·C. 诺斯。他认为，制度是"为约束在谋求财富或本人效用最大化中个人行为而制定的一组规章、依循程序和伦理道德行为准则"❸。1993 年，诺斯进一步补充，"制度是社会的博弈规则"。因本书研究主题所限，不可能对制度各种相关定义展开介绍，在此仅对制度作一个并非严格定义意义上的界定。

概括而言，社会科学领域研究者所谓的制度就是指行为的规则或方式。尽管他们对制度有各种不同的定义，但是，总体来讲，制度是指人们在行为中所共同遵守的办事规程或行为准则。更通俗地讲，制度就是社会成员的行为规范或共同认可的模式。就一个社会而言，任何个人、组织、社团，甚至包括政府都生存在特定的制度体系中，受其束缚，受其制约。

从制度存在的形式来看，它包括可辨别的正式制度和难以辨识的非正式

---

❶ 参见李志明：《社会保险权：理念、实践与思辨》，第 12 页，北京，知识产权出版社，2012。
❷ 参见董建新："制度与制度文明"，载《暨南学报（哲学社会科学）》1998 年第 1 期，第 8 - 13 页。
❸ 道格拉斯·C. 诺斯：《经济史上的结构与变革》，第 196 页，北京，商务印书馆，1981。

制度。前者主要指现实生活中人们较易识别的，一般是与人们的生活直接相关的，各种正式的、成文的、微观的制度；而后者则主要是指各种不成文的、非正式的各种习俗、惯例和规约等。简言之，制度即行为的模式。它可以是正式的、成文性的、上升为国家意志并受国家法律保护的，也可以是非正式的、不成文的、没有上升为国家意志而不受国家法律保护的。

很显然，本书所言"城镇企业职工养老保险制度"中的"制度"是正式的、成文性的、上升为国家意志并受国家法律保护的行为规则或方式。虽然截至目前调整和规范城镇企业职工养老保险这一领域各种行为的法律规范都还主要是以立法层级和法律效力不高的行政法规、部门规章以及规范性文件的形式出现，但是，这并不影响城镇企业职工养老保险制度成为一项正式的、成文性的、上升为国家意志并受国家法律保护的制度安排。

（四）制度变迁的概念及方式

按照道格拉斯·C. 诺斯的观点，制度变迁是制度创立、变更及随着时间变化而被打破的方式。❶它是对制度非均衡状态的一种反应，是一个从非均衡状态走向均衡状态的动态过程。在这里，制度变迁是指新制度（或新的制度结构）的产生，并否定（替代）、扬弃或改变旧制度（或旧的制度结构）的过程❷，亦即制度的替代、转换和交易过程。作为替代过程，制度变迁是一种效率更高的制度对原制度的取代过程；作为转换过程，制度变迁是一种更有效率的制度的生产过程；作为交换过程，制度变迁是一种制度的交易过程。在制度变迁中，最核心也最活跃的因素是制度变迁主体。只要能从制度变迁预期中获益或避免损失，制度变迁主体就会去尝试变革制度。

一般来说，制度变迁主要有两种变化路径：一种是自下而上的自发性制度变迁，是指现行制度安排的变更或替代，或者是新制度安排的创造，是由个人或一群人受利益驱使，"在响应获利机会时自发倡导、组织和实行"❸，也称为诱致性制度变迁。诱致性制度变迁是新制度生产者和供给者对制度需

---

❶ 参见道格拉斯·C. 诺斯：《经济史中的结构与变迁》，陈郁、罗华平等译，第225页，上海，上海三联书店、上海人民出版社，1994。

❷ 参见胡家勇：《转型经济学》，第1页，合肥，安徽人民出版社，2003。

❸ 科斯：《财产权利与制度变迁——产权学派与新制度学派论文集》，刘守英等译，第384页，上海，上海三联书店，1991。

求的一种自然反应和主动回应，实质是一种需求主导型制度变迁，因而具有渐进性、自发性、自主性等特征。发生诱致性制度变迁必须要有某些来自制度不均衡的获利机会。诱致性制度变迁的主体通常是基层的个人、企业、社会团体，他们为获得新的获利机会而组织和实施制度创新活动，政府主要通过说服和利导的方式间接地影响制度变迁。诱致性制度变迁在发生的时序上，往往遵循"先易后难，先试点试验后推广，再最终确立"的路径，自下而上发生，因而具有边际革命和增量调整的性质。在这种制度变迁中，原有制度往往也比较容易允许新的制度安排渐进地出现以保持其活力。但是，在特定的制度中，或者当这种自下而上的制度变迁发展到一定程度时，也可能会遇到来自上层及多方面的阻碍。❶ 诱致性制度变迁的优点是：具有坚实的组织保障机制和自动稳定功能，具有内在的优化演进机制和广泛的决策修正机制，降低了决策失误率。其缺点：一是改革难以彻底，核心制度难以突破，或者强制性制度供给长期滞后，制度需求缺口大。这是因为，这种变迁方式的推动力较弱，路径选择的传统依赖性较强，在无法获得强制性制度安排时，仅靠边际革命和增量调整的改革策略难以解决核心制度供给的滞后性。二是改革时间长，制度供求之间有一个很长的时滞期，制度的供给是在有需求后才进行，制度供给比较被动。三是改革成本较大，且具有向后累积的趋势。四是改革主体可能会出现逐步位移。五是可能导致"双轨制"的存在。❷

　　另一种变化路径是自上而下的强制性制度变迁，"由政府命令和法律引入和实行"，❸ 是人们在政府的外在压力下而被动接受和选择相关制度安排，属于一种供给主导型制度变迁。它表现出突发性、强制性、被动性，其变迁的动力主要来自制度间竞争产生的压力。在强制性制度变迁中，创新主体是新制度安排的引进者而非原创者，制度是外来的而非内生的，因而它的推行具有强制性。同时，它与诱致性制度变迁的增量式创新不同，强制性变迁往往要改变现存的根本制度即实现制度的转型，具有存量革命性质和激进性。当

---

❶　参见李路曲："制度变迁的动力、特性与政治发展"，载《学习与探索》2013年第7期，第44－51页。

❷　参见吴连霞：《中国养老保险制度变迁机制研究》，第26页，北京，中国社会科学出版社，2012。

❸　科斯：《财产权利与制度变迁——产权学派与新制度学派论文集》，刘守英等译，第384页，上海，上海三联书店，1991。

然，有时这种转型更多的是形式上而非实质性的。❶ 政府作为强制性制度变迁的主体，决定了制度变迁的方向、形式、进程，政府的能力和意愿是决定制度安排的主导因素。政府的制度供给也会遇到费用和收益问题，因此，政府是否采取适当行动来提供新的制度安排，也要依赖政府对于成本和收益的比较。强制性制度变迁的优点是推动力度大，制度出台的时间短，对旧制度的更替作用巨大。其缺点是面临着统治者的有限理性、意识形态刚性、官僚政治、集团利益冲突和社会科学知识局限等问题的困扰。❷

值得指出的是，强制性制度变迁和诱致性制度变迁的区别并不在于其主体是政府还是非政府。如果制度变迁不是为了获取某种利益而完全是在外在压力下进行，即便变迁主体是非政府，也可称之为强制性制度变迁。同样，即使是政府的创新活动，如果是某种利益的诱使，也应归入诱致性制度变迁。在现实生活中，以上两种制度变迁方式很难完全分开。在制度变迁的不同时期或是不同阶段里，诱致性制度变迁往往具有部分强制性特征，同样，强制性制度变迁也常常具有诱致性特征，即所谓的"诱致性制度变迁的强制性"和"强制性制度变迁的诱致性"。与此同时，制度变迁还具有路径依赖的特征，即"人们过去所做出的决定决定了他们现在可能的选择"❸。路径依赖形成的深层次原因是利益因素，现存体制中的既得利益集团会阻碍进一步的改革，哪怕新的体制更有效率。因此，制度变迁过程就是不断解决路径依赖的问题。

（五）责任的含义

在现代福利语境中，"责任"是最重要的概念之一，也是一个内涵不断历史地发展着的概念。"无论在何种社会形态下，都存在某种形式的责任安排，但是，随着社会历史的发展和社会形态的变化，'责任'的内涵和方式却在发生着变化。"❹ 在人类社会发展的早期阶段，人类最关心的是如何在极端恶劣

---

❶ 参见李路曲："制度变迁的动力、特性与政治发展"，载《学习与探索》2013 年第 7 期，第 44－51 页。

❷ 参见吴连霞：《中国养老保险制度变迁机制研究》，第 26 页，北京，中国社会科学出版社，2012。

❸ 马洪：《西方新制度经济学》，第 83 页，上海，上海三联出版社，1999。

❹ 周弘、张浚："福利伦理的演变：'责任'概念的共性与特性"，载《社会保障研究》2014 年第 1 期，第 1－12 页。

的自然条件下求得生存及种群延续。当时，"责任"体现为对伤者、老人及有先天缺陷的群体成员的救助或群体互助。在这一阶段，"责任"之于人类更多地表现为人的社会属性对抗自然环境的意识自觉。后来，这种对于责任的认知逐渐上升到道德层面，并被吸收纳入宗教信仰。

到了农牧社会，现代的"责任"概念还没有出现。❶ 不过，贫困和对穷人的救助已然成为社会生活中不可回避的议题。在这一阶段，各种不同主体自发开展的临时性救灾济贫活动诠释了社会对于责任的理解。在这一阶段，宗教慈善事业、官办慈善事业与民间慈善事业起到了支柱性作用。尽管救济水平不高，但却说明了人类社会对于社会性保障机制的需要。在这其中，他助与互助的道德基础、共同的宗教信仰以及出于政治的需要成为连接人与人关系的一条重要纽带，通过互助来实现人类"团结"也成为人们追求的理想。

在农牧社会向工业社会的转型过程中，大量人口从农村向城市流动，传统的社会纽带开始松弛，由身份决定的社会关系逐渐被契约决定的雇佣关系所取代，"个人责任"观念在新教的推动下逐渐成为占据主流地位的伦理思想，个人和家庭生计的维持，是"理性自主个体"的责任。❷ 当时，工作被广泛地视为人们安身立命的基本道德责任甚至是宗教义务；因懒惰而导致的贫困不仅会受到道德责难、人身惩罚，而且会被归入不应该获得救助的"有罪贫困"范畴。在此背景下，英国政府的官方济贫实践及其出台的两部济贫法将"政府责任"的对象严格限定在那些因年老体弱或丧失劳动能力而"真正需要帮助"的人，并将那些有劳动能力却行乞之人划入"次等资格"（less eligibility），强迫他们劳动以换取救济金。❸

人类进入工业社会后，诸如失业、职业伤害、通货膨胀、低于标准的工资等新兴社会风险不断涌现；传统农牧社会就已存在的诸如年老及高龄、健康不良、家庭主要成员的早逝导致遗属生活失依等个体风险对经济安全所导致的损害已经不是大多数的个人、家庭或团体所能承受的。❹ 在这种情况下，

---

❶ 参见周弘、张浚："福利伦理的演变：'责任'概念的共性与特性"，载《社会保障研究》2014 年第 1 期，第 1 - 12 页。

❷ 参见张世雄：《社会福利的理念与社会安全制度》，第 41 页，台北，唐山出版社，1996。

❸ 参见周弘、张浚："福利伦理的演变：'责任'概念的共性与特性"，载《社会保障研究》2014 年第 1 期，第 1 - 12 页。

❹ 参见李志明：《社会保险权：理念、思辨与实践》，第 1 页，北京，知识产权出版社，2012。

欧洲各国先后出现了市场化运作的风险分摊机制——私人保险以及由产业工人自发建立的行业间或行会内的互助共济制度❶来化解社会风险的实践。在这些实践中，单个个体面对的社会风险，事实上已经通过保险或互助机制转移给整个计划参加者组成的"风险共同体"来共同承担。与此同时，民族国家也开始重新思考贫困的原因及其社会影响，反思济贫政策存在的问题，从单纯的政府社会政策中摆脱出来，向国家的社会立法发展，逐渐承担社会责任。比较典型的事件是德国社会保险制度的建立及推广。社会保险模式强调权利与义务结合，雇主、雇员和国家根据各种保险的性质和风险确定各方责任的分担比例，各个社会成员之间具有相互的权利和责任，形成所谓的"社会团结"模式。❷ 如此，责任概念就经历了一个从"个人责任"到"政府责任"再到"共同责任"和"社会责任"的变化过程。

20世纪80年代以来，由于20世纪70年代的经济危机结束了战后主要发达国家经济发展的"黄金时期"，福利国家模式刚性发展带来的财政压力越来越大，"社会责任"和"社会团结"观念受到挑战，"个人责任"观念被不同程度地重新强调。在"福利国家"不断后撤的过程中，"福利多元主义"逐渐将福利变成政府、企业、社会、家庭和个人共同参与和分担的公共事业，并把个人享受社会福利的权利与从事劳动的责任连接起来。改革开放以来中国社会保障制度的整体改革和转型，福利供给责任逐渐从国家—单位向国家—社会转移，个人保障责任及相应缴费机制的引入，都表明了并印证着国际社会关于"责任"理念的最新转向对中国社会保障制度建设的深刻影响。

三、文献综述

目前，专门对城镇企业职工养老保险制度进行制度回顾与展望的理论研究并不多，关于城镇企业职工养老保险制度回顾的研究多散见于社会保险、养老保险以及社会保险法、社会保障法相关教材对于养老保险（法

---

❶ 例如，法国的互助协会（Mutualités）、英国的友谊社（Friendly Societies）以及德国的共济组织（Hilfskassen）都是这种尝试以外化手段化解社会风险的实验。

❷ 参见周弘、张浚："福利伦理的演变：'责任'概念的共性与特性"，载《社会保障研究》2014年第1期，第1-12页。

律）制度沿革的论述之中。也有专门就中国社会保障或社会养老保险制度变迁及相关问题的研究报告和专著出版，但是，专论城镇职工养老保险制度演进的笔墨不多；发表于期刊杂志上的有关城镇企业职工养老保险制度研究的学术论文，限于篇幅，往往只对该制度的历史变迁简要概括，而不可能展开深究其背后的政治需要、经济状况、技术水平、社会变迁、价值观念、文化传统、历史传承、公众态度等影响因素及制度改革实施后所带来的政策效应。

关于中国城镇企业职工养老保险制度未来发展展望的研究，也较为零散和稀少。就我们目前所见，这方面的研究绝大多数见于就中国城镇企业职工养老保险制度存在的问题所提出的对策建议中，且少有研究论及城镇企业职工养老保险基本制度的未来发展方向，多限于现有问题之疗治。

在研究方法上，现有研究以制度变迁过程的描述研究为主，而从制度分析角度对制度变迁背景、内容、特征以及所带来的政策效应进行深入剖析的研究较少；以定性的政策分析为主，定量研究较少。

接下来，我们将就中国城镇企业职工养老保险制度变迁、责任分配与发展展望的现有文献分主题进行综述和评论。

（一）关于城镇企业职工养老保险制度变迁的研究

1. 对于发展阶段的划分

对城镇企业职工养老保险制度进行回顾，首要任务是对其各个发展阶段作一个明晰的划分。对于城镇企业职工养老保险制度发展阶段的划分，多数学者主张以 20 世纪 80 年代中期一些地区开展退休费在市、县一级或行业内部统筹的改革试点为界限，将城镇企业职工养老保险制度发展划分为两个主要阶段：在此之前的发展阶段被称为"国家—单位保障制养老保险"时期，或称为"传统养老保险制度"时期、"传统体制下的退休养老制度"时期、"国家养老保险"时期、"单位保险"时期、"劳动保险"时期等；将之后的发展阶段称为"国家—社会保障制养老保险"时期，或称为"社会养老保险制度"时期、"'统账结合'养老保险"时期、"转型期的养老保险制度"时期、"社会保险"时期等。这两个主要阶段又可以分别被划分为若干个子发展

13

阶段。● 我们不难发现，上述"二分法"的主张基本上是以中国经济体制改革的起始时间作为城镇企业职工养老保险制度两个主要发展阶段的分界线。之所以这样划分，除了传统养老保险制度自身存在致命缺陷而导致该制度无以为继外，经济体制改革打破了传统养老保险制度的制度基础，使得由单位支撑的传统退休养老制度不再具有稳定的组织基础和经济基础也是主要原因。

除了上述"二分法"，也有学者主张将城镇企业职工养老保险制度分为三个发展阶段：党的十二届三中全会以前的传统体制阶段、20 世纪 80 年代中期以后的社会统筹试点及实施阶段、1995 年 3 月以来的"社会统筹与个人账户相结合"阶段❷。还有学者将其划分为四个发展阶段：第一阶段（从 20 世纪 50 年代初到 20 世纪 70 年代末）、第二阶段（从 20 世纪 80 年代初到 1997 年）、第三阶段（从 1997～2005 年）、第四阶段（从 2005 年开始到现在）❸。不管是"三分法"还是"四分法"，实际上都是以养老保险财务模式的改革，即引入个人账户、实行部分积累制的财务模式作为界线，将上述"二分法"中的第二个主要发展阶段细分为前后几个不同的发展阶段。当然，也有学者打破了这种常规，将城镇企业职工养老保险制度的发展历程划分为传统制度阶段（1951～1993 年）、制度转型阶段（1993～2000 年）、制度完善阶段

---

❶　参见郑功成等：《中国社会保障制度变迁与评估》，第 77 页，北京，中国人民大学出版社，2002；林嘉：《社会保障法的理念、实践与创新》，第 160 页，北京，中国人民大学出版社，2002；宋晓梧：《中国社会保障体制改革与发展报告》，第 44 页，北京，中国人民大学出版社，2001；杨方方："我国养老保险制度演变与政府责任"，载《中国软科学》2005 年第 2 期，第 17 - 23 页；潘锦棠："新中国基本养老保险六十年"，载《马克思主义与现实》2010 年第 1 期，第 36 - 41 页；蔡向东：《统账结合的中国城镇职工基本养老保险制度可持续性研究》，第 44 - 53 页，北京，经济科学出版社，2011；等等。中国养老保险制度是城镇企业职工养老保险制度、机关事业单位工作人员退休养老制度和农村社会养老保险制度"三制并行"而组成，但是由于新中国成立以来机关事业单位工作人员退休养老制度基本上没有进行大的改革，中国政府从 20 世纪 80 年代中后期才开始探索建立农村社会养老保险制度，因此，上述部分文献对于中国养老保险制度主要发展阶段的划分就是针对城镇企业职工养老保险制度而言的，为叙述便利，我们直接称为城镇企业职工养老保险制度发展阶段划分。

❷　参见葛延风："完善城镇职工养老保险制度的思路与对策"，载陈佳贵、王延中《中国社会保障发展报告（2001～2004）》，第 178 页，北京，社会科学文献出版社，2004；孙祁祥、郑伟等：《中国社会保障制度研究——社会保险改革与商业保险发展》，第 17 - 21 页，北京，中国金融出版社，2005；郑伟：《中国社会养老保险：制度变迁与经济效应》，第 9 - 14 页，北京，北京大学出版社，2005；苑科："论我国城镇企业职工养老保险制度的发展及改革"，载《科技信息》2011 年第 4 期，第 83 - 84 页；等等。

❸　参见郑双胜："我国城镇职工基本养老保险制度研究综述"，载《贵州财政学院学报》2009 年第 3 期，第 64 - 57 页。

（2000 年以后）三个阶段。❶

2. 对于制度特征的描述

与城镇企业职工养老保险制度发展阶段划分研究相伴随的是对各个发展
阶段制度特征的归纳研究。目前，国内学术界对此具有比较一致的看法，认
为从总体上来讲，计划经济时代城镇企业职工养老保险制度的特征可以归纳
如下❷：第一，国家主导、企业（单位）负责。在计划经济体制下，各个企
业并非独立的经济单位，企业依附国家而存在，国家决定了企业的生死存亡。
表面上，城镇企业职工养老保险制度由企业单位实施，但是，其背后则是国
家财政的无限责任。与此同时，该制度不需要职工个人缴纳养老保险费，经
费全部来源于企业（单位）生产收益；养老保险资金的提取、管理和发放全
部由企业（单位）或其工会组织负责，没有实现社会化。第二，现收现付。
计划经济时代城镇企业职工养老保险制度采取的是现收现付的财务模式，职
工的养老经费纳入企业年度经营成本的开支项目，基本上不存在资金积累，
也没有实现社会统筹。第三，制度分立。城镇企业职工养老保险制度依所有
制性质不同，而在国营企业和集体所有制企业职工之间有所不同，后者的待
遇较前者要低，从而在城镇企业职工中间形成了按照所有制性质区分养老保
险制度的二元格局。第四，注重公平。与当时城镇保证就业的劳动制度密切
相关，传统养老保险体制更多地强调公平，权利与义务不对称，平均主义倾
向明显。

到了 20 世纪 80 年代中期以后，城镇企业职工养老保险制度开始进行根
本性变革，进入转型期的养老保险制度阶段。对于这一阶段制度特征的总结，
目前研究涉及不多，但是，对照传统体制下的城镇企业职工养老保险制度，
部分学者也总结出了一些较为公认的特征❸：第一，社会化。城镇企业职工养

❶ 参见王利军：《中国养老金缺口财政支付能力研究》，第 48－57 页，北京，经济科学出版社，
2008。

❷ 参见葛延风："完善城镇职工养老保险制度的思路与对策"，载陈佳贵、王延中《中国社会保
障发展报告（2001～2004）》，第 178－179 页，北京，社会科学文献出版社，2004；郑功成：《中国社
会保障制度变迁与评估》，第 83－84 页，北京，中国人民大学出版社，2002；林嘉：《社会保障法的理
念、实践与创新》，第 160 页，北京，中国人民大学出版社，2002；郑秉文、高庆波、于环："社会保
障理论的演进与创新"，载张卓元主编：《中国经济学 60 年（1949～2009）》，第 421 页，北京，中国
社会科学出版社，2009；等等。

❸ 参见郑功成等：《中国社会保障制度变迁与评估》，第 89－91 页，北京，中国人民大学出版
社，2002。

老保险制度实行养老保险费用社会统筹，对在一定统筹区域内所有企业职工缴纳的养老保险费进行统一归集、统筹使用，从而平衡各个企业间的养老负担，分散职工老年风险；建立独立于企业之外的专门养老保险管理机构对养老保险基金进行管理；通过商业银行等机构实现养老金的社会化发放等。第二，责任共担。城镇企业职工社会养老保险制度改变了传统养老保险制度单一的资金来源渠道，明确了职工个人的缴费责任，确立了企业、个人、国家三方共同缴纳养老保险费的原则，规定了养老保险制度当事人之间权利与义务的关系格局。

3. 对于制度发展的评价

围绕中国城镇企业职工养老保险制度的发展变迁，不少学者对该过程进行了评价。郑功成运用历史与现实相结合的方法，对传统退休养老制度进行了评估，认为传统退休养老制度在强调权益公平，增进劳动者的福利，解除城镇企业职工养老后顾之忧的同时，也因存在着严重的内在缺陷而不具有可持续性；这种不可持续性不仅使得这一制度本身难以为继，也拖垮了国有企业，最终成为国家的沉重负担。❶焦凯平认为虽然传统的城镇企业职工养老保险制度对于保障广大退休人员的生活，调动在职职工的积极性，维护社会稳定发挥了重要作用，但是，从其建立之日起就存在一定局限性，尤其是随着中国 20 世纪 80 年代开始的经济体制改革的不断深入，它逐渐暴露出了诸如覆盖面窄，社会化程度低，层次单一，享受权利、待遇水平因职工身份不同存在差异，退休条件和待遇标准不尽科学合理，计发办法不能适应劳动工资制度改革的要求，缺乏养老金调整机制，管理体制不顺等弊端。❷仇雨临在梳理中国养老保险制度的历史沿革之后，也指出了传统养老保险制度的诸多弊端：覆盖面窄，不利于多种经济成分的共同发展和多渠道就业政策的实施；"企业保险"降低了保障能力，妨碍了企业之间的公平竞争；养老保险筹资方式和给付层次单一，加重了企业和国家的保障负担；"政出多门"的管理体制不利于社会保险事业的发展。❸

---

❶ 参见郑功成等：《中国社会保障制度变迁与评估》，第 84－86 页，北京，中国人民大学出版社，2002。

❷ 参见焦凯平：《养老保险》（第二版），第 40－42 页，北京，中国劳动社会保障出版社，2004。

❸ 参见董克用、王燕：《养老保险》，第 187－188 页，北京，中国人民大学出版社，2000。

对于 20 世纪 80 年代以来的养老保险制度改革，郑功成认为可以予以充分肯定。但是，改革中的问题同样巨大而复杂，其中既有历史问题，也有因经验不足或采取"摸着石头过河"的渐进式改革方式而难以避免的失误，还有因部门利益牵制、非理性决策和判断失准所造成的失误。❶ 林嘉指出，经过多年的改革与探索，并借鉴国际多方面经验，中国基本上建立了适应市场经济体制要求、体现公平与效率相结合、权利与义务相统一的基本养老保险制度，这对于社会稳定、促进经济的发展起到了相当重要的作用。但她也认为，当前的养老保险制度在运行中仍然存在很多问题，有些甚至是深层次的矛盾。❷ 葛延风认为，养老保险制度特别是企业养老保险制度改革的最大进展是，全面由过去具体单位作为保障主体、保障资金在单位内封闭运行改革为社会统筹，统筹层次也在提高；同时，新时期养老保险制度的保障对象也由过去只面向公有制经济部门职工改革为面向城镇各种经济类型的从业人员。他指出，这种改革对于推进国有企业改革和促进其他所有制经济发展、促进劳动力流动，对于保障职工权益、维护社会稳定等都发挥了非常积极的作用，成效值得肯定。❸ 在肯定改革所取得成就的同时，葛延风还指出了当前养老保险制度建设中面临着覆盖面仍然较窄，且扩大覆盖面的难度非常大，财务上的不可持续性问题突出，管理漏洞很多等问题，将对城镇企业职工养老保险制度的改革和发展产生非常突出的影响。❹ 孙祁祥、郑伟等在指出当前养老保险制度改革面临着有效覆盖面较窄，财务压力巨大，区域发展严重不平衡等问题的同时，还认为群众对该制度满意度普遍不高，对未来保障的信心不充足，这将反过来制约制度有效覆盖面的扩大，进而加大财务压力，很有可能陷入恶性循环。❺

17

---

❶ 参见郑功成等：《中国社会保障制度变迁与评估》，第 105 – 106 页，北京，中国人民大学出版社，2002。

❷ 参见林嘉：《社会保障法的理念、实践与创新》，第 165 页，北京，中国人民大学出版社，2002。

❸ 参见葛延风："完善城镇职工养老保险制度的思路与对策"，载陈佳贵、王延中《中国社会保障发展报告（2001～2004）》，第 183 页，北京，社会科学文献出版社，2004。

❹ 参见葛延风："完善城镇职工养老保险制度的思路与对策"，载陈佳贵、王延中《中国社会保障发展报告（2001～2004）》，第 184 页，北京，社会科学文献出版社，2004。

❺ 参见孙祁祥、郑伟等：《中国社会保障制度研究——社会保险改革与商业保险发展》，第 43 – 50 页，北京，中国金融出版社，2005。

4. 对制度变迁的研究

有不少文献从新制度经济学的分析范式出发，将城镇企业职工养老保险制度变迁定性为强制性制度变迁。主要原因是中央集权式的政治体制下，强制性制度变迁是中国各项制度变迁的主旋律。其中，黄少安认为，中国养老保险制度改革是一种以效率提高为取向的制度变迁，呈现出"同一轨迹上制度变迁的边际效益先增后减"、继而通过新的变迁或调整重新开始边际收益从递增到递减变化的特征。[1]

同时，也有不少文献指出了制度变迁过程中各主体的能动性作用。李连友从养老保险制度所涉及的不同利益主体的分化行为来分析养老保险制度的变迁过程，认为中国养老保险制度的变迁过程实际是"各利益主体不断与政府博弈，追求自身利益的过程"。具体而言，地方政府为获取地方利益而阻止养老保险统筹层次的提高；各部门为追求自身利益而寻求实现养老保险的行业统筹；农民、城镇个体户等"边缘群体"由于其所属群体高度分化，其表意能力及利益诉求能力相对较差，因而在养老保险制度变迁中获益最少。[2] 封进通过研究发现，中国养老保险制度的选择实际上与公平和效率的交替和协调有关。养老保险利益群体对养老保险制度选择的不同态度影响了某时期制度对公平和效率的不同程度的关注。[3]

(二) 关于城镇企业职工养老保险责任分配的研究

在城镇企业职工养老保险责任分配的相关研究中，数量最多的是对该制度中政府责任的研究。

1. 有关责任共担机制的研究

理论界普遍认为，养老保险责任应当在国家、企业和个人等主体间进行合理分担。杨方方指出，在养老保险制度从传统的单位保险向现代社会保险的演变过程中，建立科学合理的责任共担机制是重要目标。[4] 张玉洁运用系统

---

❶ 参见黄少安："关于制度变迁的三个假说及其验证"，载《中国社会科学》2000 年第 4 期，第 37－49 页。

❷ 参见李连友："论利益分化对我国养老保险制度变迁的影响"，载《财经理论与实践》2000 年第 1 期，第 7－11 页。

❸ 参见封进："公平与效率的交替和协调——中国养老保险制度的再分配效应"，载《世界经济文汇》2004 年第 1 期，第 24－36 页。

❹ 参见杨方方："我国养老保险制度演变与政府责任"，载《中国软科学》2005 年第 2 期，第 17－23 页。

动力学对基本养老保险责任分担机制进行研究后发现，按照当前的制度设计，政府和个人承担的责任偏轻、企业承担的责任偏重，主张提高个人缴费负担、降低企业缴费负担、加大政府财政投入。❶

董慧丽研究城镇企业职工养老保险制度演变过程中个人责任与国家责任的相互关系，认为它经历了由个人责任（家庭养老）到国家责任（国家保险），再由国家责任到国家、个人相互责任的调整过程。❷ 刘玮从养老保险产品属性的角度出发，从理论上论证了"在一个正式养老制度中，政府责任与个人责任（制度性的）共同构成了正式的制度化的养老责任"，并认为如何确定和落实个人责任，最终应以实现社会总福利的最大化为目标。❸

除了养老保险制度中个人责任和政府责任关系的探讨，现有研究还涉及了企业与财政养老保险供款责任边界及其分担问题。顾文静通过测算，提出了企业与财政责任费率的分担办法和时机选择，即在保证5%的财政收入供款的前提下，企业适度分担财政责任费率。这样做既在财政的支撑能力之内，又可以把企业缴费负担降至20%以下。直至2020年以后，企业终止对财政供款责任的分担，双方各负其责，并通过在2025年统一男女退休年龄等措施实现企业和财政较低缴费负担前提下的养老保险收支制度平衡。❹

2. 有关政府责任的专门研究

在城镇企业职工养老保险制度中，政府责任的承担至关重要，并且迄今为止其边界也尚未明确。杨方方、李志明通过研究发现，在城镇企业职工养老保险制度变迁过程中，政府责任在从"无所不包"向"有所为、有所不为"迈进。她通过对转型以来政府责任的实证分析发现，不论是政府的规范和设计责任、财政责任还是监管责任和实施责任，履行得都很不充分，有待完善❺，主要表现在财政责任在各责任主体之间相互转嫁以及政府监管责任的

---

❶ 参见张玉洁："基本养老保险三方责任分担机制研究"，载《劳动保障世界（理论版）》2012年第6期，第9–14页。

❷ 参见董慧丽："养老保险制度演进中的个人责任与国家责任"，载《南都学坛（人文社会科学学报）》2006年第3期，第36–38页。

❸ 参见刘玮："个人责任：养老保险的一种理论分析"，载《云南社会科学》2006年第3期，第73–77页。

❹ 参见顾文静："企业与财政养老保险供款责任边界及分担"，载《中南财经政法大学学报》2008年第5期，第104–108页。

❺ 参见杨方方："我国养老保险制度演变与政府责任"，载《中国软科学》2005年第2期，第17–23页；李志明："企业职工基本养老保险中的责任分配"，载《行政管理改革》2015年第1期，第38–42页。

严重缺失。❶

对于政府在养老保险制度中应当承担什么责任，理论界关注较多。刘远风从社会保障帮助人们处理生活风险的核心职能出发，指出政府在养老保险中应协调和利用各种力量实现养老保障目标，控制个人、企业等主体在养老决策中的风险因素；在多支柱养老保险体系中，政府的责任在于统筹利用不同的养老金类别在收入再分配、风险分担和处理、资本积累和金融深化等方面各自具有的优势。此外，理论界政府还应承担和履行财政兜底责任，必须控制财政风险。❷ 此外，理论界对政府在养老保险制度中承担有限或适度的责任上存在共识。王利军运用经济学中市场失灵和政府失灵理论，对政府介入养老保险的必要性进行分析，并提出政府在养老保险制度中应承担适度责任，包括制订养老保险发展规划并组织实施、规范养老保险制度、解决老年人的经济贫困问题、促进非政府养老保险计划的发展等。❸ 李艳军、王瑜认为，政府只需要在养老保险制度中承担有限责任，具体表现为建立制度安排、提供资金支持、确保最低收入和实施严格的监管等方面。❹

现有研究对养老保险隐性债务中的政府责任很感兴趣。成志刚、何晖认为，养老保险隐性债务中政府责任的定位应是主导而不是包办，并指出政府在解决养老保险隐性债务问题中的现实选择是建立一个以保险原则为基础的，以政府为主导、其他责任主体为补充的多元化养老保险隐性债务动态偿还体系。❺ 杨雯则认为，对于养老保险隐性债务，政府不能掉以轻心，要及早动手，千方百计筹集资金解决；要调整财政支出结构，建立养老保险补助制度；加快养老保险制度规范化进程。加强养老保险收支和结余资金管理，杜绝养老保险隐性债务非正常扩张。❻ 王飞鹏则将养老保险隐性债务划分为社会统筹隐性债务、个人账户隐性债务和未来隐含的个人账户隐性债务三个部分，并结合现代公共管理理

❶ 参见杨方方："中国社会保险中的政府责任"，载《中国软科学》2005年第12期，第18－26页。
❷ 参见刘远风："养老保险中的政府责任——基于风险管理的视角"，载《社会保障研究》2011年第4期，第17－25页。
❸ 参见王利军："养老保险政府责任的经济学分析"，载《辽宁大学学报（哲学社会科学版）》2005年第2期，第123－127页。
❹ 参见李艳军、王瑜："养老保险中的政府责任：一个分析框架"，载《重庆社会科学》2007年第7期，第95－98、106页。
❺ 参见成志刚、何晖："论我国养老保险隐性债务中的政府责任"，载《文史博览》2006年第24期，第39－42页。
❻ 参见杨雯："我国养老保险制度中的隐性债务与政府责任"，载《山东大学学报（哲学社会科学版）》2003年第3期，第132－135页。

论明确了解决各类隐性债务时政府的相关责任和应当发挥的主要职能。❶

此外，已有的相关研究还涉及了国家对职工视同缴费年限的补偿责任、养老保险基金管理中的政府责任以及养老保险制度改革中的中央政府与地方政府关系等问题。❷

（三）关于城镇企业职工养老保险制度未来展望的研究

1. 对于改革方向的争论

关于城镇企业职工养老保险制度的改革方向，国内学者持两种不同观点。部分学者认为，根据目前中国经济运行和社会发展形势，该制度不适合实行基金积累制，应该回到现收现付制的财务模式当中去。如封进从社会福利最大化的目标出发，得出现收现付制和基金制混合的养老保险体系存在一个最优的混合比率。用这一框架分析中国养老保险体系得出的结论是当前和今后相当长的时间内，中国养老保险体系还是应该以现收现付制为主。❸ 袁志刚、葛劲峰则认为，城镇企业职工养老保险制度引入个人账户制度，关键要看中国当时的宏观经济属于哪种情况。如果国民储蓄很低，引入个人账户制度后，能够吸收社会闲余资金、提高国民储蓄率，这也是投资回报率得到保证的前提条件；如果储蓄过度，则不适宜引进个人账户，因为投资回报率难以得到保证。❹ 邵挺则认为省级统筹前提下，各地方政府相差悬殊的财政能力会显著影响各地方养老基金运行的市场效率。由于中国目前的养老保险基金仍处于省级统筹，还不具备从现收现付制向基金制转变的条件。在养老保险体系统筹层次提高后，才可以考虑现收现付制向基金积累制的转变。❺

---

❶ 参见王飞鹏："养老保险隐性债务的责任主体与政府职能界定"，载《西北人口》2009 年第 3 期，第 29－34 页。

❷ 参见龙翠新、张光耀："国家的养老保险责任——兼谈国家对职工视同缴费年限的补偿"，载《中国社会保障》1999 年第 4 期，第 28－29 页；仇新忠："养老保险基金管理与政府责任"，载《金融纵横》2005 年第 3 期，第 63－64 页；林治芬："中央与地方养老保险责任划分模式设计"，载《财贸经济》2006 年第 6 期，第 73－77 页；鲁全：《转型期中国养老保险制度改革中的中央地方关系研究——以东北三省养老保险改革试点为例》，北京，中国劳动社会保障出版社，2011。

❸ 参见封进："中国养老保险体系改革的福利经济学分析"，载《经济研究》2004 年第 2 期，第 55－63 页。

❹ 参见袁志刚、葛劲峰："由现收现付制向基金制转轨的经济学分析"，载《复旦学报（社会科学版）》2003 年第 4 期，第 45－51 页。

❺ 参见邵挺："养老保险体系从现收现付制向基金制转变的时机到了吗？——基于地方财政能力差异的视角"，载《财贸经济》2010 年第 11 期，第 71－76 页。

另一部分学者认为在人口老龄化的压力下，中国应将现收现付的养老保险体系转向基金积累制的养老保险体系。蔡昉等提出，未来35年中国人口老龄化率将持续上升，养老保险应该立即开始从现收现付制向基金积累制过渡。对于刚刚就业的人员，应该立即为其建立起个人账户，该部分人员不再被社会统筹覆盖；对于已经就业但还未退休的工作人员，也为其建立个人账户，社会统筹仍然覆盖这部分人员建立个人账户之前的部分养老金积累。随着该部分人员在总人口中比重逐渐下降，社会统筹部分也将下降、直至消亡。❶ 薛惠元和王翠琴在不考虑养老保险管理费用的前提下，运用养老保险收支平衡数理模型，比较分析了现收现付制与基金积累制的养老保险制度成本，得出为了应对未来的养老金支付危机，城镇企业职工养老保险制度应该向部分基金制转变的结论。❷

2. 对于做实个人账户的选择

学者们对是否应该做实城镇企业职工养老保险制度中的个人账户也存在争议。部分学者认为应该做实个人账户，如孙祁祥提出，只有个人账户真正有积累，才有可能进行投资运营、实现保值增值。而处理转制成本是实现个人账户从"空账"到"实账"转变的关键。如果不解决转制成本问题，就没有解决现收现付体制面临的更为关键的问题——养老金支付危机，而仅仅是推迟了支付危机发生的时间。❸ 在做实个人账户途径方面，大部分学者提到了国有资产的作用。吴敬琏等较早提出，在养老保险制度市场化改革以及国有资本退出时，应该利用这部分国有资产存量补偿隐性养老金债务。❹ 李绍光、项怀诚提出应该利用国有资产充实养老保险基金。❺ 寇国明提出全国社保基金长期持有部分国有股获得分红，通过降低代际企业所有权的转移成本等途径

---

❶ 参见蔡昉、孟昕、王美艳："中国老龄化趋势与养老保障改革：挑战与选择"，载《国际经济评论》2004年第4期，第40－43页。

❷ 参见薛惠元、王翠琴："现收现付制与基金制养老保险制度成本比较——基于养老保险收支平衡数理模型"，载《保险研究》2009年第11期，第59－64页。

❸ 参见孙祁祥："'空账'与转轨成本——中国养老保险体制改革的效应分析"，载《经济研究》2001年第5期，第20－27页。

❹ 参见吴敬琏："当务之急就是尽快建立市场经济的基础结构"，载《管理现代化》1992年第6期，第1－5页；中国经济体制改革总体设计课题组："企业社会保障职能的独立化"，载《经济研究》1993年第11期，第15－22页。

❺ 参见李绍光："划拨国有资产和偿还养老金隐性债务"，载《经济学动态》2004年第10期，第57－60页；项怀诚："全国社会保障基金投资运营管理过去、现状和未来"，载《国际金融报》2004年9月22日。

增加劳动者和退休者的福利。❶

另有部分学者认为在中国城镇企业职工养老保险制度向社会统筹和个人账户相结合的部分积累制转变时，没有必要做实个人账户，应该实行名义账户制。例如，郑伟、袁新钊认为瑞典等国的名义账户制改革经验为中国提供了宝贵借鉴，名义账户制可以作为未来长期改革一项重要过渡制度，提供较大的灵活性，它不要求具备成熟的资本市场，短期转制成本相对较低，与现收现付制相比具有较好的参保激励。❷ 郑秉文等人更是系统地论证了名义账户制的必要性及向名义账户制转型的方案与思路，并得到了广泛关注和讨论。❸

3. 对于改革目标的展望

除了上述针对改革方向中具体问题的探讨，还有许多学者对未来城镇企业职工养老保险制度建设的总体目标进行了规划设计。例如斯坦福大学经济学教授刘遵义（Lawrence J. Lau）认为，目前中国城镇企业职工养老保障体系发展的总体目标是为中国城镇居民建立一个由社会基本养老金和强制性个人公积金账户两部分组成的社会养老保障体系。该体系以社会养老保障为基本功能，同时兼具医疗保障、失业保障及住房、教育等其他辅助性功能。在此基础上，再根据中国经济的实际发展状况及社会养老保障体系的实际运行情况，选择合适的时机和方式，逐步将社会养老保障体系扩大到全社会。❹

郑功成认为，从长远的发展目标来看，中国基本养老保险制度"统账结合"模式可以向普惠制国民养老保险与差别性职业养老保险制度双层结构发展，这既是增强对劳动者老年时期的保障能力的需要，也是中国构建和谐社会、增进国民福利的需要，同时还是能够适应中国国情的一种合理政策取向。其中普惠制国民养老保险的直接责任主体是政府，经费来源于税收，待遇标准与物价水平挂钩；差别性职业养老保险由政府主导，但由雇主与劳动者分担缴费责任，待遇标准因与劳动就业及缴费有关而存在差异。❺ 同时，郑功成

---

❶ 参见寇国明："'国有股划拨社保基金'及'社保基金海外投资'政策的经济效应——基于文字表述的一般均衡模型分析"，载《中央财经大学学报》2007年第6期，第19－23页。

❷ 参见郑伟、袁新钊："名义账户制对中国养老保险改革的贡献和挑战"，载《第五届中国保险教育论坛文集》（厦门大学），2009年11月。

❸ 参见郑秉文：《中国养老金发展报告2014—向名义账户制转型》，北京，经济管理出版社，2014。

❹ 参见刘遵义："关于中国社会养老保障体系的基本构想"，载《比较》（第六辑），第3－28页，北京，中信出版社，2003。

❺ 参见郑功成：《社会保障学》，第314页，北京，中国劳动社会保障出版社，2005。

也指出，中国的基本养老保险制度要由现行的"统账结合"模式走向普惠制国民养老保险与差别性职业养老保险相结合，还有一个相当长的发展过程；在这个过程当中，不断扩大基本养老保险制度的覆盖面以及设计多元化的制度组合来推进尚未纳入基本养老保险制度的群体的养老保险制度是当务之急。❶ 在 2008 年，郑功成在开展有关中国社会保障改革和发展战略研究时改变了原有设想，提出城镇企业职工养老保险制度未来发展仍然是实行"统账结合"模式，逐渐发展演变成为"将各类企业职工、社会团体从业人员、民办非企业单位从业人员、其他劳动合同制下的劳动者强制纳入制度覆盖范围内"，"个体工商户、私营企业主以及自雇佣者等群体可以鼓励参加"的职工基本养老保险制度，并设想在新中国成立一百周年（2049 年）前后连同公职人员养老金制度、农民养老保险制度整合为全国统一的国民基本养老保险制度，为参保对象提供待遇基本一致的基础性养老金，然后适时转变为以税收为基础的国民年金制度。❷

葛延风主张城镇企业职工养老保险制度改革的目标是应致力于建立一个广覆盖、低水平、可持续、促发展的体制。他还指出，在明确新制度框架后，另一个关键问题是妥善处理旧体制遗留问题，否则，新体制不可能顺利建立。❸

（四）对现有研究的评论：理论贡献与不足之处

现有研究涉及了城镇企业职工养老保险制度回顾、责任分配及未来发展的展望。其中，对于该制度历史变迁的研究较为广泛，内容涉及制度阶段划分、特征归纳、变迁评估等；对于制度变迁过程中各方主体责任分配特别是政府责任的研究日渐增多；对于该制度发展方向和未来展望的研究更是提出不少颇具创新性的设想。这些已有的研究成果为本书的写作奠定了坚实的研究基础、提供了丰富的参考材料，但是也存在着以下需要改进之处。

在研究内容方面，现有研究对于城镇企业职工养老保险制度的回顾，多限于制度演变过程描述、内容概述、特征归纳以及效果评价，较少论及制度演变

---

❶ 参见郑功成等：《中国社会保障制度变迁与评估》，第 115 页，北京，中国人民大学出版社，2002。

❷ 参见郑功成：《中国社会保障改革与发展战略：理念、目标与行动方案》，第 123 - 140 页，北京，人民出版社，2008。

❸ 参见葛延风："完善城镇职工养老保险制度的思路与对策"，载陈佳贵、王延中《中国社会保障发展报告（2001~2004）》，第 196 - 200 页，北京，社会科学文献出版社，2004。

的时代背景和社会环境，特别是缺少对影响制度从此制度变革到彼制度，从此阶段演进到彼阶段的相关因素的剖析，显得不够全面。对于现有城镇企业职工养老保险制度回顾研究中尚缺少运用整体眼光去回顾整个制度演变历程，进而得出关于城镇企业职工养老保险制度变迁的一般规律，为该制度的未来发展提供参考和借鉴。同时，已有研究中，鲜有系统研究城镇企业职工养老保险制度变迁过程中国家（政府）、企业和个人责任分配格局发展演变的。此外，现有有关城镇企业职工养老保险制度发展方向和展望的研究，在内容上多重于未来构想设计，而缺少从现有制度到目标制度发展过程的路径设计。

在研究方法方面，多数研究仍然使用对制度进行描绘分析的研究方法，系统地运用理论模型进行研究的不多。事实上，关于城镇企业职工养老保险制度回顾与展望的研究，可以以新制度经济学中的制度变迁理论为指导，并综合运用制度分析方法以及整体与部分相结合等研究方法来进行。这样，有助于我们对城镇企业职工养老保险制度形成一个更为整体、更为深刻的认识，也能够对制度未来发展设想提供更加科学、更具说服力的依据。

四、研究设计

（一）篇章结构

本书包括导论、主体内容、结语在内三个部分，共分为七章：

第1章，导论。在导论部分中，笔者首先介绍本书的研究背景及研究意义，界定养老保障、社会养老保险、制度、制度变迁以及责任等相关概念，然后概括介绍本领域的已有研究成果并加以评论，最后提出本书的研究设计。

第2章，新中国成立前的社会保险实践。在这一章中，笔者将主要回顾中国工人阶级登上历史舞台特别是中国共产党成立后工人阶级争取社会保险的各种形式的斗争，并总结中国共产党领导的革命根据地、抗日根据地和解放区推行和经办社会保险制度的主要做法和经验。

第3章，城镇企业职工传统养老保险制度回顾。在这一章中，笔者从背景分析、内容概述、特征归纳以及效应分析四个方面，分别对城镇企业职工传统养老保险制度创立时期（1951～1966年）、制度蜕变时期（1967～1977年）、制度恢复时期（1978～1983年）等主要发展阶段进行回顾和研究，最后得出关于城镇企业职工传统养老保险制度变迁回顾的基本结论。

第4章，城镇企业职工养老保险制度改革与发展。在这一章中，笔者从背景分析、内容概述、特征归纳以及效应分析四个方面，分别对城镇企业职工社会养老保险制度的制度探索时期（1984～1995年）、制度统一时期（1996～2005年）两个主要发展阶段进行回顾和研究，然后介绍2006年以来城镇企业职工社会养老保险制度建设和完善的最新进展，最后得出关于城镇企业职工社会养老保险制度改革与发展回顾的基本结论。

第5章，城镇企业职工养老保险制度中的责任分配。在这一章中，笔者以责任分配为主线，紧紧围绕国家（主要为政府）、企业和个人三方主体，对城镇企业职工养老保险制度发展过程中的责任分配和调整进行梳理总结，并对目前城镇企业职工养老保险制度责任分配中存在的问题及其背后诱因进行分析，最后提出解决这些问题的出路。

第6章，城镇企业职工养老保险制度的发展展望。在这一章中，笔者将首先分析影响城镇企业职工养老保险制度未来发展的各种变量因素，然后设想城镇企业职工养老保险制度未来发展的目标模式，最后提出城镇企业职工养老保险制度由现阶段发展到目标模式所应该采取的政策取向及具体措施。

第7章，结语。在结语部分，笔者总结了本书所得出的研究成果，对进一步研究的可能路径进行预测和展望。

本书的研究框架大致可以用图1-1来表示。

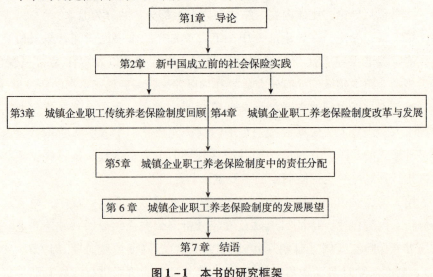

图1-1　本书的研究框架

（二）研究方法

（1）历史研究方法。诺斯曾说过，历史总是重要的。由于制度是不断发展的，现在和未来往往通过制度的连续性与过去连接起来，制度的后一个发展往往受到前一个发展路径惯性的影响。因此，要了解现在和未来，就必须首先认识历史。诚如马克思所言，"极为相似的事情，但在不同的历史环境中出现，就引起了完全不同的结果。如果把这些发展过程的每一种形式都分别加以研究，然后再把它们加以比较，我们就会很容易地找到理解这种现象的钥匙"。❶ 因而，本书在开展研究时，特别注意运用历史研究的方法，努力将研究对象纳入中国经济与社会发展的大趋势、大环境、大背景中去考虑，通过分析中国城镇企业职工养老保险制度产生、发展、演变的轨迹，从而清楚地把握制度发展变迁以及责任分配格局演变的内在规律，进而为我们完善养老保险制度乃至整个社会保险制度提供理论依据与经验借鉴。

（2）文献研究方法。文献研究方法是开展社会科学研究的重要方法，"它在吸收前人有益思想的基础上促进生发新的观点，既保证了知识的系统性、连续性，又促进了知识的合逻辑性和创新性"❷。由于本书研究的是城镇企业职工养老保险制度的历史演进、责任分配及未来展望，需要对该制度进行系统梳理，务求深刻地分析该制度变迁的时代背景，详尽地叙述该制度变迁的具体内容，准确地归纳该制度变迁的主要特征，客观地评价该制度变迁的政策效应，系统地论述该制度变迁中的责任分配并理性地展望该制度的未来发展趋势。因此，本书在写作过程中，必然会参考大量的文献资料，除与本书主题相关的政策法规、统计资料外，还得从国内外各种专门著作、学术期刊等途径中搜集相关资料，一点一滴地整理研究相关领域内诸多专家的观点和看法。通过对这些文献资料的整理，笔者不仅了解了与本书主题相关的研究现状，而且这些研究直接为本书的后续写作提供了丰富的参考资料和思想养分。

（3）制度分析方法。随着新制度经济学的兴起，制度分析方法在当前社会经济问题研究中正发挥着越来越重要的作用。养老保险作为一项重要的制

---

❶ 参见马克思："给《祖国纪事》杂志编辑部的信"，载《马克思恩格斯全集》第19卷，第131页，北京，人民出版社，1963。

❷ 参见张怡恬：《社会养老保险制度效率论》，第6—7页，北京，北京大学出版社，2012。

度安排，运用制度分析方法开展研究有助于我们从政治、经济、社会等更广阔的视角去把握养老保险作为一项制度安排的内在制约因素，并且能够为养老保险制度变迁发展提供更丰富的诠释。不仅如此，运用制度分析方法探索符合本国政治、经济、社会国情的城镇企业职工养老保险模式，对中国这样的发展中国家来说，具有更为重要的方法论意义和实际价值。因此，本书的研究大量采用了制度分析的方法。

第 2 章　新中国成立前的社会保险实践

一、工人阶级争取社会保险的斗争

中国真正现代意义的社会保障制度是在新中国成立以后逐步建立起来的。在旧中国，工人阶级深受帝国主义、封建主义和官僚资本主义"三座大山"的重重压迫，过着极端贫困的生活，一旦年老、患病或者不幸伤残，基本上得不到任何保障。当时，中国并不存在通过国家立法建立的社会保险制度，只是在一些外商企业、官僚资本企业及大型民族资本企业中有些残缺不全的劳动保险办法，并且项目少、标准低，职工生活还是无法得到保障。至于北洋军阀政府和国民党政府的社会保险条例规定，只是零零碎碎的，而且常常是议而不决、决而不行，有名无实，没有真正实施过。

哪里有压迫，哪里就有反抗。中国工人阶级从来就没有停止过争取实现社会保险的斗争。早在 20 世纪初期，工人们为了求生存，自发地起来斗争。尤其是中国共产党成立以后，这种斗争就进入了更加自觉、更有组织的阶段，并且将争取实现劳动保险的斗争与争取工人阶级解放的斗争结合起来。1921年 8 月 11 日，中国共产党在上海成立了专门领导全国工人运动的机构——中国劳动组合书记部，并创办了机关报——《劳动周刊》。1922～1929 年，中国劳动组织书记部发起并召开了五次全国劳动大会，每次都对实行社会保险制度提出了明确的要求。

1922 年 5 月 1～6 日，第一次全国劳动大会在广州召开。这次大会拟定了《劳动立法原则》和《劳动法案大纲》，要求颁布"劳动法"。在拟定的《劳动法案大纲》中提出，"一切保障事业之订立，均应使劳动者参加之"，"保障费用完全由雇主或国家分担之"。其中第 11 条提出，"对于需要体力之女子劳动者,产前产后均予以八星期之休假,其他女工,应予以五星期之休假;休假中工资照给"❶。1923 年 6 月 12～20 日,中国共产党第三次全国代表大会通过的《中国共产党党纲草案》中规定:"制定强迫的劳动保险法"。1925 年 5 月 1～7 日,在苏兆征、邓中夏的领导下,于广州召开的第二次全国劳动大会除重申了此前所提出的要求外,其通过的《经济斗争决议案》明确地提出了"实行社会保险制度"的任务,"使工人于工作伤亡时,能得到赔偿;于疾病失业年老时能得到救济"❷。1926 年 5 月 1～12 日,中华全国总工会在广州召开了第三次全国劳动大会,在通过的《劳动法案大纲决议案》中又一次要求敦促政府实行劳动保险,"保险费由雇主或国库支出",并提出"国家设立劳动局","须有工会代表参加"等要求。❸

　　1927 年 6 月 19～28 日,正值国民党反动派叛变革命之时,全国笼罩着一片白色恐怖,中华全国总工会在汉口召开了第四次全国劳动大会。这次大会对实行社会保险的要求提得更强烈、更具体,并通过了一系列决议案。《经济斗争决议案》第 3 条提出:"为了保障工人的生活条件,对不可避免的疾病、死伤、失业、衰老等,实行社会劳动保险。"❹《产业工人经济斗争决议案》提出,"政府设立劳动保险局,由资本家每月缴纳工资总额 3% 为基金,此外,政府从预算中拨出若干,以充做工人失业救济及养老金","工人病死时,按照其工资的 3 倍发给家属作为抚恤金","年老残废者,由劳动保险金中发给终身养老金"。❺1929 年 11 月 7～11 日,中华全国总工会在上海秘密地召开了第五次全国劳动大会。大会通过的《中华全国工人斗争纲领》提出,"工人或工人家属发生疾病伤害,应由资本家给以医药费,听其自由医愈为度;病假期间不得扣工资","因工作致死伤之工人,应给以优厚恤金";并强烈要求政府"举办工人社会保险(失业、养老、疾病等保险),所有费用由资方与政

　　❶　中华全国总工会中国职工运动史研究室:《中国工会历史文献(1921.7～1927.7)》,第 15 页,北京,工人出版社,1958。
　　❷　中华全国总工会中国职工运动史研究室:《中国历次全国劳动大会文献》,第 17 页,北京,工人出版社,1957。
　　❸　中华全国总工会中国职工运动史研究室:《中国历次全国劳动大会文献》,第 113 页,北京,工人出版社,1957。
　　❹　中华全国总工会中国职工运动史研究室:《中国历次全国劳动大会文献》,第 211－212 页,北京,工人出版社,1957。
　　❺　中华全国总工会中国职工运动史研究室:《中国历次全国劳动大会文献》,第 213－214 页,北京,工人出版社,1957。

府分担"。❶ 由于当时革命处于低潮，这两次全国劳动大会提出的要求都不可能实现，但是对于动员和组织工人阶级进行斗争起了不少作用。❷

中国工人阶级在历次全国劳动大会的号召下，为争取实行社会保险进行了英勇的斗争。迫于历次全国劳动大会的影响和工人阶级持续不断的斗争，国民党政府不得不制定一些有关社会保险的法规，但是基本上都是纸上谈兵。❸ 某些企业虽然也有所谓的社会保险办法，但是，这些办法除了项目少、待遇低外，还对工人进行了种种不合理的限制。例如，上海恒丰纱厂规定："职员病假 2 天折抵 1 天，于年终发给计工时扣"，"工人病假期间不给工资"。❹

总之，在旧中国，绝大多数工人在丧失劳动力时，不仅得不到保障，还往往被资本家"一脚踢出厂外，流落街头"。工人阶级在残酷的事实面前，逐渐体会到不打碎旧的国家机器，推翻国民党的统治，夺取政权，就不可能有真正的社会保险。❺

二、革命根据地、抗日根据地和解放区的社会保险

（一）土地革命时期的劳动保险立法探索

1927 年国民党叛变革命以后，中国共产党以革命武装反对反革命武装，创建了一些革命根据地。一旦在革命根据地上领导劳动人民建立了自己的政权，共产党就开始努力实现工人阶级要求的社会保险的愿望和理想，并始终将保护人民生活的福利作为武装斗争的一个重要方面。自 1929 年以后，随着中国共产党不断开辟一些根据地，中央苏区曾陆续颁布过一些含社会保险内

---

❶ 中华全国总工会中国职工运动史研究室：《中国历次全国劳动大会文献》，第 288 页，北京，工人出版社，1957。

❷ 参见卫兴华：《中国社会保障制度研究》，第 50－52 页，北京，中国人民大学出版社，1994；刘贯学：《新中国劳动保障史话（1949～2003）》，第 10－11 页，北京，中国劳动社会保障出版社，2004。

❸ 参见严忠勤：《当代中国的职工工资福利和社会保险》，第 292 页，北京，中国社会科学出版社，1987。

❹ 参见严忠勤：《当代中国的职工工资福利和社会保险》，第 292－293 页，北京，中国社会科学出版社，1987。

❺ 参见严忠勤：《当代中国的职工工资福利和社会保险》，第 293 页，北京，中国社会科学出版社，1987。

容的劳动立法。1930 年 5 月，中央苏区瑞金颁布了《劳动暂行法》。其中有关社会保险的部分规定：长期工遇有疾病死伤者，其医药费、抚恤费由东家供给，标准由工会自定；女工产前产后，两个月内不做工，工资照给，标准由工会自定；失业工人由政府设法救济并分为田地及介绍工作等。这些规定，由于要求过高、脱离当时的实际，因而未能实施。1931 年 11 月 7 ~ 20 日，在江西瑞金叶坪村召开的第一次中华苏维埃共和国工农兵代表大会上，通过了《中华苏维埃共和国劳动法》，并于 1931 年 12 月 1 日正式颁布、1932 年 1 月 1 日起生效。《中华苏维埃共和国劳动法》明确规定在根据地实行劳动保险制度，雇主每月缴纳工资总额的 10% ~15% 作为保险金，对职工在生老病死伤残等特殊困难情况下给予一定的物质保障。具体项目有：职工和家属都实行免费医疗帮助；生病或发生其他暂时丧失劳动能力以及服侍家中病人时，雇主须保留其原有工作和原有中等工资；年老、残废（包括因工和非因工的情形）可以领取残废及老弱抚恤金；职工和家属死亡，发给丧葬费；受雇超过 6 个月的工人死亡后，遗属可以享受抚恤金；工会会员工作满 1 年以上（非会员满 2 年以上），失业后可以享受失业津贴；等等。❶

从 1931 年颁布的《中华苏维埃共和国劳动法》规定的内容来看，有些规定事实上不可能做到，劳保待遇标准如此高，对一个工业落后且处于武装斗争阶段的革命根据地来说，显然没有消除《劳动暂行法》中过"左"政策的影响。1933 年 10 月 15 日《中华苏维埃共和国劳动法》经修改重新公布时，对社会保险规定中的偏高要求作了适当修改。其中第十章规定，"社会保险，对于凡受雇佣的劳动者，不论他在国家企业，或合作社企业、私人企业，还是在商店家庭内服务，不问他工作的性质及工作时间的久暂，与付给工资的形式如何均得施及之。各企业各机关各商店及私人雇工，于付给工人职员工资之外，支付全部工资总额的 5% ~20% 的数目，交给社会保险局，作为社会保险基金；该项百分比例表，由中央劳动部以命令规定之。保险金不得向被保险人征收，亦不得从被保险人的工资内扣除"❷，这样就区别了雇主对象，照顾到了他们的承受能力，同时对原来某些过高要求作了适当限制，在一定程度上克服了过"左"的劳动政策。但是，不久以后，由于中央革命根据地

---

❶　参见严忠勤：《当代中国的职工工资福利和社会保险》，第 294 页，北京，中国社会科学出版社，1987。

❷　国家劳动总局：《中国劳动立法资料汇编》，第 379 页，北京，工人出版社，1980。

的丧失，红军被迫进行长征，社会保险制度实际上未能执行。[1]

（二）抗日战争时期社会保险的制度探索与局部实践

中国共产党领导的各个抗日根据地曾经相继制定和颁布过一些关于社会保险与职工制度的法律制度。这一时期的劳动立法或社会保险制度，吸取了土地革命时期在劳动立法方面的经验与教训，比较符合根据地的经济状况，既照顾了职工在丧失劳动能力时生活困难的情况，也考虑了敌后的实际情况以及雇主和企业的经济负担能力。由于时处战争年代，经济力量非常薄弱，当时规定的待遇不多，标准水平也比较低。同时，由于抗日战争期间中国共产党所领导的抗日根据地企业以军需、兵工企业为主，民用工业极少，职工的社会保险实际上成为供给制待遇的一部分。[2] 例如，陕甘宁边区、晋冀鲁豫边区[3]和晋绥边区政府就根据当地实际情况，实行过劳动保险办法，待遇项目虽少、水平虽低，但是对鼓励工人努力生产、支援抗日战争起到了一定作用。[4] 1942 年，毛泽东在《必须给人民看得见的福利》一文中指出，"一切空话都是无用的，必须给人民看得见的物质福利。我们第一个方面的工作……就是组织人民，领导人民，帮助人民发展生产，增加他们的物质福利……这是我们党的根本路线，根本政策"[5]。

在抗日战争已经取得决定性胜利的时刻，毛泽东于 1945 年 4 月 24 日在中国共产党第七次全国代表大会上所作的《论联合政府》报告中明确指出："在新民主主义的国家制度下，将采取调节劳资利害关系的政策。一方面，保护工人利益，根据情况的不同，实行八小时到十小时工作制以及适当的失业救济和社会保险，保障工会的权利；另一方面，保证国家企业、私人企业和合作社企业在合理经营下的正当的赢利；使公私、劳资双方共同为发展工业生

---

[1]　参见尹伯成等：《中国社会保险制度改革》，第 33 页，上海，复旦大学出版社，1993。

[2]　参见刘庄、徐厚德：《新世纪的企业职工养老保险》，第 64－65 页，北京，气象出版社，2001。

[3]　陕甘宁边区政府 1940 年 11 月 1 日公布的《边区战时工厂集体合同暂行准则》和晋冀鲁豫边区政府 1941 年公布的《边区劳工保护暂行条例》都明确规定，实行社会保险的目的在于发展战时生产，保护工人利益，提高劳动热忱，巩固民族统一战线，增进劳资双方的利益。参见严忠勤：《当代中国的职工工资福利和社会保险》，第 295 页，北京，中国社会科学出版社，1987。

[4]　参见高书生：《社会保障改革何去何从》，第 34－35 页，北京，中国人民大学出版社，2006。

[5]　毛泽东："必须给人民看得见的福利"，载《毛泽东著作选读》下册，第 563－564 页，北京，人民出版社，1986。

产而努力。"❶ 这表明中国共产党人在处理福利待遇方面所持实事求是的态度，兼顾了劳方和资方的权益，在保证人民福利的基础上，还调动了资方的积极性，体现了"以福利促发展"的思想内涵。❷

（三）解放战争时期较为广泛的社会保险制度实践

解放战争时期的劳动立法都是根据 1947 年 12 月 25 日毛泽东在《目前形势和我们的任务》一文中提出的"发展生产、繁荣经济、公私兼顾、劳资两利"原则而拟定的。东北和华北、华中广大地区解放后，1948 年 8 月 1 日在哈尔滨召开的第六次全国劳动大会通过的《关于中国职工运动当前任务的决议》第三章"关于解放区职工运动的任务"提出："在工厂集中的城市或条件具备的地方，可以创办劳动的社会保险。"❸ 在这一方针的指导下，东北行政委员会根据战时的经济条件和东北地区的具体情况，于 1948 年 12 月 27 日颁布了《东北公营企业战时暂行劳动保险条例》，决定从 1949 年 4 月 1 日起在铁路、邮电、矿山、军工、军需、电气、纺织七大行业中试行，并在同年 7 月 1 日起扩大到东北地区所有的公营企业。其中，职工退休养老时，按工龄长短每月发给本人工资 30% ~ 60% 的养老金。这个条例是在总结多年实践经验的基础上，颁布和实施的第一部较为完整和专业的社会保险法规，也是中国第一次在较大地区范围内实行社会保险制度，❹ 使东北 420 个厂矿 79.6 万名职工享受到了社会保险待遇。

随着解放战争的胜利，解放区迅速扩大。不少地区和行业根据自己的经济条件，先后参照东北行政区的做法，制定了本地区、本部门的社会保险办法，开始实行劳动保险制度。1949 年 2 月 25 日，晋冀鲁豫边区军政军工处职工总会联合财经办事处颁发了《劳动保险暂行办法》。这个文件也很完备，根据当时条件，举办了下列事项：（1）职工死亡；（2）职工退休；（3）职工疾病；（4）贫寒职工救济；（5）老弱残废与职工遗族生产教养。❺ 此外，如铁

---

❶ 毛泽东："论联合政府"，载《毛泽东选集》第 3 卷，第 1082 页，北京，人民出版社，1966。
❷ 参见郑秉文、高庆波、于环："社会保障理论的演进与创新"，载张卓元主编：《中国经济学 60 年（1949 ~ 2009）》，第 420 页，北京，中国社会科学出版社，2009。
❸ 参见朱冬梅：《中国企业基本养老保险改革与实践》，第 27 页，济南，山东人民出版社，2006。
❹ 参见刘庄、徐厚德：《新世纪的企业职工养老保险》，第 65 页，北京，气象出版社，2001。
❺ 参见卫兴华：《中国社会保障制度研究》，第 55 页，北京，中国人民大学出版社，1994。

路、邮电等行业也制定了本行业的社会保险办法。至1951年全国统一的劳动保险条例颁布以前，各地区、各部门实行的社会保险办法如表2-1所示。这些制度和办法都为新中国的企业职工养老保险制度积累了宝贵经验，构成新中国成立初期所建立的社会保障制度的雏形，或者说它们成为新中国成立后在全国范围内所推行的种种社会保障措施的基础。

表2-1　《劳动保险条例》颁布前各地区、各部门制定的社会保险办法

实施时间	保险办法名称	制定单位
1949年7月	《太原市国营企业劳动保险暂行办法》	太原市军管会
1949年8月	《铁道部职工抚恤暂行办法》	铁道部
1949年9月	《公共企业部兵工局职工劳动保险暂行办法》	华北人民政府
1949年11月	《石家庄市国营工业企业劳动保险暂行办法》	石家庄市人民政府
1950年1月	《河北省省营企业劳动保险暂行条例》	河北省人民政府
1950年2月	《关于解决搬运工人病伤残亡等待遇的暂行办法》	中国搬运工会全国委员会
1950年3月	《铁路退休职工暂行处理办法》	铁道部
1950年4月	《察哈尔省国营公营企业战时劳动保险暂行办法》	察哈尔省人民政府
1950年8月	《国营公营企业职工退休临时处理办法》	政务院财经委员会
1950年8月	《全国铁路职工疾病伤残补助试行办法》	铁道部
1950年8月	《全国邮电职工疾病伤残补助试行办法》	邮电部
1950年9月	《天津市国营公营企业劳动保险暂行办法》	天津市人民政府

资料来源：严忠勤，《当代中国的职工工资福利和社会保险》，第301页，北京，中国社会科学出版社，1987。

三、新中国成立前社会保险的理论基础和实践经验

（一）新中国成立前社会保险实践的理论基础

如前所述，新中国成立前工人阶级开展的各种争取社会保险的斗争以及革命根据地、抗日根据地以及解放区的社会保险制度探索和实践都是在中国共产党的领导下进行的。作为马克思主义政党的中国共产党，在发动和领导

社会保险斗争和实践的过程中，必然深受马克思列宁主义关于社会保障思想的影响。

马克思关于社会保障的思想集中体现在他对"社会总产品"分配理论的基本论述中。根据马克思的解释，工人创造的"社会总产品"是建立社会保障制度的基础，而社会保障又是进行"再生产"的必要条件，因此，从"再生产"的角度来看，在"社会总产品"中进行福利扣除是必需的。在《哥达纲领批判》一文中，马克思对社会主义社会产品分配原理进行论述时，马克思认为，劳动所得形成社会总产品后，应该从中扣除："第一，用来补偿消费掉的生产资料的部分。第二，用来扩大生产的追加部分。第三用来应对不幸事故、自然灾害等的后备基金或保险基金。"❶ 剩下总产品中的其他部分是用来作为消费资料的。在对这部分产品进行个人分配之前，还得从里面扣除："第一，和生产没有直接关系的一般管理费用"；"第二，用来满足共同需要的部分，如学校、保健设施等"；"第三，为丧失劳动能力的人等设立的基金，总之，现在属于所谓官办济贫事业的部分"。❷ 马克思的社会再生产理论为社会保障制度的建立和实施提供了坚实的理论基础，包括养老保险在内的各类社会保障措施理论上成为劳动者及人自身"再生产"的必备条件。

如果说马克思关于"社会总产品"的基本论述引发了中国共产党对工人阶级劳动福利权利的意识觉醒的话，那么，列宁有关"国家保险"的思想理论则成为中国共产党提出建立社会保险主张、进行社会保险实践的直接指导。十月革命的胜利，使俄国成为世界上第一个社会主义国家，这就为建立"列宁式"的社会主义社会保障制度提供了基础。列宁在揭露资本主义社会保障制度本质的同时，把马克思关于"产品扣除"的思想发展成为"国家保险"思想。所谓"列宁式"的"国家保险"模式，是指"工人在老年和完全或部分丧失劳动能力时，得享受国家保险，国家向资本家征收特别税作为专用基金"。这一制度设想在 1912 年 1 月俄国社会民主工党第六次"布拉格"全国代表会议上得到了明确："最好的工人保险形式是国家保险，这种保险是根据下列原则建立的：（一）工人在下列一切场合（伤残、疾病、年老、残疾；女

---

❶ ［德］卡尔·马克思：《哥达纲领批判》，中共中央马克思恩格斯列宁斯大林著作编译局译，第 11 页，北京，人民出版社，1965。

❷ ［德］卡尔·马克思：《哥达纲领批判》，中共中央马克思恩格斯列宁斯大林著作编译局译，第 11 - 12 页，北京，人民出版社，1965。

工怀孕和生育；养育老死后所遗寡妇和孤儿的抚恤金）丧失劳动能力，或因失业失掉工资时国家保险都给工人以保障；（二）保险要包括一切雇佣劳动及其家属；（三）对一切保险者都要按照补助全部工资的原则给予补助，同时一切保险费都由企业主和国家负担；（四）各种保险都由统一保险组织办理，这种组织应按区域或被保险者完全自理的原则建立。"❶ 列宁的"国家保险"理论本质上是指国家应该在社会保障的组织和管理中承担主要的责任，保险费用完全由企业和国家负担，并且制度还扩展到了工人家属。❷ 在"国家保险"原则的指导下，苏联政府逐步建立了以国家保险为主要内容、覆盖面较广的社会保障制度，这一制度规定成为全体人民共同享受的"安全性福利"❸。

中国共产党人对社会保障概念的认识与马克思主义经典作家关于无产阶级斗争的理论是一以贯之的，集中体现在以毛泽东为主要代表的中国共产党人在领导中国革命的长期斗争中所创立的毛泽东思想。毛泽东思想对"福利"的理解体现在"以福利促发展"的思想：一方面，不给予劳动者"看得见的物质福利"，便得不到他们的支持；另一方面，在处理劳动关系、工资福利待遇等方面问题时，也要兼顾劳资双方的利益，保护资方的积极性。❹

（二）新中国成立前社会保险实践积累的经验

经过革命根据地、抗日根据地和解放区几十年的实践，中国共产党人经办和推行社会保险制度的指导思想和指导原则也逐步丰富并获得发展。

（1）从根本上说，维护工人阶级和所有劳动群众的利益，关心和改善他们的劳动条件和生活条件，是中国共产党的根本宗旨。从诞生的第一天起它就为提高劳动人民的福利、建立社会保险制度而斗争。

（2）推行社会保险制度一定要根据当时的社会经济政治条件来决定。当处在革命战争环境中时，困难较多，劳动保险的标准不能定得过高。

（3）一开始，社会保险只能在有限的范围内推行。随着条件的具备，劳

❶　列宁："俄国社会民主工党第六次（'布拉格'全国代表会议）"，载《列宁全集》第17卷，第568页，人民出版社，1972。
❷　参见郑秉文、高庆波、于环："社会保障理论的演进与创新"，载张卓元主编：《中国经济学60年（1949～2009）》，第418页，北京，中国社会科学出版社，2009。
❸　马杰、郑秉文："计划经济条件下新中国社会保障制度的再评价，载《马克思主义研究》2005年第1期，第38－48页。
❹　参见郑秉文、高庆波、于环："社会保障理论的演进与创新"，载张卓元主编：《中国经济学60年（1949～2009）》，第419－420页，北京，中国社会科学出版社，2009。

动保险的范围逐渐扩大。像解放战争后期公布的《东北公营企业战时暂时劳动保险条例》就明确指出，这个条例先在一些企业中试行，"俟有成绩后，再推广于其他公营企业"。

（4）社会保险事业不能急于求成，而应在生产发展的基础上进行，一定要有物质基础。因此，单纯福利观点和单纯企业观点都是错误的，只有发展生产，才是工人阶级的最大利益。

（5）在中国这样一个幅员辽阔、情况复杂的大国里推行社会保障制度，一定要看到差别、承认差别，不能一味强调统一。如在解放战争后期的一些根据地中，在公营企业中推行社会保险，就曾强调"必须根据企业条件、经营状况等实际情况去制定"，而不能都实行一个模式。再如第六次全国劳动大会关于中国职工运动当前任务议案几个问题的说明中，曾对劳动保护问题提出三种不同的办法，要"各地可择其适合当地条件者试办之"。这是一项非常重要的原则，也具有普遍意义。当时，各个根据地遍布全国各地，它们情况各异，社会保险的做法自然不能强求一律。即使条件有所改变，各个根据地不再是被分割的局面，由于各个地区、各个工种的条件和情况都具有这样那样的差别，也需要从实际出发，根据实际情况去考虑劳动保险的具体措施。❶正是有了新中国成立前的社会保险实践和经验作为基础，新中国成立后中国才能够立即着手建立包括养老待遇在内的劳动保险制度。

1949 年 9 月 21 ~ 30 日，在北京召开的全国人民政治协商会议通过了具有临时宪法作用的《中国人民政治协商会议共同纲领》（以下简称《共同纲领》）。其中第 32 条规定，"人民政府应按照各地各业情况规定最低工资。逐步实行劳动保险制度"，为在全国建立统一的劳动保险制度提供了法律依据。1949 年 10 月 1 日，中华人民共和国宣告成立。根据新中国成立后政治、经济形势发展的需要，国家着手拟定全国企业统一实行的社会保险制度。

---

❶ 参见卫兴华：《中国社会保障制度研究》，第 56－57 页，北京，中国人民大学出版社，1994。

第3章 城镇企业职工传统养老保险制度回顾

一、城镇企业职工传统养老保险制度的创立（1951～1966 年）

（一）破旧立新，百废待举——背景分析

在战争废墟上建立起来的新中国在成立时国内人民解放战争并未完全结束，新生的人民政权既要继续与反动势力作战，又必须承担恢复生产、发展经济的责任，因此，国家在对革命工作人员继续实行战时供给制的同时，在某些行业延续了旧中国建立的退休制度。1950 年 3 月 15 日发布的《中央人民政府政务院财经委员会关于退休人员处理办法的通知》是中华人民共和国成立后发布的第一个退休养老方面的法规。它标志着国家开始承担起职工退休养老保障事务的职责，但这一法规的适用范围为旧中国就有退休金的机关、铁路、海关、邮局等单位的职工，因此，该法规只是对这些部门原有职工享受退休保障制度的延续或认可。❶

1950 年，在政务院的指示下，劳动部会同中华全国总工会根据《共同纲领》有关在企业中"逐步实行劳动保险制度"的决定，在总结革命根据地、抗日根据地和解放区以及铁路、邮电等行业部门实行劳动保险的经验，吸收苏联等国家社会保险科学做法的基础上，经过 20 余次修改，拟定了《中华人民共和国劳动保险条例》（草案）。草案经中国人民政治协商会议审查同意后，政务院于 1950 年 10 月 27 日予以公布，组织全国职工讨论，并首先在部分地

---

❶ 参见郑功成等：《中国社会保障制度变迁与评估》，第 78 页，北京，中国人民大学出版社，2002。

区和行业进行试点。经过试行和修改后，《中华人民共和国劳动保险条例》（以下简称《劳动保险条例》，见附录1）由政务院于1951年2月26日正式颁布实施。为了顺利贯彻《劳动保险条例》，劳动部于1951年3月24日公布并开始实行《中华人民共和国劳动保险条例实施细则》，与此同时，劳动部会同中华全国总工会举办了全国保险干部培训班，作好组织上的准备。该条例虽然不是一部专门的养老保险法规，却是新中国成立后第一部内容完整的社会保险法规，标志着新中国城镇企业职工养老保险制度的初步建立以及具有社会化特色的养老保险制度的诞生。

以《劳动保险条例》颁布为标志的新中国城镇企业职工养老保险制度的建立，有其特殊的国情和深刻的时代背景。

第一，新中国在战火中诞生，面对的是一个千疮百孔的烂摊子，到处是"污泥浊水"，一片战争创伤，国民经济亟待恢复。新中国成立伊始，国家在机关、铁路、海关、邮局等事关国民经济命脉的关键部门延续了旧中国时期的退休保障制度，对尽快恢复生产，挽救濒于瘫痪边缘的国民经济，支援国内军事斗争发挥了重要作用。因此，届至1950年国民经济恢复到一定程度、财力稍好转后，国家立即着手制定和颁布《劳动保险条例》，建立企业职工养老保险制度，为城镇企业职工解决暂时或永久丧失劳动能力时的困难，既契合了鼓舞广大职工生产热忱、尽快恢复国民经济的需要，又是为了维护各产业工人间平等的必然举措。

第二，新生政权是人民民主政权，实行工人阶级领导、工农联盟为基础的人民民主专政，代表工人阶级的中国共产党在政权中占主导地位，必然高度重视职工劳动权益保障。对劳动者实行劳动保险制度，是工人阶级、中国共产党及其代表人物一直为之斗争的重要目标，❶ 也是社会主义理想的实现。❷ 因此，新中国成立后，在农民分得土地、享受了革命胜利的果实，企业在职工生活极端困难却没有条件马上提高工资的情况下，政府立刻按照《共同纲领》要求起草制定《劳动保险条例》，给予企业职工以生活保障，也就不

---

❶ 毛泽东同志在1922年5月1日为纪念国际五一劳动节而写的文章中，就呼吁资本家要给劳动者以生存权（当工人达到60岁、没有劳动能力后，资本家应该依照"秋天的草木也可以得点雨露尽其天年的道理"，使这些劳工尽其天年，给一些食物、劳动权和收获权）。

❷ 马克思在《资本论》第三卷和《哥达纲领批判》中曾设想，未来共产主义社会在对个人消费品分配前必须做出一系列扣除，其中包括用来应付不幸事故、自然灾害等的后备基金或保险基金，以及为丧失劳动能力的人等设立的基金。

难理解了。❶ 如果说土地改革让农民分到了赖以生存的土地，那么，劳动保险则解除了工人的后顾之忧。

第三，新中国成立之初，大量失业工人生活无着，亟须给予工人以制度保障，稳定局势，巩固政权。新中国面临的第一个重要问题是解决大量工人的失业。据当时统计资料显示，全国大半工厂倒闭，停工停产，1949~1953年全国登记失业人员332.7万人，占当时全国职工的一半，救济失业工人刻不容缓。政府通过以工代赈、生产自救、职业培训、返乡生产和发放救济金等方式，使失业工人度过了最困难的时期。但是，失业救济毕竟是一种临时措施，要想稳定和壮大工人队伍，体现新生政权的优越性，进而巩固新生政权，必须给予整个产业工人以制度保障，这也是《劳动保险条例》得以迅速出台施行的政治背景。

第四，就像其他领域的事物一样，新中国在创建劳动保险制度方面也受到了苏联模式和做法的影响。尽管当时中国处在从资本主义到社会主义过渡的新民主主义社会阶段，但政治上占主导地位的是中国共产党代表的工人阶级，经济上占主导地位的是实行计划经济体制的国有企业，允许资本主义经济成分的存在主要是为了尽快恢复国民经济，财政上实行的是统筹统支的财政体制，各项制度建设方面都受到了社会主义苏联的很大影响。中国共产党人在革命斗争和国家建设过程中总结了自己在社会保险方面的做法和经验，遵循马克思"产品扣除"的基本思想，结合列宁"国家保险"的基本原则，进一步拓展了苏联"国家保险"模式，建立起一个具有中国共产党人和中国共产党福利思想特色的"国家/企业保险"模式❷。这也就促成了国家、企业完全负责而未能走上社会化道路的城镇企业职工养老保险制度的形成。

41

---

❶ 《劳动保险条例（草案）》公布当天，"报纸立即被竞购一空，职工群众争先阅读"。他们对比新旧社会，感慨万千，工人们从心底欢呼："农民有土地，工人有劳保"，"社会主义好，生老病死有劳保！"有的职工把准备养老用的积蓄，全部捐献给国家买飞机大炮，支援抗美援朝战争，显示出自身利益有了切实保障的工人群众以极大的热情全身心投入国家建设中去的热情。转引自胡晓义："我们为什么要搞养老保险——关于我养老保险制度历史、现实和未来的思考"，载《中国社会保障》，2001年第12期，第5-8页。

❷ 具体而言，"国家/企业保险"制度模式是指以国家为实施和管理主体，国家和企业共同负担费用，由此形成国家和企业一体化的社会保障模式。参见马杰、郑秉文："计划经济条件下新中国社会保障制度的再评价"，载《马克思主义研究》2005年第1期，第38-48页。

（二）国家保险，全面保障——内容概述

1.《劳动保险条例》——城镇企业职工养老保险制度的初创

1951 年 2 月 26 日公布的《劳动保险条例》作为城镇企业职工养老保险制度初创时期的主要制度建设成就，对保险的覆盖范围，企业职工保险费的征集、保管和支配，保险的项目和标准以及保险事业的执行和监督等作了具体规定。❶ 同时，《劳动保险条例》还明确了劳动者在年老或完全丧失劳动能力时退休养老的条件、待遇及基金管理等方面的具体事项。

在实施范围方面，《劳动保险条例》规定，"雇佣工人与职员人数在一百人以上的国营、公私合营、私营及合作社经营的工厂、矿场及其附属单位与业务管理机关"以及"铁路、航运、邮电的各企业单位及附属单位"实行保险条例。之所以会如此规定实施范围，一是因为当时国家财力有限，还不能普遍实行。二是因为缺乏经验，只宜采取"重点试行，逐步推广"的办法。三是 100 人以上的单位，生产经营比较正常，具有支付保险费的能力，企业行政和工会组织比较健全，易于管理保险事业。当时，100 人以上的企业单位虽然数量不多，但是其职工总数却占全国职工总数的很大比重。以上海市为例，100 人以上的企业只占 5315 家企业的 14%，而职工人数却占职工总数（41.5 万人）的 80% 以上。❷ 对暂不执行《劳动保险条例》的"其他企业及季节性的企业"，得由各该企业行政方面或资方与工会基层委员会双方，根据《劳动保险条例》规定的原则及本企业实际情况进行协商，通过签订集体劳动保险合同的办法解决。这些单位虽然签订集体合同的时间有早有晚，合同规定的项目有多有少，待遇标准也比《劳动保险条例》的规定低些，但是通过这种方式，使职工在不同程度上享受到了社会保险待遇。

在资金来源及管理方面，《劳动保险条例》规定，劳动保险的各项费用"全部由实行劳动保险的各企业行政方面或资方负担"，"其中一部分由各企业行政方面或资方直接支付，另一部分由各企业行政方面或资方缴纳劳动保险金，交工会组织办理"。按照这一规定，企业每月须按职工工资总额的 3% 缴

---

❶ 参见中国经济改革研究基金会、中国经济体制改革研究会联合专家组：《中国社会养老保险体制改革》，第 2 页，上海，上海远东出版社，2006。

❷ 参见严忠勤：《当代中国的职工工资福利和社会保险》，第 305 页，北京，中国社会科学出版社，1987。

纳保险费。3% 的低缴费比例，显然是为了在保障劳动者福利权益的同时也照顾到资方利益，这对于恢复国民经济有着重要意义。开始实行劳动保险的前两个月内，由企业缴纳的劳动保险金全部存入中华全国总工会。自第三个月起，由企业按月缴纳的劳动保险金"一分为二"：70% 留在工会基层委员会，形成劳动保险基金，用于支付抚恤费、补助费和救济费；30% 上缴中华全国总工会委托中国人民银行代理保管，作为劳动保险总基金，用于举办集体劳动保险事业，如疗养院、休养所、养老院、孤儿保育院、残废院等。工会基层委员会留用的劳动保险基金，每月结算一次，余额转入省、市工会组织或产业工会委员会，作为劳动保险调剂金；留用基金不足开支时，向上级工会组织申请调剂。省、市工会组织或产业工会委员会掌管的劳动保险调剂金，用于补助其所属各基层工会组织开支的不足和举办集体劳动保险事业，每年结算一次，余额上缴中华全国总工会；不足开支时则向中华全国总工会申请调剂。❶ 这样一来，劳动保险基金就具有了在全国范围内调剂余缺的共济功能，形成一个全国统筹的制度模式，体现了养老保险制度风险集合及分散的职能。

在职工退休条件方面，《劳动保险条例》规定，满足下列条件的准予退休：男性年满 60 岁，一般工龄满 25 年，本企业工龄满 10 年；女性年满 50 岁，一般工龄满 20 年，本企业工龄满 10 年；从事井下、低温、高温作业的职工，男性满 55 岁，女性满 45 岁，在计算一般工龄和本企业工龄时从事该种工作 1 年按 1 年零 3 个月计算；从事有害健康的化工、兵工工作的职工，男性满 55 岁，女性满 45 岁，在计算一般工龄和本企业工龄时从事该种工作 1 年按 1 年零 6 个月计算。职工退休待遇分为两类：第一类是已符合退休养老条件但仍被企业留用的，除工资照发外，另由劳动保险基金按月付给在职养老补助费（1958 年取消），其数额为本人工资的 10% ~20% ；第二类是工人职员退职养老时，由劳动保险基金按月付给退职养老补助费，其数额为本人工资的 35% ~60% 。

在管理体制方面，《劳动保险条例》规定，中华全国总工会为全国企业劳动保险事业最高领导机关，统筹全国劳动保险事业，督促所属各地方工会组织、各产业工会组织有关劳动保险事业的执行，审核并汇编劳动保险基金的

---

❶ 参见高书生：《社会保障改革何去何从》，第 28 页，北京，中国人民大学出版社，2006。

收支报告表，每年编制劳动保险金的预算、决算、业务计划书，并送劳动部、财政部备查。各省、市工会组织以及各产业工会全国委员会或地区委员会对所属企业基层工会负指导督促之责；企业基层工会负责劳动保险基金的收缴、发放。劳动部是全国社会保险事业的最高监督机构，负责企业劳动保险有关政策的制定、《劳动保险条例》的贯彻实施和检查监督，处理有关劳动保险的申诉。各级人民政府劳动行政机关负责监督社会保险金的收缴、发放，并处理有关社会保险事件的申诉。

据统计，截至 1952 年年底，全国实行《劳动保险条例》的企业共有 3861 家，职工 302 万人，连同他们供养的直系亲属在内，约有 1000 万人左右，支付劳动保险费用 1.7 亿元。❶

2.《劳动保险条例》颁布后城镇企业职工养老保险制度的初步发展

对于那些已达到退休年龄，但连续工龄较短，不够退休条件，或经医院证明完全丧失劳动能力，又不具备退休条件的工人和职员，根据 1952 年 1 月 12 日国务院财政经济委员会发布的《国营企业工人、职员退职处理暂行办法（草案）》规定，视退职者的年龄及连续工龄一次性发给 2 ~ 12 个月的工资作为退职金。

1953 年，随着财政经济状况的根本好转，国家进入有计划建设时期。为了适应大规模经济建设的要求，政务院于 1953 年 1 月 2 日通过了对《劳动保险条例》进行修正的决定，劳动部随即颁布了《劳动保险条例实施细则修正案》。修改后的《劳动保险条例》适当扩大了实施范围，增加了工厂、矿场及交通事业的基本建设单位和国营建筑单位公司。这是因为，基本建设工作已经被提高到整个国民经济建设工作的首位，基本建设队伍即将迅速扩大。新条例还放宽了退休条件，将原来规定的本企业工龄由 10 年降为 5 年，使年龄和一般工龄都符合条件，而本企业工龄在 5 ~ 10 年的职工也可以享受养老待遇。此外，新条例酌情提高退休待遇标准为本人工资的 50% ~ 70%（参见表 3 - 1）。由于扩大了实施范围，实行《劳动保险条例》的企业和职工人数均有增加。据统计，截至 1953 年 3 月底，全国实行《劳动保险条例》的企业达到 4400 多家，比 1952 年增长了 11.6%；职工人数达到 420 万人，比 1952 年增

---

❶ 参见严忠勤：《当代中国的职工工资福利和社会保险》，第 305 页，北京，中国社会科学出版社，1987。

长了 39.0% 。另据不完全统计，全国签订集体劳动保险合同的单位有 4300 多个，职工 70 多万人。●

表 3-1　1953 年修订后的《劳动保险条例》规定的退休条件和待遇水平

工　种	退休条件			待遇水平（本人标准工资的比例）		
	性别	年龄	工龄	工龄 ≥ 15 年	10 年 ≤ 工龄 < 15 年	5 年 ≤ 工龄 < 10 年
一般职工	男	60	本企业工龄 5 年；一般工龄 20～25 年	70%	60%	50%
	女	50				
高温、低温、井下，化工、兵工	男	55				
	女	45				

1954 年 9 月 20 日，第一届全国人民代表大会通过的《中华人民共和国宪法》第 93 条更是明确规定："中华人民共和国劳动者在年老、疾病或者丧失劳动能力的时候，有获得物质帮助的权利。国家举办社会保险、社会救济和群众卫生事业，并且逐步扩大这些设施，以保证劳动者享受这种权利。"国家根本大法的明确规定为中国社会养老保险制度的创建和发展提供了坚实的法律保障。因此，中国的社会养老保险制度从一开始就是建立在明确的法律基础之上的。1954 年 10 月，中华全国总工会书记处发出通知规定，按职工本人工资计算支付劳动保险待遇时，养老金的计发基数由"本人工资"调整为"本人标准工资"。1955 年 5 月 21 日，经国务院批准，国家统计局重新颁发了《关于工资总额组成的暂行规定》，它不仅适用于企业，也适用于国家机关和事业单位，是计算社会保险待遇的重要依据。

1956 年，根据国家财政经济的承受能力和国民经济发展的需要，《劳动保险条例》的实施范围又进一步增加了商业、外贸、粮食、供销合作、金融、民航、石油、地质、水产、国营农牧场、造林、新闻出版、影剧场等 13 个产业和部门。至此，全国实行《劳动保险条例》的职工达到 1600 万人，比 1953 年增加了近 3 倍；不具备实行《劳动保险条例》条件而与企业签订集体劳动

● 参见严忠勤：《当代中国的职工工资福利和社会保险》，第 307 页，北京，中国社会科学出版社，1987。

保险合同的职工有 700 万人，比 1953 年增加了 9 倍，两者合计共有 2300 多万城镇企业职工享受到不同程度的养老保险待遇，相当于当年国营、公私合营、私营企业职工总数的 94%。❶

中国城镇企业职工养老保险制度经过初创和初步发展，已经初具规模，工作中既取得了重大成绩，也因经验不足存在不少问题，例如所建立的制度有许多不切实际的地方。比照 1952 年 6 月 28 日国际劳工大会通过的《社会保障（最低标准）公约》（第 102 号）的规定，可以说，这一时期中国养老保险制度起点确实高，发展相当快。对此，周恩来同志在 1957 年 6 月 26 日一届人大四次会议的《政府工作报告》中提出，"在劳动保险……等职工福利待遇的规定方面，都存在不切实际和不够合理的地方，需要我们继续改进"。同年 9 月 26 日，周恩来同志在中国共产党第八届中央委员会第三次扩大的全体会议上所作的《关于劳动工资和劳保福利问题的报告》中全面地总结了这个问题。他充分肯定了几年来在劳保福利方面所取得的成绩，充分体现了社会主义制度优越性，同时指出，工作中的主要缺点是走得快了一些，办得多了一些，与中国人口多、底子穷、广大农民生活水平还比较低的现状不相适应，也助长了职工对国家的依赖心理，要求"一切都由国家包下来"，而不能鼓励职工群众克勤克俭、互助互爱、依靠自己力量和集体力量克服困难的精神，提出修改《劳动保险条例》的建议。在劳动福利工作上另一个严重缺点是，项目混乱、有些制度不合理，管理不善，掌握偏松偏宽，因而造成苦乐不均和严重浪费的现象。接着，他着重指出："在劳动工资和劳保福利工作方面的主要教训……是对于我国人口多、底子穷的情况了解不透；对于从六亿人口出发，统筹兼顾，适当安排的方针体会不深。"因而，针对劳保福利工作中存在的问题，今后的工作应着重于它的调整和完善。❷

党的八届三中全会同意周恩来同志的评价，要求从我国经济、社会的实际出发，统筹兼顾全国人民首先是工农的生活，适当安排城乡关系；兼顾职工的目前利益和长远利益；兼顾个人利益和国家利益。党的八届三中全会所确立的"统筹兼顾、适当安排"方针，为随后的政策调整定下基调。遵照党的八届三中全会精神，中华全国总工会与劳动部等有关部门，对社会保险工

---

❶ 参见邵雷、陈向东：《中国社会保障制度改革》，第 39 页，北京，经济管理出版社，1991。

❷ 参见卫兴华：《中国社会保障制度研究》，第 61 页，北京，中国人民大学出版社，1994。

作进行了整顿，同时建立健全了保险办法和管理制度。

3. "一五"后城镇企业职工养老保险制度在调整中发展

在胜利完成国民经济发展第一个五年计划和1958年即将开始实施第二个五年计划的背景下，劳动部根据一届全国人大四次会议和党的八届三中全会精神以及周恩来总理对劳动保险工作的指示，草拟了《国务院关于工人、职员退休处理的暂行规定（草案）》，并在全国11 851个重点企业的310.3万名职工中征求意见后，1957年11月16日经全国人大常委会原则批准，由国务院于1958年2月6日第70次全体会议修改通过、于1958年2月9日公布实施了《国务院关于工人、职员退休处理的暂行规定》（见附录2）。这一规定适当放宽了退休条件（男女"一般工龄"要求的年限都相应减少了5年），实行女工人和女职员不同龄退休（女工人年满50岁，女职员年满55岁），适度提高了退休待遇标准，增加了对有特殊贡献职工的优惠待遇，取消了企业《劳动保险条例》中规定的在职养老金，取消了条例只适用于100人以上企业的规定，并相应建立了因工因病完全丧失劳动能力的退休办法。新规定实际上将企业和国家机关以及工人与职员的退休养老制度统一化了，❶从此，城镇企业职工养老保险制度从劳动保险中独立出来而成为一项独立的制度安排。❷为贯彻实施这个暂行规定，劳动部于1958年4月23日发布试行了《国务院关于工人、职员退休处理的暂行规定实施细则（草案）》。劳动部在起草企业和国家机关统一的退休办法的同时，还草拟了《国务院关于工人、职员退职处理的暂行规定（草案）》，1958年3月7日经全国人大常委会原则批准，由国务院公布施行。该规定统一了企业和国家机关的退职办法，❸并适当放宽了退职条件，提高了退职待遇标准。这两项暂行规定解决了过去企业和机关事业单位退休、退职办法不一致的矛盾。

20世纪60年代，随着中国经济的调整和发展，国家陆续出台了若干规定，针对不同人群养老保障问题作出相应的安排，有力配合了国民经济调整

---

❶ 参见郑功成等：《中国社会保障制度变迁与评估》，第80页，北京，中国人民大学出版社，2002。

❷ 参见高书生：《社会保障改革何去何从》，第31页，北京，中国人民大学出版社，2006。

❸ 在此之前，国家机关工作人员原来实行的是国务院1955年12月29日颁发的《国家机关工作人员退职处理的暂行办法》，企业职工原来实行的是政务院财政经济委员会1952年1月20日发布试行的《国营企业工人、职员退职处理暂行办法（草案）》。企业和机关实行两种不同的办法，加上某些规定不尽恰当，职工颇有意见。

任务的顺利完成。如 20 世纪 60 年代初期，国民经济遇到暂时的困难，中央决定调整国民经济，精简职工，减少城镇人口，几千万企业职工和城市人口精简下放到农村。为了妥善安置这些职工，国务院于 1962 年 6 月 1 日发布了《关于精简职工安置办法的若干规定》，将精简下来的符合退休条件的老弱病残职工作退休安置，不符合退休条件的作退职处理。其中，家庭生活有依靠的，发给退职补助费；家庭生活无依靠的，由当地民政部门按月发给相当于本人原标准工资 40% 的救济费；他们的家属生活有困难的，另按社会救济标准给予救济。❶ 这些规定解决了精简职工以及老弱病残人员的生活问题，推动了国民经济调整任务的顺利完成。随着时间的推移，享受长期保险待遇的职工人数不断增多，其中有的迁移到外地居住。为了保证和方便易地居住的职工及时领取待遇，减少基层单位每月邮寄的手续和避免可能发生的差错，中华全国总工会于 1960 年 7 月 6 日制定了《关于享受长期劳动保险待遇的移地支付试行办法》，并于 1963 年 1 月 23 日重新发布。该办法规定，凡领取退休费、因工伤残抚恤费、非因工残废救济费和因工死亡职工供养直系亲属抚恤费的职工、家属，转移居住地点时，经本人自愿申请，可以办理易地支付手续，到易居地点的工会组织领取应得的待遇。这一办法方便了易地居住的职工、家属，也减轻了原工作单位的负担。❷

为了解决退休人员的生活困难问题，当时的内务部（民政部的前身，主管民政工作）与财政部还于 1964 年 3 月 6 日联合发出了《关于解决企业职工退休后生活困难救济经费问题的通知》，对退休人员的困难补助构成了城镇企业职工养老保险制度的重要补充。

与此同时，随着城镇集体经济的不断发展，原来签订集体劳动保险合同的集体经济组织，大都申请批准实行了《劳动保险条例》。仍然实行集体劳动保险合同的单位，因为合同中一般没有退休退职的规定，有的系统和单位根据自己的实际情况，开始制定标准较低的退休退职制度。例如，第二轻工业部、全国手工业合作总社于 1966 年 4 月 20 日颁布了《关于轻、手工业集体所有制企业职工、社员退休统筹暂行办法》和《关于轻、手工业集体所有制

---

❶ 参见严忠勤：《当代中国的职工工资福利和社会保险》，第 319 页，北京，中国社会科学出版社，1987。

❷ 参见朱冬梅：《中国企业基本养老保险改革与实践》，第 28－29 页，济南，山东人民出版社，2006。

企业职工、社员退职处理暂行办法》。这两个暂行办法，对退休、退职的实施范围、条件和补助标准，以及统筹基金的来源、征集及其使用都作了明确具体的规定。它首次尝试建立集体所有制单位职工的退休统筹制度，规定由市、县统一筹集经费，对退休职工按月发给退休补助费，标准为本人工资的40%～65%，退职的一次性发给退职补助费，数额为1～20个月的本人工资。❶至此，城镇企业职工养老保险制度就形成了按所有制区分的格局，并覆盖了几乎所有城镇企业职工，在制度设计上不存在所有制歧视。

1958～1966年，中国养老保险事业有了一定的发展。但是，因执政党在指导思想上犯了"左"的错误，"大跃进"及"浮夸风"等使刚刚走上发展之路的城镇企业养老保险事业受到了很大的影响，特别是没有完成周恩来同志提出的修改《劳动保险条例》的任务。正如邓小平同志后来指出的那样，"从1957年开始，我们犯'左'的错误，政治上的'左'导致了1958年经济上搞'大跃进'，使生产遭受了很大的破坏，人民生活很困难。1959～1961年三年非常困难，人民连饭都吃不上，更不要说别的了"❷。

（三）单方缴费，统筹调剂——特征归纳

这一时期，城镇企业职工养老保险制度的特征主要表现为：

一是稳步推进。从以上对这一时期城镇企业职工养老保险制度的内容概述来看，整个城镇企业职工养老保险制度建设在实践中遵循的是"重点试行，逐步推广"的原则。根据国家财政状况以及国民经济发展的实际需要，逐渐扩大制度实施范围，最后基本涵盖所有城镇企业职工。这种工作思路可以从1951年制定《劳动保险条例》，随后1953年、1956年两次进行修改，每次均根据形势需要适当扩大覆盖范围，而不是一步到位、要求所有企业同时开始实行的做法得到佐证；也可以从先建立城镇国家所有制企业职工养老保险，后发展城镇集体所有制企业职工养老保险的制度建设顺序中找到证据。与此同时，养老金待遇标准也是逐渐提高，而领取养老金的资格条件却是逐步放松的。这种趋势的出现都是由于稳健发展原则在起作用，同时也是福利刚性

49

---

❶ 参见郑功成等：《中国社会保障制度变迁与评估》，第80页，北京，中国人民大学出版社，2002。

❷ 参见《邓小平文选》第3卷，第227页，北京，人民出版社，1993。

客观规律❶所导致的。

二是单方缴费。马克思认为，社会保障基金应该直接从社会总产品中扣除，工人无须缴费，因为"劳动所得应当不折不扣和按照平等的权利属于一切社会成员"❷。在这种思想的影响下，仿效苏联"国家保险"模式建立的"国家/企业保险"式的城镇企业职工养老保险制度实行"企业缴费、职工个人不需缴费"的办法。❸ 虽然企业缴费同样计入生产成本，本质上和雇主、雇员双方缴费没有区别，但是，实际心理效果却大不相同，不仅弱化了职工在养老问题上的责任意识，而且这种做法还被视作社会主义制度优越性的具体体现，具有浓厚的福利色彩。实行企业单方缴费的另外一个原因是当时职工的工资形式很多，有供给制、包干制、低工资制等，多数职工拿到工资后仅能维持基本生活，再要他们为福利保险缴费也不具财务可行性。

三是现收现付。这一时期的城镇企业职工养老保险制度采取的是现收现付、待遇确定型的财务模式，根据职工的工作年限和退休前的工资水平确定养老金标准，实行短期收支平衡。除少量调剂资金外，基本没有基金积累。由于当时中国人口年龄结构比较年轻、老年人口扶养比小，新中国成立后创立的各类城镇企业在职职工人数与退休退职职工人数之比大，因此，近乎现收现付制的财务模式基本能够适应当时的经济社会状况。在缴费率很低的情况下（3%）形成的劳动保险基金不仅支撑了较高替代率的职工养老金（35% ~70%），还能够满足医疗和伤残等其他保险支出。

四是资金统筹调剂。《劳动保险条例》在企业间建立了全国范围的保险费用统筹机制：在城镇企业每月按职工工资总额 3% 缴纳的劳动保险费中，30% 上缴上级工会组织，作为劳动保险调剂基金并举办集体劳动保险事业，70% 留在基层企业工会。企业工会留用的资金，用于退休金、医疗保险、工伤保险、救济金、丧葬补助等开支，每月结算一次，余额转入地方工会组织或产业工会委员会，不足时则向上级工会申请弥补。这一时期，虽然养老保险资金包含在整个劳动保险基金之中，并未设立全国性专项养老保险基金，但是，

---

❶ 民生福利具有刚性发展的特点：其水平一般只能往上升，不能往下降，其制度建设也往往只能往前走，难以往后退。

❷ 中共中央马克思恩格斯列宁斯大林著作编译局：《马克思恩格斯选集》（第3卷），第298页，北京，人民出版社，1995。

❸ 事实上最终是国家财政兜底。

劳动保险筹资秩序井然，劳动保险资金在不同层级工会组织之间调剂使用，上级工会组织负责统筹资金使用。

五是分工管理。这一时期"国家/企业保险"式城镇企业职工养老保险制度事实上是一种由工会系统主导的"国家统筹和企业保险"相结合的制度，管理体制分工明确，政策制定、监督和执行分别由不同机构来承担：劳动部负责总体政策制定和制度运行监督，工会组织系统负责保险的具体管理经办，❶ 二者之间形成相互监督和相互制衡关系，有利于提高效率、防止腐败。由于大部分劳动保险基金由企业设立的基层工会负责使用，而企业工会组织又受到企业行政方面的管理和领导，并且退休、退职职工也是由企业来负责管理，因此，企业在城镇企业职工养老保险制度管理体制中也发挥了非常重要的作用。

（四）解除后顾之忧，促进生产发展——效应述评

新中国的城镇企业职工养老保险制度是随着人民革命胜利而建立起来，并随着国民经济的恢复和发展而不断发展的，同时也是适应了产品经济和高度统一的计划经济体制的要求，仿效苏联"国家保险"模式建立的，是典型的计划经济产物，具有鲜明的时代特征。❷ 该制度的建立，确实基本解决了劳动者退休后的后顾之忧，其制度设计即便是放到今天来看也并不显落后。我们评价这一时期的城镇企业职工养老保险制度，必须采用历史与现实相结合的方法，既要联系当时具体国情与所处时代背景，又要以现今的眼光和标准进行客观剖析；既要肯定其所取得的伟大历史功绩，又不能忽视其历史局限性。具体而言，城镇企业职工养老保险制度建立之后的影响主要有：

一是解除了城镇企业职工的养老后顾之忧。城镇企业职工养老保险制度实施后，实现了较高的工资替代率水平，能够基本确保退休职工获得必要的生活保障。虽然由于财力所限，该制度初期覆盖面较为狭窄，但是，在1956年社会主义改造完成后，这项制度就已经覆盖了几乎所有的国有企业和县以上集体企业职工，使得在城镇各类企业就业的劳动者不必为自己退休以后的

---

❶ 主要体现在工会对保险资金的分级管理和使用上，即各级工会组织实际发挥和承担着组织者的网络服务的功能和资金流的管理功能。

❷ 参见刘昌平：《可持续发展的中国城镇基本养老保险制度研究》，第2页，北京，中国社会科学出版社，2008。

生计担忧。这些都体现了社会主义国家将企业职工置于主人翁地位的精神内涵，从而使得该制度具有了较强的普遍性和公正性。

二是鼓舞了职工的劳动热情，促进了生产恢复和经济发展。在战争废墟上建立起来的新中国，在战争尚未平息、经济仍待恢复的情况下，就在极短的时间内建立起城镇企业职工养老保险制度，并迅速扩展至全部城镇企业职工，使得在旧中国受尽压榨和迫害的产业工人有史以来第一次享受到了劳动者的福利，深切地感受到了国家的温暖。这一项体现社会主义制度优越性的制度安排，极大地激发了广大职工的劳动积极性和生产热忱，对新中国迅速恢复国民经济并顺利开展社会主义经济建设起到了不容低估的促进作用。

三是使得职工缺乏自我保障意识，平均主义盛行。按照《劳动保险条例》的规定，劳动保险费全部由企业承担，职工个人无须缴纳任何费用，却能在年老退休时享受养老金待遇。这在当时被视作社会主义制度的固有内容和优越性的集中体现。然而，这样做却使得城镇企业职工缺乏自我保障意识，"一切听国家，一切靠单位"。同时，单位统一按照职工工资总额的一定比例缴费，没有体现个体差别；在工资收入差距不大的情况下，由国家统一制定和分配发放的养老退休待遇实际上几乎不存在对收入差距的调节作用，也就没有显现出对职工收入的再分配作用。因此，从再分配的角度看，计划经济体制下的养老保险制度具有"浓厚的平均主义成分"❶。

二、城镇企业职工传统养老保险制度的蜕变（1967～1977 年）

（一）动乱开始，机构瘫痪——背景分析

1966 年 5 月，中国开始"文化大革命"，随后政治、经济、文化等各个方面都受到严重冲击，创建不久并正在稳步发展的城镇企业职工养老保险制度亦遭到了严重破坏。"文化大革命"初期劳动保险制度就被污蔑为"修正主义毒瘤"而遭受横加批判、否定。1966 年底，劳动部遭到严重冲击，并于

---

❶ 参见吴忠民："从平均到公正：中国社会政策的演进"，载《社会学研究》2004 年第 1 期，第 75－89 页。

1970 年被撤销❶；各级工会组织也被砸烂，几乎处于瘫痪状态，"社会保险业务干部或者受批判，或者进干校，使社会保险工作处于无人管理的局面"❷。当时，中国政治上强调意识形态至上，极"左"思潮泛滥。来自政治方面的冲击，是城镇企业职工养老保险工作陷入混乱的主要原因。

在经济上，中国当时实行的是高度集中的计划经济体制，主张"一大二公"，共产主义与集体主义成为时尚。在城镇，国有经济一统天下，国家—企业—个人利益进入高度"一致"时期，企业为其职工提供老年生活保障被视为社会主义制度的当然内容及其优越性的体现，"社会主义不能饿死人"。但是，过分单一的所有制结构和僵化的经济体制的弊病已经显露，中国经济发展处在是否要进行改革的岔路口。在如何建设社会主义经济这个问题上，毛泽东和其他中央领导人之间出现了分歧，这种分歧在当时"左"倾错误思想占主导地位的背景下，再经某些人别有用心地大肆鼓吹和渲染，被升级定性到社会主义道路和资本主义道路的根本分歧上，矛盾不可调和。

在分配上，当时的中国倡导平均主义、"大锅饭"。早在 1958 年全国上下大刮共产风的时候，极"左"思潮抬头，就把按劳分配原则当作资产阶级法权残余，企图动摇按劳分配原则在分配上的主导地位。"文化大革命"开始不久，林彪、江青反革命集团更是把按劳分配说成是资本主义的东西，进行打击批判，把计件工资和奖励制度说成是修正主义产物。几乎所有企业都取消了计件工资和奖励制度，改为附加工资，不论干好干坏，均按人头发放，大搞分配平均主义，实行"大锅饭"。与劳动分配相混同、包括城镇企业职工养老保险在内的劳动保险制度也被污蔑为"鼓励懒汉""形式上为工人好，实际上腐蚀工人意识"，是"修正主义大染缸""维护资产阶级四旧"等。

（二）企业保险，单位统包——内容概述

"文化大革命"开始后不久，当时专门负责管理城镇企业职工养老保险的各级工会组织被迫停止活动。全国总工会的社会调剂职能丧失，仅有企业工会的初级管理方式保留下来。管理社会保险政策的劳动部门也受到削弱，国家（通过政府）已无法有效掌控城镇企业职工养老保险制度的实施，养老保

---

❶ 1970 年 6 月，劳动部被撤销，相关业务工作并入国家计划委员会劳动局；1975 年 9 月国家决定将劳动工作从国家计委分出，成立国家劳动总局。

❷ 参见邵雷、陈向东：《中国社会保障制度改革》，第 39 页，北京，经济管理出版社，1991。

险工作处于瘫痪状态，劳动保险金的征集、管理和调剂使用制度随之停止。总之，经过十几年辛苦建立起来的社会保障制度被严重破坏了。在此种情况下，1969 年国家计委劳动局通知各地劳动部门，要求它们接管劳动保险工作，并逐级建立起工作机构。这一做法在一定程度上扭转了社会保险工作的瘫痪局面，中国从此确定了由劳动部门独揽社会保险业务，并集劳动保险政策制定、业务管理和监督检查等多种职能于一身的管理格局，客观上使得《劳动保险条例》所规定的劳动保险待遇仍得到执行，整个劳动保险制度"基本上维持了下来"❶。

由于生产受到破坏，有些企业资金不足、缴纳不起劳动保险费，或受无政府主义思潮影响，不缴纳劳动保险费，加上劳动保险专管机构被撤销，管理结构遭到破坏，劳动保险资金的统一征缴、管理、支付制度难以继续执行。与此同时，"文化大革命"前全国积累的近 4 亿元劳动保险金也被全部冻结，后被缴解国库，转为财政资金。在机构被撤、资料散失、政令不通的情况下，财政部不得不于 1969 年 2 月 10 日颁布《关于国营企业财务工作中几项制度的改革意见（草案）》，规定"国营企业一律停止提取劳动保险金"，"企业的退休职工、长期病号工资和其他劳保开支，改在营业外列支"，❷ 待遇标准按照国家政策规定执行。这一改革不是进步，而是在当时情势下被迫采取的应急措施。它实际上取消了劳动保险制度财务上固有的统筹调剂功能，职工退休养老由社会事务演变为职工所在单位的内部事务，"国家/企业保险"蜕化成了"纯粹的企业保险"。1973 年，财政部又颁发了《国营工业交通企业若干费用开支办法》，规定退休职工的退休金和医药费、抚恤费等均在营业外列支；1977 年，国家轻工业部、财政部和劳动局又颁发了《关于手工业合作工厂劳动保险福利待遇标准和劳保费用列支问题的通知》。这样，城镇企业就基本上都实行了劳动保险费营业外列支。

在许多单位，由于受到无政府主义思潮的影响，养老保险的政策、法规得不到正确贯彻执行，造成有法不依、有章不循。有些企业任意放宽享受条件，提高待遇标准；有的企业养老保险历史资料丢失，保险卡片和待遇证件残缺不全，致使不该享受的人领到了待遇，而该享受的人享受不到待遇，虚

---

❶ 严忠勤：《当代中国的职工工资福利和社会保险》，第 324 页，北京，中国社会科学出版社，1987。

❷ 参见刘传济、孙光德：《社会保险与职工福利》，第 34 页，北京，劳动人事出版社，1987。

报冒领、错支错付的现象不断发生，手续制度非常混乱，造成了资金的浪费。

"文化大革命"期间，正常的退休、退职被污蔑为"半截子革命"，成为不光彩的事，再加上正常的社会保障业务被破坏，致使一些地方被迫中止退休工作，一大批具备了退休、退职条件的企业职工得不到妥善安置，其后果是企业劳动力因不能及时更新而逐渐趋于老化，干部、职工实际上走向终身制，造成机构臃肿、人浮于事，加重了企业的经济负担。

由于退休费用社会统筹被取消，原来行之有效的养老金易地支付制度自然随之停止。这种情形给退休后易地居住的退休人员在领取养老金时造成很大的不便，也给企业管理上增加了不少麻烦和困难。

（三）效率低下，缺乏互济——特征归纳

"文化大革命"期间的城镇企业职工养老保险制度，仍然采取现收现付、待遇确定型财务模式，只是没有了资金筹集、积累和发放这一过程，给退休人员发放养老待遇与给在职人员发放工资无异。总结起来，其主要特征可以概括为以下方面：

一是单方负责。国营企业停止提取劳动保险金，职工劳动保险开支从"计入生产成本"改为"营业外列支"，所需费用由企业实报实销后，城镇企业职工养老保险制度亦随之失去了通过工会组织系统建立起来的统筹调剂机制，社会化程度进一步降低，变成了"纯粹的企业保险"。职工养老事务变成各企业独自负责的事情，过分强化了社会保险的福利色彩。在当时的会计体系中，劳动保险费用由企业营业外列支，不进入成本核算，实际上是用企业的利润支付的。计划经济体制下的各个企业以国家代理人的身份承担起包括劳动保险在内的多种义务，其目标取向已不单纯是以效率为准则开展各种生产经营活动，其本身也已经成为有着多重目标价值取向的社会组织，"企业办社会"色彩渐浓。

二是效率低下。在实行单位保障制的城镇企业职工养老保险制度下，国家和企业承担了职工养老的全部责任，职工个人无须承担直接义务，是一种权利义务关系单向的制度模式，❶ 日益强化着企业职工对国家与单位的依赖，影响了制度自身效率。长期以来，城镇企业实行低工资、多福利政策，平均

---

❶ 参见郑功成：《社会保障学》，第72页，北京，中国劳动社会保障出版社，2005。

主义盛行，致使基于本人标准工资的职工退休待遇相差不大，职工退休后生活也搞平均主义"大锅饭"。这种机制虽然消除了企业职工年老时的贫富差距和阶层矛盾，但是，付出的却是严重损害企业效率和职工生产积极性的惨痛代价。

三是制度内缺乏共济。在实行单位保障制的城镇企业职工养老保险制度下，各个企业的养老负担只能自己消化，无法通过地方工会组织或产业工会委员会在本地区及本行业内统筹共济来予以分担，一些年龄结构比较大、退休职工比较多的老工矿企业直接被沉重的养老负担压垮，只能靠国家财政补贴得以勉强维持基本运转。

四是企业间隐含着事实统筹关系。"文化大革命"期间，国家依然实行计划经济体制，企业（尤其是国有企业）不必承担独立的财务责任，"企业的盈余全部上缴，亏损由政府提供补贴"。这种由国家财政对国有企业实行统收统支的计划管理体制使得城镇企业职工养老保险制度事实上形成了一种国有经济范围内退休养老费用的大统筹：虽然取消了劳动保险费用统筹，但是，不同企业之间在制度外依然存在着资金转移支付。在传统计划经济体制下，这种事实上的养老保障大统筹制度，后来逐渐扩展到城镇集体经济，实际上覆盖了当时的全部城镇工薪劳动者。❶

（四）制度蜕变倒退，负担畸轻畸重——效应述评

曾经为恢复国民经济、保障职工退休生活发挥过重要作用的城镇企业职工养老保险制度经过"文化大革命"的严重冲击，已经变得支离破碎、面目全非，并产生了极其严重的后果。

一是制度蜕变倒退，遭遇严重挫折。这一时期的城镇企业职工养老保险制度由于政治运动的冲击，管理机构被撤销或陷入瘫痪，社会保险费无法统一征集、管理，使得原本统筹比例就不大、调剂功能有限的"国家/企业保险"蜕变为各自分割、封闭运行的"纯粹的企业保险"。一些经营不好或政策性亏损的企业的职工养老保险待遇成了它们的沉重负担，甚至有些企业的退休职工连养老金也得不到保障。从制度发展的角度来看，这一时期的城镇企

---

❶ 参见国务院发展研究中心课题组："中国养老保障制度改革"，载王梦奎主编：《中国社会保障体制改革》，第3-4页，北京，中国发展出版社，2001。

业职工养老保险制度实际上是遭遇了严重挫折、"开了历史倒车"的。

二是企业间养老负担畸轻畸重。由于养老保险待遇的开支由企业实报实销，结果是历史比较长、退休人数多的老企业费用开支大，而年轻工人多的新建、扩建企业开支少，各个企业因退休人员的多寡和职工队伍年龄结构的不同而出现了养老负担畸轻畸重。企业因退休人员多而陷入困境的现象屡见不鲜。同时，由于正常的退休、退职机制被"文化大革命"中断，企业劳动力无法实现正常的新老更替，年龄结构不断老化，劳动生产率及经济效益不断降低，使得老企业负担越加沉重，这样就更加重了企业间养老责任负担的不平衡。

三是强化了职工对单位保障的依赖，滋生懒惰、损害劳动生产效率。"文化大革命"期间，国家—单位保障制下的城镇企业职工养老保险制度责任重心过度地由国家转移到企业并由企业统包职工退休养老事务。企业职工在心理和身份上与单位联系更加紧密了，变成了彻彻底底的"单位人"，生老病死皆由单位保障。由于城镇企业普遍实行收入分配平均主义，加上退休、退职工作停顿，职工劳动与不劳动一个样、积极劳动与消极劳动一个样、工作年限长与工作年限短一个样，滋生了"出工不出力"等懒惰和消极劳动现象，进而直接损害整个社会劳动生产效率的提高。

三、城镇企业职工传统养老保险制度的修复（1978～1983 年）

（一）拨乱反正，恢复秩序——背景分析

1976 年 10 月，长达 10 年之久的"文化大革命"结束。中国进入了新的历史发展时期，党和国家的工作重心逐渐由以阶级斗争为纲转移到经济建设上来。"文化大革命"结束后，在实事求是的思想路线指导下，各条战线、各个方面拨乱反正、清除"左"的错误。国家重新确立了包括城镇企业职工养老保险制度在内的社会保障制度的地位和作用，被撤销的政府部门陆续恢复，工会也重新恢复活动，但是，以企业为载体的养老保险模式却一时难以改变。由于"文化大革命"期间企业的退休、退职工作基本停顿，一大批年老体弱的职工没有退出工作岗位，因此，当时劳动部门的主要工作集中于恢复正常的退休、退职工作和劳动力新老更替秩序，并解决"文化大革命"期间没有

正常办理退休手续的老职工的养老待遇问题。

当时，全国上下在城镇企业职工养老保险制度必须要进行改革这一点上已经达成一致，但是，对于如何改革并没有明确的方向，城镇企业职工养老保险制度建设只能着重于恢复被"文化大革命"扰乱的正常工作秩序。究其原因，主要有：

第一，"文化大革命"对城镇企业职工养老保险制度造成了极大破坏，当务之急就是要恢复正常的退休养老制度。"文化大革命"期间，由于正常的退休、退职工作停顿，大批老职工未能退出工作岗位、退休养老。据1978年统计，整个"文化大革命"期间约有200多万应当退休的企业职工没有办理退休手续，这不仅极大损害了劳动者的退休养老权益，而且严重影响了企业的劳动生产效率和经济效益。因此，"文化大革命"结束后，该制度面临的最为紧迫的问题就是解决历史遗留问题，修复严重受损的城镇企业职工养老保险制度。

第二，当时"文化大革命"刚刚结束，全国上下逐渐从"文化大革命"的政治狂热中摆脱出来，并把注意力和工作重心转移到经济建设上来，改革开放尚处在准备阶段，就连经济体制如何改革都无定论，城镇企业职工养老保险制度的改革和发展更是无从谈起。在"以经济建设为中心"已成为共识、经济体制酝酿着革命性变革的时代背景下，城镇企业职工养老保险制度改革要为经济体制改革服务和配套，不可避免地要滞后于经济改革的进程。因此，虽然当时中国已从"文化大革命"中摆脱出来，但当时根本未及思考如何改革和重新设计城镇企业职工养老保险制度。

第三，虽然20世纪70年代世界范围内社会保障改革潮流在西方工业化国家和许多发展中国家兴起，并取得了不少改革经验，但是，由于"文化大革命"期间强调意识形态至上，国内对国外特别是西方国家社会保障改革知之甚少甚至一味排斥，从而导致无现成经验可供中国城镇企业职工养老保险制度改革借鉴，这也成为该制度无法即时展开改革的重要原因。

第四，国家财力有限成为城镇企业职工养老保险制度无法改革的重要致因。如1976年国家财政总收入仅为776.6亿元，可供用于生产建设的资金都屈指可数，更不要说为城镇企业职工养老保险制度改革支付成本了。

城镇企业职工养老保险制度不仅需要恢复，而且还需要适当调整。这是出于当时形势的需要：一是十一届三中全会以来，中国社会主义现代化建设迫切需要实现新老干部交替，因而有大批老干部需要退居二线，他们的生活必须得到照顾。二是从 1956 ~ 1977 年，中国差不多有 20 多年没有大规模调整职工工资，因此，不仅年轻职工，而且中老年职工的工资水平普遍偏低，如果仍按 1958 年所制定的老办法退休，许多职工退休后生活将十分困难。三是改革开放以后，物价水平势必逐步上涨，许多社会保障项目的待遇在过去是合理的，现在则会显得不适应新情况。根据以上这些情况，社会保险调整的方向就是放宽限制条件，提高待遇标准。❶ 四是退休退职规定是 1958 年拟定的，20 年来各方面情况已经发生很大变化，迫切需要加以修改调整，以适应新时期和"四化"建设的要求。❷

（二）企业保险，提高待遇——内容概述

1. 传统养老保险制度的恢复

1978 年 6 月 2 日，经第五届全国人民代表大会常务委员会第三次会议批准，国务院颁布了由国家劳动总局会同有关部门起草的《国务院关于工人退休、退职的暂行办法》（国发〔1978〕104 号，见附录 3），在新的时期延续了传统养老保险制度，并对原来的退休、退职待遇作了较大修改。

第一，把原来完全按工龄确定退休待遇标准的办法改为：新中国成立以前参加革命工作的，按革命时期来规定退休待遇；新中国成立以后参加革命工作，干部按工作年限、工人按连续工龄来规定退休待遇标准。

第二，适度提高养老金待遇标准，抗日战争时期参加革命工作的，为本人标准工资的 90%；解放战争时期参加革命工作的，为本人标准工资的 80%；新中国成立以后参加革命工作，工作年限（连续工龄）满 20 年、满 15 年不满 20 年、满 10 年不满 15 年的，分别为本人标准工资的 75%、70%、60%。同时，还规定了养老金最低保证数，实施了养老金最低保证线制度，即按上述标准计算，养老金低于 25 元的，按 25 元计发。这次提高养老金标准，主要是考虑对为新中国的解放事业作出贡献的老同志应给予必要的、更优厚一些的保障。当时有许多符合退休条件的工人工资比较低，按原来规定的养老金标准退休后，生活就会有一定困难；适当提高养老金标准后，就可

---

❶ 尹伯成等：《中国社会保险制度改革》，第 38 页，上海，复旦大学出版社，1993。

❷ 参见严忠勤：《当代中国的职工工资福利和社会保险》，第 324 页，北京，中国社会科学出版社，1987。

以使这些退休工人的基本生活得到保障。

第三，将退职费由过去的一次性发放，改为按月发放相当于本人标准工资40%，并规定按此计算的退职生活费如果低于20元的，按20元发放，以保障其最低生活。这是考虑到有些完全丧失劳动能力的工人退职后没有了生活来源，一旦退职补助费用完了、生活发生困难，仍需政府给予救济，改为按月发放就可以解决这个问题。

第四，对因工致残、完全丧失劳动能力的退休工人的养老金标准作了较大提高，增加了矽肺病患者可以提前退休的相关规定。至此，因职业病退休开始正式成为国家退休制度中的内容。无论他们何时参加革命工作（或工龄长短），凡是饮食起居需要人扶助的，养老金标准由原来按标准工资的75%提高到90%，并且每月加发不超过一个普通工人工资的护理费；饮食起居不需要人扶助的，由原来标准工资的60%提高到80%；按此标准计算的养老金低于35元的，按35元发放。这是考虑到这些工人是在工作中负伤（患病）致残的，有的还是为了抢救国家财产而负伤致残的，为了使他们在生活上得到妥善安排，给他们更多的照顾是必要的。

从上述内容分析我们不难看出，国发〔1978〕104号文件只是对原来工人退休、退职办法的延续和完善，对工人退休、退职的条件以及享受待遇的项目等内容并无根本性的变动；对退休费用的征集、管理以及整个养老保险管理体制等重大问题的改革，由于当时条件所限，还没有提上议事日程。与这个文件同时下发的还有《国务院关于安置老弱病残干部的暂行办法》，两个文件对干部和工人的退休制度分别作出规定，终止了1958年以来制度统一的格局，使得干部和工人之间在养老保险待遇上重新产生了差别。

随后，国家加强了对劳动保险工作的整顿。1980年3月14日，国家劳动总局、全国总工会联合发出《关于整顿与加强劳动保险工作的通知》（〔80〕劳总险字27号；工发总字〔1980〕51号），对整顿的目的、内容、业务分工等问题作了规定。之后，全国国营企业开始对中断的劳动保险管理工作进行全面的整顿和恢复，纠正了十年动乱期间各种不符合国家劳动保险政策规定的地方，健全企业劳动保险的管理工作机构，培训劳动保险专业干部，清理和建立了各种管理资料等。❶ 这些整顿工作为社会保险事业的进一步发展和改革打下了较好的基础。

1983 年 1 月 15 日，劳动人事部颁发《关于建国前参加工作的老工人退休待遇的通知》（劳人险〔1983〕3 号），规定新中国成立前参加工作的老工人不能办理离休，但是，退休待遇可按本人标准工资的 100% 领取。同年 6 月，为了解决退休人员的生活困难，根据当时的财政经济状况，国家对养老金最低保证数作了调整：正常退休的由 25 元提高到 30 元，退职的由 20 元提高到 25 元，因工致残完全丧失劳动能力退休的由 30 元提高到 40 元。

2. 离职休养制度的建立

为保证新老干部适当交替的顺利进行，并妥善安置老干部，1980 年 10 月 7 日，国务院通过国发〔1980〕253 号文件公布了《关于老干部离职休养的暂行规定》。该项暂行规定确定了离职休养（"离休"）制度的覆盖范围、待遇及经费来源。经过两年的实践，1982 年 2 月 20 日，中共中央发布了《关于建立老干部退休制度的决定》（中发〔1982〕13 号），正式建立老干部离休退休制度。同年 4 月 10 日，国务院又颁布了《关于发布老干部离职休养制度的几项规定的通知》（国发〔1982〕62 号），对相关问题予以明确规定。虽然老干部离休制度主要针对机关事业单位工作人员，但是，城镇企业当中也有不少符合离休条件的职工，他们也适用离休相关制度的规定。

新建立的离休制度主要由以下三个方面的内容组成：第一，离休制度的覆盖范围为，新中国成立前参加中国共产党所领导的革命战争、脱产享受供给制待遇和从事地下革命工作的老干部；第二，对离休年龄的规定采取列举法，将覆盖范围内的老干部按照职务及性别明确了离休年龄，具体从 55 周岁到 65 周岁不等；第三，离休最低待遇标准为离休前工资，并按照参加革命工作的时间、所属革命时期及行政级别，加发 1~2 个月工资作为生活补贴。此后，国家陆续颁布文件对高级专家离休作了相关规定，并明确了离休程序。这一制度框架一直沿用至今。

3. 城镇集体企业职工养老保险制度的探索

党的十一届三中全会确定了在全民所有制经济占主导地位的条件下，多

---

❶ 参见郭士征、葛寿昌：《中国社会保险的改革与探索》，第 5 页，上海，上海财经大学出版社，1998。

种经济成分长期并存，对城镇集体经济组织实行"加强领导、统筹安排、大力扶持、积极发展"的政策。为了促进城镇集体经济的巩固和发展，国家采取措施逐步解决集体企业职工的养老保险问题。

第一，参照国营企业有关劳动保险的规定执行。例如，1977 年 12 月 14 日，轻工业部、财政部和国家劳动总局《关于手工业合作工厂劳动保险福利待遇标准和劳保费用列支问题的通知》（轻物财字〔1977〕第 116 号）规定，手工业合作工厂职工的社会保险待遇标准，可以按照国家和省、自治区、直辖市对国营企业的有关规定执行。以后，各地和部分行业对区、县以上（含区、县）集体企业职工的社会保险待遇，相继比照这一规定办理。上述规定的实施，使集体企业职工的劳动保险向前推进了一大步。截至 1984 年底，已经实行《劳动保险条例》和参照国营企业有关社会保险规定实行的集体企业职工已达 1700 万人，占城镇集体企业职工总数的 62.9%。❶

第二，对于尚未实行社会保险的 1000 多万集体企业职工，国家对他们的社会保险问题也十分关切。1980 年 2 月 9 日，财政部、国家劳动总局发出《关于城镇集体所有制企业的工资福利标准和列支问题的通知》（〔80〕财字 17 号）并规定城镇集体所有制企业职工的社会保险费用，从 1980 年 1 月 1 日起，凡经省、自治区、直辖市劳动部门和主管部门批准并征得税务部门同意，同时企业条件允许的，都可以在营业外或其他费用项目下列支。一些地区本着既解决集体企业职工迫切需要，又照顾到集体企业的承受能力的精神，相继制定了一些社会保险办法。❷ 自 1981 年开始，劳动人事部门和中国人民保险公司相继开展养老保险试点，开始了将养老保险制度扩展到集体企业的努力。

当时的试点主要有两种形式：一是由保险公司举办人身保险，根据投保人缴纳保险金的数额和时间确定养老金的支付额。这个办法最初在上海试行，保险的项目只包括退休金、丧葬费和医疗费（个人负担 30%）三项。截至 1983 年底，全国有 15 个省市的 1883 个城镇集体企业的 84780 名职工参加了

---

❶ 参见严忠勤：《当代中国的职工工资福利和社会保险》，第 330 页，北京，中国社会科学出版社，1987。

❷ 参见严忠勤：《当代中国的职工工资福利和社会保险》，第 330 页，北京，中国社会科学出版社，1987。

人身保险。❶ 二是以支定收，实行统筹。1983 年 4 月 14 日，国务院为了促进城镇集体经济的发展，通过颁布国发〔1983〕67 号文件发布《关于城镇集体所有制经济若干政策问题的暂行规定》。这一文件规定，城镇集体所有制企业要根据自身的经济条件，量力而行，提取一定数额的社会保险基金，逐步建立社会保险制度，解决职工年老退休、丧失劳动能力后的生活保障等问题；社会保险金在征收所得税前提取，要专项储存，专款专用。它为进一步解决城镇集体经济组织职工的社会保险问题提供了条件和依据。有些地区的劳动部门采取了退休金的提取和支付都与工资挂钩的办法，进行统筹调剂。如重庆市江北区规定，城镇集体企业按工资总额的 15% 提取保险基金，职工按本人标准工资的 2% 缴纳保险金；职工退休后，按连续工龄的长短，可按本人标准工资的 50% ~ 80% 领取养老金。辽宁省锦州地区则按行业进行统筹。

在各地集体企业职工养老保险试点的基础上，劳动人事部与中国人民保险公司于 1984 年联合发布了《关于城镇集体企业建立养老保险制度的原则和管理问题的函》。文件指出，为解决城镇集体企业职工的养老金问题，解除职工养老的后顾之忧，应首先考虑建立法定的城镇集体企业职工养老保险制度。关于缴费原则，城镇集体企业职工的养老保险费实行企业、个人分担的原则，企业负责保险费的主要部分，税前提取、计入成本。城镇集体企业职工养老保险制度的经管机构为中国人民保险公司。尽管该文件倾向于使集体企业的养老保险采用中国人民保险公司实行的基金积累制形式，但是，该文件同时指出，各地已经批准试行的养老保险办法仍可继续试行。此后，集体企业养老保险多制度并存的局面，一直持续到社会养老保险制度建立之时。❷

（三）单位保障，封闭运行——特征归纳

这一时期城镇企业职工养老保险制度相对于"文化大革命"期间并没有进一步发展，而只是在恢复原来退休、退职工作的基础上适当提高养老金待遇，仍处在"纯粹的企业保险"阶段，劳动保险原有的财务机制并没有被国

---

❶ 参见郑秉文、高庆波、于环："新中国社会保障制度的变迁与发展"，载陈佳贵、王延中主编：《中国社会保障发展报告（2010）：让人人享有公平的社会保障》，第 15 页，北京，社会科学文献出版社，2010。
❷ 参见郑秉文、高庆波、于环："新中国社会保障制度的变迁与发展"，载陈佳贵、王延中主编：《中国社会保障发展报告（2010）：让人人享有公平的社会保障》，第 16 页，北京，社会科学文献出版社，2010。

一是单位保障。这一时期国家—单位保障制下的传统退休养老保险制度并未被触动，企业按国发〔1978〕104 号文件规定的标准发放养老金，个人不需要缴纳养老保险费。筹集、发放养老金并管理退休职工的机构载体依然是企业自身，企业仍旧全面承担原来劳动部门和工会组织的社会职能。

二是封闭运行。城镇劳动者被分割在各个企业组织内，每个企业仅对本企业的退休人员负责，退休人员从所在企业领取退休养老金，待遇标准因企业效益、所有制性质、合同性质不同而存在很大差异，从而表现出显著的单位化和福利性特征。

三是事实统筹关系遭受破坏。由于传统计划经济体制下企业"被统得过死，生产积极性被严重挫伤"，"文化大革命"结束后为尽快恢复经济，国营企业财务独立性逐渐增加，事实上的退休养老费用统筹关系遭到破坏，不同企业之间因承担养老保险责任而产生负担不均的现象较以前越发严重，不仅恶化了企业竞争环境，也增加了政府管理的难度。

（四）恢复社会秩序，促进经济发展——效应述评

自 1978 年开始，企业职工养老保险事业进入了既有恢复又有发展的阶段。一方面，恢复了"文化大革命"以前的有关法规、政策；另一方面则适应变化了的形势，对原有制度进行一系列修订、补充，从而有了较大的发展，为进入改革重建阶段打下了基础。尽管这一时期的城镇企业职工养老保险制度仍然是"纯粹的企业保险"，但是由于恢复了正常的退休、退职制度以及提高了退休人员的养老待遇，也产生了相当积极的政策效果。

一是有助于恢复社会正常秩序，促进了经济发展。这一时期采取的恢复正常退休、退职工作的政策，让年老职工顺利退出劳动岗位、年轻劳动力顺利就业，恢复了劳动力正常新老更替，并进而恢复了正常社会秩序。此外，由于企业职工"新进老出、有进有出"，使得企业职工的年龄结构得以年轻化，有利于提高劳动生产效率，促进国民经济恢复和发展。

二是采取了针对不同群体逐步向前发展的策略。[1]"文化大革命"结束后

---

❶ 参见郑秉文、高庆波、于环："新中国社会保障制度的变迁与发展"，载陈佳贵、王延中主编：《中国社会保障发展报告（2010）：让人人享有公平的社会保障》，第 18 页，北京，社会科学文献出版社，2010。

的养老保险制度在实践中始终坚持了"建立健全社会保障制度应从我国当前的国情国力出发，实行的范围、项目和标准不可超越国家、企业和个人的承担能力"的原则，先是恢复国有企业职工退休养老制度，然后建立老干部离职休养制度，接着探索集体企业职工养老保险制度，最后开始尝试构建社会化的养老保障体系。

　　三是爆炸式增长的离退休职工人数，给企业造成了沉重负担，也为城镇企业职工养老保险制度改革提供了助推力。1978～1984年，全国全民所有制和集体所有制企业离退休人数迅猛增加，至1984年全国离退休职工已达1458万人，其中全民所有制单位1062万人，是1978年离退休职工的近4倍，离退休费用总计84.6亿元，相当于工资总额的9.7%，比1978年增加近5倍；集体所有制单位396万人，是1978年的1.3倍，离退休费用总计21.2亿元，相当于工资总额的8.3%，比1978年增加2.1倍。❶ 离退休职工和养老费用的爆炸式膨胀，使得企业养老负担越来越重且更加不均衡。

　　另据《新中国五十年统计资料汇编》中的数据，1984年在职职工年平均工资总额为953.2元；而1984年全国用于非在职职工的保险福利费共计111.6亿元，其中包括离休、退休费105.8亿元（全民单位84.6亿元）❷，人均769元（其中全民单位815元）❸，养老金的实际替代率为80.7%。再加上退休人员仍然享受原单位的住房等福利，城镇退休人员的养老金替代率普遍高于80%。过高的养老金替代率造成企业负担过重，是导致后来企业职工养老保险进行全面改革的重要诱因之一。在企业改革不断深入的驱动下，一些地方开始萌生了均衡企业养老费用、为企业创造平等竞争环境、实行养老保险费用社会统筹的想法，这又为城镇企业职工养老保险制度"自下而上"的改革提供了推动力。

---

❶ 参见刘贯学：《新中国劳动保障史话（1949～2003）》，第112页，北京，中国劳动社会保障出版社，2004。

❷ 参见国家统计局国民经济综合统计司：《新中国五十年统计资料汇编》，北京，中国统计出版社，1999。

❸ 参见劳动人事部保险福利局：《社会保险与职工福利讲稿》，第2页，北京，劳动人事出版社，1986。

四、基本结论

总结归纳起来，计划经济时期的城镇企业职工养老保险制度事实上能够以 1966 年为界划分为两个阶段。在此之前为"国家/企业保险"阶段和此后的"纯粹的企业保险"阶段。前者为本来意义上的计划经济条件下的社会保障制度，后者为"文化大革命"时期蜕变的社会保障制度，属于非正常状态。从总体上看，该制度具有以下几个方面的特征：第一，实行规定缴费的现收现付制的财务模式，通过固定费率和部分资金在全国工会系统内调剂，实现全国范围内的共济，并且由各单位和企业负责组织实施。❶ 由于政府职能仍处于探索阶段，企业承担了本应由政府承担的社会管理职能，并且出现了管理分散的问题。❷

第二，养老金的待遇标准由政府统一规定并按受益确定制（Defined Benefit, DB）方式确定，具体金额取决于职工退休前的工龄与工资水平，作为低工资的一种补偿，养老金替代率（Pesion Replacement Rate）水平较高。

第三，形成"就业—福利—保障"三位一体的制度结构，社会保障与就业高度重合，国家实际上承担所有风险，从而隐含了计划经济体制下国家和城镇企业职工之间特有的隐性养老金社会契约：国家通过单位支付给个人低工资，以便积累更多的资本进行统一调配使用，并通过单位为职工提供各项福利措施；相应地，个人退休前获得低工资并将应得的养老金受益权转化为国有或集体资产的一部分，以此获得无须以缴费作为对价的老年生活保障。❸只是这种隐性契约关系并不转化为公开的财务账目，而是受行政调节手段控制。由于计划经济时代实行的是统分统配的就业制度，就业并非通过市场而是通过政府安排来实现的，因此，就业成为享受养老保障的重要前提条件。

第四，养老保险领取条件被逐步放宽，养老金替代率水平逐步提高（见表 3-2）。在《劳动保险条例》颁布之初，男职工必须工作满 25 年且在退休时所在单位工作 10 年以上，女职工必须工作满 20 年且在退休时所在单位工

---

❶ "文化大革命"开始前由工会组织系统组织实施；"文化大革命"开始后由企业自行管理。
❷ 参见段家喜：《养老保险制度中的政府行为》，第 181 页，北京，社会科学文献出版社，2007。
❸ 参见刘昌平：《可持续发展的中国城镇基本养老保险制度研究》，第 2-3 页，北京，中国社会科学出版社，2008。

作 10 年，方可获得标准工资 35% ~ 60% 的养老金。1953 年将在退休时所在单位的最少工作年限缩短为 5 年，养老金待遇提高到标准工资的 50% ~ 70%。1958 年进一步将领取养老金所需的工作年限降至男职工 20 年、女职工 15 年。国发〔1978〕104 号文件将男女职工领取养老金所需的最低工作年限都降至10 年，养老金待遇提高到 60% ~ 90%。

表 3 - 2　养老金领取条件和待遇水平变化情况

年　份		1951	1953	1958	1978
退休年龄（岁）	男职工	60	60	60	60
	女职工	55	55	55[a]	55[a]
所需工作年限（年）	男职工	25	25	20	10
	女职工	20	20	15	10
在退休单位的工作年限（年）	男职工	10	5	5	—
	女职工	10	5	5	5
养老金待遇水平（与标准工资比率%）		35 ~ 60	50 ~ 70[b]	50 ~ 70[b]	60 ~ 90[c]

注：a. 从 1958 年开始，中国实行女工人和女职员不同年龄退休（女工人年满 50 岁，女职员年满 55 岁），并一直沿用至今。

b. 在现单位工作满 5 ~ 10 年的为 50%，工作满 10 ~ 15 年的为 60%，工作年限超过 15年的为 70%。

c. 在抗日战争期间（1937 ~ 1945 年）开始工作的为 90%，在解放战争期间（1945 ~1949 年）开始工作的为 80%；新中国成立后工作且满 20 年的为 75%，工作满 15 ~ 20 年的为 70%，工作年限满 10 ~ 15 年的为 60%。

资料来源：Song Shunfeng & George S-F Chu, "Social Security Reform in China: The Case of Old-Age Insurance", Contemporary Economic Policy, 15（2），1997, pp. 85 - 93.

除此之外，通过前面对城镇企业职工传统养老保险制度的回顾性研究，我们还可以进一步得出关于计划经济时代城镇企业职工养老保险制度的一些基本结论。

（一）政治因素主导着城镇企业职工传统养老保险制度发展和演进

通过对城镇企业职工传统养老保险制度发展演进的考察，特别是对各个发展阶段所处时代背景、社会环境进行分析后，笔者头脑中形成了一个强烈的印象，那就是该制度从初创到蜕变以至修复各个阶段都主要是政治因素在起主导作用。

首先，我们从该制度出台的背景及原因来分析政治因素在制度创设中所起的作用。城镇企业职工传统养老保险制度创立于新中国成立伊始，当时全国性战乱刚刚停息，百废待兴。政治上，代表无产阶级的中国共产党领导着新生政权，但国内还存在着大量反动势力，政局并不稳定；经济上，没收国民党政府时期官僚资本后建立的国营经济控制了经济命脉，但工业萎缩，农业凋敝，物资奇缺，市场混乱，人民困苦，到处是一片衰落破败的景象；民众意愿上，人民向往和平、安定、富足而有保障的生活。在这种形势下，建立包括养老保险制度在内的劳动保险制度无疑是争取民众支持、掌握社会控制权，进而巩固政权、稳定社会的有效手段。更何况，这也是中国共产党所代表的工人阶级一直为之奋斗的目标，是社会主义理想的实现。正是迫切的政治需要促使城镇企业职工养老保险制度在极短的时间内广泛建立起来。

其次，城镇企业职工养老保险制度之所以会在"文化大革命"期间发生蜕变，也是由于政治运动的冲击。"文化大革命"开始后，整个社会弥漫着极"左"思潮，以"批修、反修、防修"为主要内容的"阶级斗争"成为社会生活的主旋律，包括城镇企业职工养老保险在内的劳动保险事业被污蔑成"修正主义的毒瘤"、被当作"资产阶级四旧"而遭到批判，管理劳动保险事务的工会组织以及劳动行政部门遭受严重冲击而陷入瘫痪，劳动保险事务处于无部门管理的状态。可见，还是当时"政治需要"促使了城镇企业职工养老保险制度发生蜕变。

最后，"文化大革命"结束后，各条战线、各个方面拨乱反正，清除"左"倾错误影响，城镇企业职工养老保险制度得到修复。城镇企业职工养老保险制度所以能在"文化大革命"后迅速恢复，主要是因为极"左"思想得到肃清、实事求是的思想路线重新成为党的思想路线和指导方针，劳动保险相关主管部门得到恢复。

之所以是政治因素，而非经济因素或社会因素主导着城镇企业职工传统养老保险制度发展和演进，是因为在计划经济时代，经济结构高度集中，企业没有自主权，不是责任主体，完全依照政府主管部门计划和指令进行生产，政企不分；社会发育不完全且结构趋同质化，社会成员更多地是以"单位人"而非"社会人"身份出现，国家、单位和个人利益较为一致；社会管理方法以行政手段为主，国家的经济政策、社会政策乃至文化教育事业均由政府强

力干预来实施，社会保障亦是如此。❶

（二）制度内生于计划经济时代并与所处时代主体制度紧密关联

任何一项制度安排的产生与存续，均得深深植根于自身所处时代，并受现实国情及社会发展阶段制约和影响。同样，一个国家社会养老保险制度的选择和确定，也是由当时的经济和社会制度所决定的，是社会经济制度本身的体现。❷ 城镇企业职工传统养老保险制度作为"出生""生长""成熟"于计划经济时代中国的一项正式制度安排，就必然会与中国计划经济时代的主体制度紧密相联并受其影响和决定。

政治上走社会主义道路，构成了城镇企业职工传统养老保险制度的政治和思想基础。在资本主义社会，社会保障或社会福利被看作是社会主义因素；在社会主义社会，社会保障自然地成为社会主义的应有之义。在社会主义制度下，生产资料公有制、城市中的充分就业制❸以及高度集中的计划经济体制，恰恰为国家—单位保障制的城镇企业职工传统养老保险制度提供了十分有利的生成和发展条件。因此，20世纪50年代新中国成立初期的城镇企业职工传统养老保险制度受到了社会主义意识形态、战时共产主义的组织传统、中央集权的经济组织形态等因素的综合影响。❹

计划经济体制是城镇企业职工传统养老保险制度的实施基础。受苏联经济体制的影响，新中国成立后，实行的是高度集中的计划经济体制，即国民经济完全按照指令性计划进行生产和供应。在城镇，企业成为政府的附属物，由国家财政保障其长生不死，从而可以成为组织内劳动者的永久依靠，为养

69

❶ 参见郑功成：《论中国特色的社会保障道路》，第86页，武汉，武汉大学出版社，1997。

❷ 参见马杰、郑秉文："计划经济条件下新中国社会保障制度的再评价"，载《马克思主义研究》2005年第1期，第38－48页。

❸ 这样做的理论依据出自马克思主义经典作家的经济学说。马克思通过对资本主义发展初期工人阶级生活状况的考察和对资本积累的理论分析，指出了资本积累和失业现象存在必然的联系。他认为，劳动生产力的发展引起资本技术构成提高，使得可变资本相对减少，其现象即为机器排挤工人，形成相对过剩人口或失业人口。这一产业后备军的存在形成对在业工人的压力，从而使后者或过度劳动或不得不接受低于劳动力价值的工资。因此，资本积累的必然产物就是失业和贫困。解决这个问题的根本出路是建立无产阶级政权，消灭私有制。由此不难理解，当社会主义新中国作为资本主义的对立面建立起来的时候，其决策层会以为在剥夺私人资本的同时就必将消除失业和贫困。参见朱玲："计划经济下的社会保护评析"，载《中国社会科学》，1998（5），第25－36页。

❹ 参见侯慧丽：《城镇基本养老保险制度的再分配效应》，第17页，北京，社会科学文献出版社，2011。

老保险制度的实施提供组织保障。劳动者既不能流动，也没有所谓失业现象，劳动者及其家庭成员均被牢固地束缚在各个缺乏内在联系的国有企业和集体企业之内，并从中取得相应的生存和发展资源，享受着超水平的社会保障，而制度外的个体劳动者和临时工等则无任何保障可言。因此，城镇企业职工传统养老保险制度是建立在计划经济的组织细胞和社会的基本组织形态——人们所隶属的企业或单位之上的社会保障制度，与计划经济体制下的"单位制"相适应，不具有社会保险的性质。❶城镇企业职工养老保险名义上是企业/单位负责制，实际上却是国家统一负责制，政企不分的财务模式使得国家财政可以自由地向无经营自主权的企业划拨各种费用，即便是亏损企业的养老保险也是可以维持其正常运行的，制度处于暂时的均衡状态。

在这种经济体制下，城镇企业职工传统养老保险的制度设计，实际上从一开始就设下了由"国家/企业保险"蜕变为"纯粹的企业保险"的暗道。❷依照《劳动保险条例》所构建的传统养老保险制度，其组织机构运行程序为：劳动保险金主要由本企业缴纳，交由企业工会控制；同时，企业工会将企业上缴的劳动保险金的 30% 交由全国总工会掌握，用于地区乃至全国的调剂。这种体制设计，实际上是在劳动保险的管理机构与企业之间构建起了连体共生的特殊关系。首先，从科层组织的设置来看，由于企业工会组织是企业内部管理结构中的一级科层组织，在人事关系、管理组织上与企业融为一体；其次，从委托—代理结构看，企业工会组织不仅在管理层级上低于企业的决策层，而且在劳动保险金的供给上亦受制于企业的决策层，因此，从劳动保险金的来源及使用决策上，代理人实际上从命于委托人。"文化大革命"开始后不久，"国家/企业保险"蜕变为"纯粹的企业保险"，实质上仍然可以归因于传统经济体制本身。在传统经济体制内，企业还难以成为名副其实的经营主体，企业的厂长（经理）由上级主管部门任命或委派，其行为受制于一条纵向从属链。企业经理能否赢得上级的认可，关键在于企业产值的高低，而非企业利润的高低。由企业利润支付的退休费用等福利开支不仅不会与企业经理的利益发生冲突，反倒有助于企业经理实现其集团福利。在这种体制内，国有企业现实地担负起社会保险、社会福利组织的功能与作用，将国民

---

❶ 参见郑功成：《论中国特色的社会保障道路》，第 85 页，武汉，武汉大学出版社，1997。

❷ 参见陈佳贵、何春雷、罗斯纳等：《中国城市社会保障的改革》，第 78 页，北京，德国阿登纳基金会系列丛书，2000。

收入的初次分配与再分配糅为一体，以企业保险制度形式历史地弥补了社会保险制度的缺失。❶

城镇企业职工传统养老保险制度与平均主义的社会分配机制相适应。这个时期中国在工资和就业等社会政策上实行的都是计划经济条件下的平均主义的资源分配方式，即"按劳分配、不劳动者不得食"。这就意味着人们的生活和福利保障依赖于初次或直接的收入分配而不是注重通过社会再分配手段来获得。由于计划经济的运行阻碍了市场的发展，因此由市场机制发展所导致的对社会财富进行再分配的要求并不强烈。❷ 在计划经济时代，城镇经济中国有经济一统天下，社会分配机制反映的是收入均等化的意识形态诉求。虽然"文化大革命"前大部分时间以及"文化大革命"结束后实行的是根据按劳分配原则分等级确定职工工资，但是，不同等级之间差别不大，不足以对劳动者产生激励；"文化大革命"期间更是索性一律取消体现按劳分配原则的计件工资和奖励制度，改为实行附加工资，不论干好干坏，均按人头发放。在工资差异不大的前提下，按职工"本人工资"或"本人标准工资"一定比例计发的养老金待遇，能够有效地保证职工老年生活水准的均等化。

综上所述，植根于计划经济时代的城镇企业职工传统养老保险制度与同时期主体制度匹配良好，称得上是基本"无缝咬合"。

（三）制度变迁呈现出国家主导的强制性制度变迁特征

纵观这一时期的城镇企业职工养老保险制度变迁与发展，我们发现它呈现出典型的强制性制度变迁的特征，并且自始至终都是由国家（通过中央政府）自上而下来主导这一过程。在这其中，作为全国企业劳动保险事业最高领导机关的中华全国总工会，以及负责企业劳动保险有关政策制定、作为全国社会保险事业最高监督机构的劳动部发挥着重要作用。"文化大革命"开始前，中华全国总工会及下属各级工会组织实际上承担了城镇企业职工养老保险制度的管理、运行和经办，并且与劳动部一起承担着该制度的政策指导职责。

---

❶ 参见陈佳贵、何春雷、罗斯纳等：《中国城市社会保障的改革》，第 79 - 80 页，北京，德国阿登纳基金会系列丛书，2000。

❷ 参见林卡、陈梦雅：《社会政策的理论和研究范式》，第 19 页，北京，中国劳动社会保障出版社，2008。

"文化大革命"开始前，城镇企业职工养老保险制度建设是在中央政府颁布的《劳动保险条例》及其相关规范性文件的指导下开展的。中央政府不仅决定着该制度的创建，而且还主导着该制度的管理、监督和政策制定。无论是劳动保险实施范围的扩充，还是职工退休条件的调整，抑或是退休待遇的提高，都是在政务院或国务院的主导下推动、从上至下实施的。"文化大革命"期间，城镇企业职工养老保险制度向"纯粹的企业保险"的蜕变也是在工会组织系统、劳动部门系统自上而下遭到破坏后发生并在财政部发布《关于国营企业财务工作中几项制度的改革意见（草案）》后正式确立的。"文化大革命"结束后，城镇企业职工养老保险制度得以修复和调整，亦是国务院通过国发〔1978〕104号文件自上而下推动实现的。

之所以这个时期城镇企业职工养老保险发展演进属于国家主导的强制性制度变迁，主要是与计划经济时期国家在整个经济社会生活中占据主导地位有关，同时也是较为契合制度初创和发展初期制度变迁一般规律的。

此外，由于城镇企业职工养老保险制度是在新中国成立后通过《劳动保险条例》确立的，属于制度"从无到有""在白纸上写字"，随后的制度初步发展乃至蜕变也都是在计划经济体制的社会环境以及现收现付制的具体财务模式影响下发生的，同时国家人口年龄结构也总体稳定在年轻型和成年型，因此，这一时期的制度变迁进行得比较顺利，基本不存在路径依赖问题。

（四）制度安排有效性随时间推移和形势发展而递减

"文化大革命"开始前十多年时间里，城镇企业职工养老保险制度有关政策规定能够得到贯彻落实，违背政策的现象较为少见；退休人员的养老待遇可以得到保证，不会有人担心自己退休后领不到退休养老金，可以称得上是一项执行得力、信誉极高的制度安排，不仅解除了城镇企业职工老年生活的后顾之忧，也解除了他们心理上的后顾之忧，很好地满足了他们的养老保障需求。"文化大革命"期间，由于极"左"思想泛滥，无政府主义盛行，城镇企业职工养老保险管理和监督机构停止工作，养老保险的政策、法规得不到贯彻执行，造成有法不依、有章不循；不少老企业的职工年龄结构因退休、退职工作中断而不断老化，致使企业效益下降、养老负担日益加重。这些因素导致了不少企业职工的养老金得不到保障，城镇企业职工养老保险制度有效性下降。"文化大革命"后期，国有企业陷入了严重的经营困难境地。据统计，1976 年国有企业出现了大面积的亏损——全国全民所有制企业的亏损面和亏损率分别达到 31.52% 和 19.44% ；❶ 国家统计局 ETO 系统问卷调查结果显示，因历史债务过重和社会负担过重原因造成的亏损竟高达 49.1%。❷ 在这种形势下，城镇企业职工养老保险的资金来源和管理都受到了严重影响。

在资源利用效率方面也是前高后低，致使城镇企业职工养老保险制度效率降低、有效性下降。在新中国成立初期，由于目标明确、政令严明、管理得力，使得国家和单位花费较少的成本，解决了多数企业职工的老年生活保障问题，维护了社会稳定，巩固了新生政权，表现出很高的资源利用效率。但是，"文化大革命"开始后，城镇企业职工养老保险制度逐渐蜕变为单位化的分割状态，资金来源于企业"营业外列支"，运行管理及待遇发放均由企业负责，缺乏宏观指导和监督；不少企业违规操作，随意提高待遇标准且相互攀比，致使该制度资源利用效率急剧降低。

在对社会经济发展的客观作用方面，包括城镇企业职工养老保险制度在内的国家—单位保障制功不可没，在整体上促进了中国社会经济的发展。但是，在该制度实际作用发挥上也经历了从促进到促退的转变过程：在初期，城镇企业职工养老保险制度在较好地保障退休人员老年生活、解除企业职工养老后顾之忧的同时，提高了劳动者的安全感、自豪感以及生活质量，为经济发展和社会进步奠定了重要基础；只是发展到后来，由于权利与义务完全脱节以及缺乏必要的激励机制，该制度不仅日益强化了职工对国家与单位保障的依赖，而且还因丧失动力机制而导致懒惰滋生、消极劳动的现象普遍，进而直接阻碍劳动生产效率的提高，最终对社会经济的发展带来了严重的负面影响。

（五）制度安排因存在严重内在缺陷而不具可持续性

这一时期的城镇企业职工养老保险制度从总体上来说是有序推进、稳步前进的，但其主要是由行政机关通过政策来推动。通行的做法是政府以政令的形式发布实施养老保障规章作为政策依据，立法机关从未制定过一部有关该制度的单行法律，从而导致该制度发展服从于政府部门的意愿，并取决于

❶ 参见郑海航：《国有企业亏损研究》，第 14、79 页，北京，经济管理出版社，1998。
❷ 参见郑海航：《国有企业亏损研究》，第 79 页，北京，经济管理出版社，1998。

国家财政实力，"以政代法"现象严重。这种由行政机关主导推动的、带有浓厚政策性保险色彩的制度安排，必然深受行政架构、职能部门调整乃至领导人更迭、政治运动的冲击。❶ 政策的多变性损害了城镇企业职工养老保险制度作为一种正式制度安排所必不可少的稳定性。该制度不稳定带来的严重后果便是导致制度在实践中发生蜕变，由具有统筹调剂功能的"国家/企业保险"演变成了封闭运行的"纯粹的企业保险"。

在制度设计上，城镇企业职工传统养老保险制度实行企业单方缴费，缺乏责任共担。在政企不分、实行统收统支财政体制的计划经济时期，各个企业承担的责任只不过是国家责任的延续，企业失去了创造并扩大该制度保障资源的内在动力；个人更是无须考虑该制度的成本收益问题；国家便成为该制度的最终责任主体，社会保险失去了促进经济发展的动力机制。这种"无限风险"的"兜底保险制度"虽然完全体现了社会总产品扣除的社会功能，但却难以体现"成本"概念。个人不缴费导致了社会保障权利和义务严重脱节，使得社会保障制度成为另外一个"大锅饭"。这是因为当时企业业绩考核指标是产值而不是利润，而且企业利润要上缴国家，因此，在企业利润中支付的养老费用实质与企业本身没有直接利益关系。从根本上说，虽然国有企业职工实现了老有所养，但是国家保着企业，企业保着职工，社会保险与企业的经济效益、与劳动者的工作业绩之间不直接挂钩，企业并不对职工养老负有最终责任，最终责任由国家负担。❷ 因此，城镇企业职工养老保险制度是政府在福利供给上"大包大揽"的"苏联范式"的沿袭。在成本将不可避免地持续膨胀的情况下，该制度最终会成为国家财政不可承受之重，从而也将导致该制度缺乏可靠的财政基础。

社会保险意味着应由整个社会来给个中成员提供基本生活保障，这个"社会"应由政府来代表，而不应由企业来代表。城镇企业职工养老保险由企业负责的办法，是"文化大革命"时期政治运动对该制度造成严重冲击而导致的，也和当时国家对企业实行统收统支的财政体制相适应。在非社会化的

---

❶　参见郑功成等：《中国社会保障制度变迁与评估》，第 85 页，北京，中国人民大学出版社，2002。

❷　在计划经济体制下，企业依附于国家而存在，企业不过是国家执行各项政策的载体而已，国家为企业的生存、发展及社会保障承担无限责任，所以企业缴费归根到底是国家负责。参见朱冬梅：《中国企业基本养老保险改革与实践》，第 31 页，济南，山东人民出版社，2006。

城镇企业职工传统养老保险制度下，各个企业只对本单位职工养老负责，再加上计划经济时期保障与单位就业紧密捆绑在一起，劳动者的流动性极弱，这种封闭运行机制连同退休、退职工作中断的直接后果就是职工队伍老化、企业间养老负担畸轻畸重以及人浮于事，最终造成对效率的损害。

正是上述制度脆弱性或不稳定性、缺乏可靠财政基础以及因封闭性导致的对效率的直接损害等内在缺陷的存在，使得城镇企业职工传统养老保险制度不具可持续性，亟须对此制度进行根本性变革。

第4章　城镇企业职工养老保险制度改革与发展

一、城镇企业职工社会养老保险制度的探索（1984～1995年）

（一）经济改革，制度受困——背景分析

　　1978年，党的十一届三中全会拉开了中国向社会主义市场经济转型历史性进程的帷幕。随着改革开放和经济体制改革的进行，尤其是城镇国有企业改革的推进，原有的与"国家/企业保险"和"纯粹的企业保险"制度模式相适应的制度基石——计划经济体制逐步瓦解，新出现的多种所有制形式、多种分配制度以及劳动制度与原有制度模式的冲突日益激烈。中国城镇企业职工养老保险制度进入了改革、发展和探索建立社会养老保险的新的历史阶段。总体来看，对于城镇企业职工传统养老保险制度的根本性变革，起因于经济改革和这种制度已经遭遇的现实困境，同时受到政治、社会等诸因素的影响。❶

　　其一，经济体制改革冲击了城镇企业职工传统养老保险的制度基础。《劳动保险条例》规定，实施劳动保险的资金来源于企业缴费，职工个人无须缴费，并且劳动保险的实施属于企业内部事务，企业需要在生产成本之外支付劳动保险管理成本；"文化大革命"期间，企业的劳动保险待遇开支在营业外列支。由此可见，城镇企业职工养老保险制度的实施有赖于各个企业的平稳发展。当企业经营出现困难时，企业与城镇企业职工养老保险制度之间的平

---

❶　参见郑功成等：《中国社会保障制度变迁与评估》，第87页，北京，中国人民大学出版社，2002。

衡就有可能被打破。❶ 1978 年，经国务院批准，四川省委、省政府选择了重庆钢铁公司等 6 家企业进行"扩大企业自主权"试点，允许企业在年终完成计划以后提留少量利润，给职工发放少量奖金。1979 年 1 月，开展该试点的企业又扩大到 100 家。1979 年 7 月 13 日，国务院颁布了《关于扩大国营工业企业经营管理自主权的若干规定》等 5 个文件，发给各省、自治区、直辖市和有关部门，并在少数国营工、交企业组织扩大试点。随后，在 1980 年和 1984 年中央又两次推出利改税。所谓利改税，是指把以往向国家上缴利润的制度改为向国家缴纳企业所得税，企业的税后利润再按照一定办法在国家与企业之间进行分配，余下的部分由企业自行支配使用。这意味着企业财务状况与国家财政的分离，亏损企业将不能从国家财政中无偿地获得资金支持。在这种背景下，以前作为营业外列支的劳动保险费用不再无关紧要，而直接关系到企业能够留存的利润多少存在直接关系。因此，老职工多的企业便开始"发现"自己身上的退休包袱过重，严重影响企业未来的发展，新老职工的矛盾也开始凸显。相反，一些新办的企业职工年龄结构年轻，历史负担小，因而发展很快。❷ 正是这种政企财务分离模式打破了城镇企业职工养老保险制度原有的均衡状态，企业内部具备了改革原有养老保险制度的动力。

在农村地区开展联产承包责任制改革后，中国城镇开始进入经济体制改革阶段。其中，国有企业改革成为整个经济体制改革的核心环节。传统计划经济体制下政府对国有企业的管理模式是：企业盈利，需全部上缴政府财政；企业亏损，财政则拨款为其弥补亏损。在这种情况下，企业不是自负盈亏的经济实体，没有破产倒闭的威胁。当时，国有企业改革的核心内容就是实行政企分开，改变企业对国家的依附性，同时扩大企业经营自主权，让企业参与市场竞争，自主经营、自负盈亏。一方面，以往长生不死的国有企业有可能因竞争失利而走向破产，就等于宣告了由单位支撑的传统养老保险制度将不再有稳固的经济基础和组织基础。另一方面，企业成为独立核算的经济主体后，各项保险费用支出真正要由企业自己负担，这意味着在企业利润中支

❶ 参见郑秉文、高庆波、于环："新中国社会保障制度的变迁与发展"，载陈佳贵、王延中主编：《中国社会保障发展报告（2010）：让人人享有公平的社会保障》，第 10 页，北京，社会科学文献出版社，2010。

❷ 参见申曙光、彭浩然：《中国养老保险隐性债务问题研究》，第 9 页，广州，中山大学出版社，2009。

付的养老费用与企业本身和职工个人产生直接利害关系，保险待遇支出与企业利益将发生直接冲突。❶ 在此情况下再实行企业办社会保险、"小而全"，必然带来一系列问题。因此，经济体制改革构成了城镇企业职工养老保险制度变革的基本社会背景，而包括该制度在内的整个社会保障制度改革则成为推进国有企业改革的重要配套措施。❷ 政府对原有城镇企业职工养老保险制度改革的最初动力来自于它对国有企业改革配套的必要性。在国有企业改革不断深入的形势下，一些地方产生了统筹企业养老保险费用的想法，具体措施是按照本地区养老费用的总支出，平均到本地区企业的所有职工，缴费比例以支定收，实行现收现付。

与此同时，随着多种经济形式、多种用工制度的发展，中国已有一大批处在"铁饭碗"体制之外的从业者，诸如合同工、小集体企业职工以及外资企业、合资企业中的职工等，连同流动就业人口、待业人口等都无法被纳入养老保障安全网之中。截至 1979 年，全国城镇待业青年接近 1200 万人❸，其中包括大批返城的下乡插队知识青年、退伍复员军人等，而当年城镇正规部门职工人数只有 9967 万人。❹ 这表明传统养老保险制度已经实现不了全面覆盖，传统保障制度覆盖范围之外的职工人数越来越多。该项制度越来越难以适应社会的发展，也动摇了城镇企业职工传统养老保险制度的合法性来源，对于上述问题也需要根据新形势建立新的体制予以彻底解决。

其二，计划经济时代形成的城镇企业职工传统养老保险制度因存在严重内在缺陷而面临着无以为继的困境。在单位保障制下，传统养老保险制度的非社会化、封闭性以及企业单方负责制，导致社会统筹、互济功能丧失，养老金发放不可在企业之间转移，职工个人对国家和单位保障产生严重依赖，极大限制了劳动力的合理流动。在这种体制下，各个企业自身的经营状况就决定了本单位养老保险制度实行的好坏，新老企业负担畸轻畸重的矛盾越发突出，一些年龄结构大、离退休职工多的纺织、轻工、手工业系统国有企业

---

❶ 参见朱冬梅：《中国企业基本养老保险改革与实践》，第 32 页，济南，山东人民出版社，2006。

❷ 参见郑功成等：《中国社会保障制度变迁与评估》，第 87 页，北京，中国人民大学出版社，2002。

❸ 参见《劳动工作》编辑部："消除千家愁换来万人欢——一九七九年全国七百多万城镇待业青年得到安置"，载《劳动工作》1980 年第 3 期，第 3—5 页。

❹ 参见国家统计局国民经济综合统计司：《新中国五十年统计资料汇编》，第 2 页，北京，中国统计出版社，1999。

因此而陷入了不堪重负的境地，要么通过政府巨额财政补贴勉强维生并保障退休人员生活，要么因经营状况无法改变而只能拖欠退休人员养老待遇❶；冶金、机电、仪表及旅游等新兴行业的企业负担较轻。例如，1984年上海纺织行业的退休职工人数相当于在职职工的49%，退休金支出相当于在职职工工资总额的46%。而新兴发展起来的石化行业，退休金支出仅为在职职工工资总额的2.5%。企业负担不均，使得他们难以在同一"起跑线"上开展市场竞争，阻滞了市场经济公平竞争机制的建立。同时，地区间、行业间的负担也是不平衡的。上海全民企业的退休费用占工资总额的22.5%，天津、四川、辽宁、江苏等9个省市为10%～12%，北京、湖南、陕西等10个省市为7%～10%，广东、河南、内蒙古等9个省（自治区）在7%以下。❷ 因此，原有城镇企业职工传统养老保险制度因自身存在难以克服的内在缺陷，而不得不进行根本性变革。

其三，现收现付式的财务制度不适应人口老龄化需要的问题开始暴露出来。"文化大革命"结束之后，中国重新实行统一的退休制度和离休制度，同时放宽对从事危险工作职工的退休条件，规定符合条件的职工可以提前退休，养老金替代率也有所提高。与此同时，新中国成立初期参加工作的老职工逐渐开始进入退休高峰，离退休人数迅速增加，养老金支出增长过快。当时，全国养老金支出增长速度远远大于离退休人数的增长速度，企业支付发生困难。例如，1978～1985年，企业负担的养老费用占城镇职工工资总额的比例从2.8%上升到10.6%，离退休人数从314万人迅速增加到1637万人，在职与离退休人数之比从30.3∶1下降到7.5∶1，离退休人员保险福利费用总额从17.3亿元增加到149.8亿元。❸ 其中，集体所有制单位离退休人数及离退休费用在短短8年间经历了高达十几倍甚至超过20倍的增长，如表4-1所示。由于现收现付式的制度模式不进行任何基金积累，在财政乏力的情况下，国家将不得不继续提高企业缴费率，如此延续下去，企业将不堪重负，现收现付

---

❶ 哈尔滨曾在企业养老保险社会统筹改革前做过社会调查，发现1985年1～9月不能按时领取退休费用的职工占7.1%；而河南省在退休费用社会统筹前的一项调查也显示，曾有9000名职工被停发退休费用，1.7万名职工只能领取减额发放的退休费用。参见董克用：《中国经济改革30年》（社会保障卷），第17-22页，重庆，重庆大学出版社，2008。

❷ 参见裴世安："关于改革退休金制度的思考"，载《经济与管理研究》1986年第5期，第36-38页。

❸ 参见姜向群：《老年社会保障制度——历史与变革》，第172页，北京，中国人民大学出版社，2005。

模式难以有效应对人口老龄化背景下养老金支出增长过快，以实现养老金收支财务平衡的弊端已经显露无遗。

表 4 - 1　1978～1984 年离退休人数及费用增长情况

年份	全民所有制单位		集体所有制单位	
	离退休人数	离退休费用	离退休人数	离退休费用
1978*	100.0	100.0	100.0	100.0
1979	166.5	177.3	410.0	360.0
1980	224.6	266.3	593.3	700.0
1981	260.6	326.9	700.0	900.0
1982	304.6	380.9	826.7	1100.0
1983	357.4	453.9	923.3	1330.0
1984	374.1	519.0	1320.0	2120.0

注：*以 1978 年相关数据为基数，取值 100。

资料来源：严忠勤，《当代中国的职工工资福利和社会保险》，第 335 页，北京，中国社会科学出版社，1987。

　　其四，城镇企业职工传统养老保险的关键制度设计已经不能适应新形势发展需要。一是养老计发办法单一，不能适应新的工资制度。计划经济时代的养老金计发办法建立在等级工资制度基础上，自 1954 年确定以标准工资作为计发基数以来，一直没有改变。党的十一届三中全会以后，许多非公有制经济单位从业人员没有实行标准工资制，因而无法按国家原来规定的以标准工资为基数计发养老金。随着企业劳动工资制度的改革，企业内部分配形式出现多样化，标准工资在职工工资收入中所占比重明显下降，传统以标准工资为养老金计发基数的办法渐渐难以为继。二是退休条件和待遇标准不尽科学合理。传统养老保险制度规定，工龄满 10 年以上的职工都可享受长期养老待遇，条件偏宽；还规定工龄符合一定条件都相应按同一比例计发待遇，工龄 30～40 年与工龄满 20 年采用同一待遇计发标准，难以充分体现工龄长短不同、劳动贡献不同的差别，干长干短都一样，不利于调动职工的积极性。三是养老金未与工资和物价指数挂钩。传统养老保险制度中，职工的养老金按规定领取，一般很少作调整变动。而物价水平的提高使原有的养老金保障水平相对降低，造成离退休人员与在职人员之间的收入差距不断拉大，不利

于离退休人员分享社会经济发展的成果。❶

其五，理论学术界开展的学习和反思活动为城镇企业职工养老保险制度改革提供了理论指导。随着 20 世纪 80 年代开始的对外开放逐渐展开，理论学术界开始大量吸收借鉴世界各国社会保障制度的实践经验，并陆续出版了一批介绍世界各国社会保障制度的著作，同期各类刊物上也刊登了相当数量的介绍世界各国社会保障制度的文章。1983 年 11 月 5 ~ 12 日，中国劳动学会、劳动人事部保险福利局在郑州联合召开了新中国成立后有关保险福利问题的第一次全国性学术研讨会——保险福利问题学术讨论会，正式提出了全民所有制单位退休费用社会统筹的设想。此后，学术界陆续召开了不同主题的社会保障问题座谈会与研讨会。针对经济体制转型过程中新出现的诸多问题，理论界围绕着如何建立具有中国特色社会保障制度这一主题，集中对"劳动保险（社会保障）制度存在的缺陷""劳动保险（社会保障）的性质和作用""社会保障模式的选择"等方面问题进行了热烈讨论，既形成了许多不同的观点和主张，也达成了许多共识。

政治上破除极"左"思想影响后，效率观念逐渐得到确立，缺乏效率的城镇企业职工传统养老保险制度因而被重新审视和检讨。西方发达国家和一些发展中国家对传统养老保险制度的改革实践（如新加坡中央公积金制度将"自我保障融入社会保障机制中去"、智利养老保险由现收现付向完全积累制改革也取得巨大成效）以及这一制度多样化发展的趋势❷，亦给中国思考城镇企业职工养老保险制度未来发展及其改革方向提供了现实参考。通过一段时间的"睁眼看世界"、向西方经济学和社会保障制度与基础理论学习，中国开始对城镇职工养老保险制度存在的问题进行反思并尝试着深入思考解决方法，为该制度的改革初步奠定了理论基础。❸

其六，先期进行的经济体制改革为城镇企业职工养老保险制度改革提供了外部推力。1984 年 10 月 20 日党的十二届三中全会通过的《中共中央关于经济体制改革的决定》，提出"发展社会主义商品经济""增强企业活力是经

---

❶　参见陈心德、苑立波等：《养老保险：政策与实务》，第 43 ~ 44 页，北京，北京大学出版社，2008。

❷　从总体上来看，这些改革体现出以下几点趋势：（1）更加强调个人对自身保障负责；（2）为应对人口老龄化，开始改革现收现付型的财务机制，完全积累的个人账户开始建立起来；（3）重视对市场机制和社会主体的利用，以提高制度效率。

❸　参见郑秉文、高庆波、于环："社会保障理论的演进与创新"，载张卓元主编：《中国经济学60 年（1949 ~ 2009）》，第 424 ~ 429 页，北京，中国社会科学出版社，2009。

济体制改革的中心环节""加快劳动制度的改革",企业的经营自主权日益扩大。这标志着中国经济体制改革进入了以城市为重点、以国营企业为中心的时代。之后,国有企业改革全面展开,要求将利益机制引入国有企业,实现经营权与所有权相分离,成为自主经营、独立核算、自负盈亏的商品生产者。同时,合同制工人的人数逐渐增加,1984 ~ 1986 年合同制职工人数分别为209 万人、409 万人和 624 万人。❶ 这一改革对中国养老保障体制的影响非常大。国有企业之间过去那种事实上的大统筹关系开始瓦解,新老企业之间养老负担的不均衡问题,部分老企业无力承担退休职工养老责任等问题迅速显露,原来那种"养老金在企业营业外项目列支"的办法也执行不下去了。❷随着经济体制重大改革步骤的实施,社会保险制度的地位和作用日益突出,并因此引起一系列关于国家、企业与劳动者个人在社会保险制度方面责任承担问题的重新思考。

此外,党的十一届三中全会以后,工会陆续重建;1979 年国家劳动局设置了福利保险局,社会保障的管理机构逐步恢复。到 1982 年劳动人事部成立,社会保障工作具备了组织条件。计划生育政策实施带来的或即将带来的家庭人口结构模式的变化以及因传统单位保障而带来的家庭保障功能弱化,对城镇企业职工传统养老保险制度进行社会化改革的要求日益迫切;人们经历经济改革的洗礼,在思想观念上开始承认并接受差别,自我负责、自我保障的意识逐渐得到确立;等等。上述变化的出现,不仅要求改革计划经济时代的城镇企业职工养老保险制度,而且为这一制度的变革创造了日益有利的环境条件。

(二) 社会统筹,引入个账——内容概述

1. 最初的改革探索——社会统筹的建立

(1) 社会统筹的探索、试点和推广阶段

有鉴于计划经济体制下建立并延续下来的企业养老保险制度与城市经济体制改革之间的不适应性逐渐暴露出来。为保证企业改革的顺利进行,各地从 20 世纪 80 年代开始,对企业职工养老保险制度进行了配套性改革探索。

---

❶ 参见国家统计局:《中国统计年鉴 1996 年》。

❷ 参见国务院发展研究中心课题组:"中国养老保障制度改革",载王梦奎主编:《中国社会保障体制改革》,第 4 页,北京,中国发展出版社,2001。

传统的城镇企业职工养老保险制度进入了真正意义上的制度变革时期，这主要表现在以下几个方面。

一是开展城镇企业职工养老保险费用社会统筹，开始由"纯粹的企业保险"向社会保险转变。进入 20 世纪 80 年代，退休费用由各企业自己支付所引发的矛盾越来越突出，不仅影响了离退休人员的正常生活，也给经济改革带来了严重影响，更不利于社会的安定。城镇企业职工养老保险的改革尝试首先是进行退休费用社会统筹，还原养老保险的基本功能，实现分散风险、平衡互济。于是，职工劳动保险首次由企业单方负担走向国家、企业共同负担。退休费用社会统筹在一些县市的国有企业开始试点并迅速推广。所谓社会统筹，就是指打破单个企业内部自保模式，由社会保险机构在一定范围内统一征集、统一管理、统一调剂退休费用的制度，是相对于 20 世纪 60 年代以后企业职工退休金由本企业自行支付而言的。与传统的劳动保险金部分调剂使用不同，社会统筹要求社会保险机构按照一定的计算基数和提取比例向企业统一征收退休费用，形成统一管理的退休基金，再根据退休费用的实际需要划拨返还给企业，即在统筹区域内的企业之间实施养老保障费用的转移支付，使企业间的养老负担更为均衡。退休费用统筹首先在县市级范围和层次推行，逐步向地市级和省级统筹过渡。

1983 年下半年，劳动人事部提出退休费用实行社会统筹的意见❶，并在广东省江门市和东莞市、四川省自贡市、江苏省泰州市和辽宁省黑山县等个别地区进行试点。从 1984 年开始，国营企业职工退休费用社会统筹试点（即在市、县一级行政区内的国营企业之间，按照"以支定收、略有节余"的原则，对企业按职工工资总额的同等比例，进行养老金的统一收缴、支付以及对职工养老保险的统一管理）迅速在全国范围内普遍展开，并逐渐扩展到集体所有制企业。1984 年 11 月 24 日，广东省颁布了《广东省全民所有制单位退休基金统筹试行办法》。该办法规定：各单位按照全部固定职工基本工资总额（含标准工资和副食品价格补贴、粮差补贴）的一定比例向县（市）社会劳动保险机构缴纳。缴纳的具体比例，由各县（市）劳动局和财政局按照当地的实际需要和自筹自给的原则会同有关部门确定。提取比例可一年一定或

---

❶ 在统筹地区内的企业之间按照"以支定收，略有结余"的原则，确定养老金的支出比例，由政府指定的部门（多为劳动部门）负责养老金的统一收缴、发放。

几年一定，到期调整。各地试点方案设计的一个共同特点是：企业作为单一的缴费主体，职工个人不缴费。这一方案设计无疑继承了原有企业保险模式下缴费主体只有资方一个的制度设计理念，体现出制度变迁的路径依赖特征。❶ 实践证明，县级养老保险制度社会统筹试行的效果良好，它保证了离退休职工退休费的发放，均衡了养老保险负担，对于减轻负担沉重企业的负担、维护社会的稳定、保证经济体制改革的顺利进行都起到了很好的促进作用。

当时，社会各界对于养老金社会统筹还仅仅停留在浅层次的认识上，统筹的目的是重新使中国的养老保险恢复其调剂功能并向社会化的方向发展，从而克服企业因退休人员多寡不一而在费用负担上畸轻畸重的问题。统筹的项目，原则上包括了用于退休人员长期性开支的各项费用。资金提取一般是按职工工资总额，本着以支定收、略有结余的原则进行。❷ 1985 年 9 月 23 日通过的《中共中央关于制定国民经济和社会发展第七个五年计划的建议》中提出了"社会保障工作要坚持社会化管理与单位管理相结合，以社会化管理为主的方向"。到 1986 年年底，全国先后有 27 个省（自治区、直辖市）的 300 多个县市参加了试点，统筹层次为县（市）一级或地（市）一级。20 世纪 80 年代后期，国务院陆续批准了铁路、邮电、电力、水利、建筑 5 个部门实行养老保险行业统筹。

二是实行城镇企业职工个人缴纳养老保险费用的制度，使养老保险费用由企业完全负担向多方负担转变。1986 年，国务院在全国范围内拉开了以养老保险为主项的社会保险改革，改革工作开始进入深层次的探索时期。同年 7 月 12 日，国务院发布了改革劳动制度的四个规定（国发〔1986〕77 号），其中的《国营企业实行劳动合同制暂行规定》（见附录 4），决定国营企业新招收的工人一律实行劳动合同制，并规定对劳动合同制工人退休实行社会统筹，退休养老基金由企业和劳动合同制工人缴纳，退休金收不抵支时国家给予适当补贴。具体地，企业按劳动合同制工人工资总额的 15%，劳动合同制工人按不超过本人标准工资的 3% 缴纳退休养老费用，转入当地劳动行政主管部门所属社会保险专门机构在银行开设的退休养老基金专户。同时，各地普遍建立了由劳动部门领导的"社会保险事业局"，具体负责合同制工人养老金的征

---

❶ 参见吴连霞：《中国养老保险制度变迁机制研究》，第 55 页，北京，中国社会科学出版社，2012。

❷ 参见高书生：《社会保障改革何去何从》，第 52 页，北京，中国人民大学出版社，2006。

集和管理。截至 1990 年底，各级劳动部门共设立专职养老保险经办机构 3328 个，配备管理人员 2 万多人。● 国发〔1986〕77 号文件相关规定较前一时期养老保险制度的重要创新之处在于规定了企业与个人按一定比例缴纳养老保险费，从而第一次真正在实践中建立起养老保险个人缴费制度。从此，养老保险费用开始由企业、个人、国家共同负担，个人缴费制度也逐渐推广到企业全部职工。为加强基金的监督管理，1987 年 3 月 21 日财政部制定了《国营企业职工待业保险基金和退休养老基金预算管理暂行办法》（财政部〔87〕财综字第 8 号），要求"将国营企业职工退休养老基金作为专项收支纳入国家预算管理"，规定"退休养老基金实行预算管理，由国家统一政策和计划，地区（个别按系统）自收自支"。

三是探索实行企业补充养老保险和个人储蓄性养老保险制度，使养老保险制度开始从单一层次向多层次转变。20 世纪 80 年代，四川省南充市在为街道小集体解决养老问题时，针对街道小集体企业经济力量薄弱的情况，设计了基本加补充的养老办法，即由政府组织水平较低的养老保险，在此基础上，各企业根据自身经济能力为在职职工和退休人员建立补充养老保险。劳动人事部及时总结了这一经验，并在研究养老保险制度改革时，提出了建立国家基本养老保险、企业补充养老保险和职工个人储蓄性养老保险三位一体的养老保险制度的设想。后来，国务院采纳了这一经验，明确要求建立养老保险的三支柱模式，即政府基本养老保险、企业补充养老保险和个人储蓄性养老保险。

这一阶段的城镇企业职工养老保险制度的改革基本上是采取自下而上的方式，即先由各地结合自身实际，设计新制度或新办法解决本地企业职工养老问题，取得效果和经验后再由中央主管部门总结推广。各地的改革探索工作推进得非常顺利，既没有遭到企业的反对，也没有遭到预期新制度下养老保险待遇会降低的职工的反对。这是因为，在当时推进市场经济改革的大背景下，城镇企业职工养老保险社会化是一项"帕累托改进"的制度变迁❷，企业在新制度下得以转移沉重的养老负担，职工在新制度下的养老保障权益

● 参见国务院政策研究室课题组：《中国社会保险制度改革》，第 32 页，北京，中国社会科学出版社，1993。

❷ 参见吴连霞：《中国养老保险制度变迁机制研究》，第 55 页，北京，中国社会科学出版社，2012。

不受损。

(2) 社会统筹的确立阶段

1991年6月26日，国务院在总结部分省市试点经验和参考借鉴理论学术界对养老保险制度改革所达成共识的基础上，颁布了《国务院关于企业职工养老保险制度改革的决定》（国发〔1991〕33号，见附录5），提出建立社会基本养老保险、企业补充养老保险和个人储蓄相结合的多层次保障原则；养老保险费用由国家、企业、个人三方共同负担，实行个人缴纳养老保险费，并提出要积极创造条件推进社会养老保险由县市级统筹逐步过渡到省级统筹；养老保险基金由政府根据支付费用的实际需要和企业、职工的承受能力，按照"以支定收、略有结余、留有部分积累"的原则统一筹集；明确劳动部和地方劳动部门负责管理城镇企业职工的养老保险工作。这一改革措施着实减轻了企业的养老负担，有力地配合了当时的企业体制改革；同时，这也是改革开放以来国家就养老保险问题第一次作出重大决策，成为全国养老保险改革的重要指导性文件。❶ 1951年始建社会统筹，1991年重建社会统筹，前后两种社会统筹的含义及实现方式存在很大差异：前种社会统筹是建立在劳动保险资金"大部分企业留用、小部分调剂使用"基础上的，统筹共济功能较为有限；后种社会统筹则将企业和职工所缴纳的退休养老费用全部归入社会保险专门机构的退休养老基金专户，然后在统筹区域范围内统收统支，企业内部不再留存基金。

在国务院文件的推动下，以社会统筹为目标的养老保险制度改革在全国迅速展开。到1992年底，全国2300多个县市（约占县市总数的98%）实行了企业养老保险基金统筹，有13个省级行政区实现了省级统筹。其中，1300个县市（约占县市总数的55%）还在城镇集体企业范围内实行退休费用统筹。❷ 这一改革虽然从制度设计上解决了统筹区域内新老企业之间养老负担不均衡的问题，有效地配置了社会资源，使企业能够投入更多的精力进行生产。但是，由于缺乏必要的激励机制，加之财务上实行的是差额收缴和差额拨付

---

❶ 参见焦凯平：《养老保险》（第二版），第44页，北京，中国劳动社会保障出版社，2004。
❷ 参见国务院研究室课题组：《中国社会保险制度改革》，第25页，北京，中国社会科学出版社，1993。

制度❶，社会统筹实际上变成一种企业间的直接转移支付。因此，退休职工较少的新企业就没有缴费积极性，拖欠、拒缴的情况时有出现，退休职工较多的老企业拼命要挤进社会统筹。另一方面，20世纪80年代中期以后，随着国有经济就业增长的放慢和离退休职工比例的大幅度增加，国有经济总体上的养老负担越来越重，亏损面和亏损率高企（见表4－2）。进入统筹体制后，几乎所有的国有经济都必须承担较高的保险费率，提高了企业用工成本，削弱了企业的竞争力。❷ 很多地区的养老金提取比例从20世纪50年代的3%以下，增加到当时工资总额的20%以上。一些老工业基地，如天津、重庆等地养老保险缴费率达到30%甚至更高，严重地影响国有企业的自身发展。❸ 企业负担加重，使一些已经进入社会统筹的企业退出社会统筹或拒绝缴费，从全国来看，养老保险费的收缴率从1992年的94%下降到1993年的86%，一些地区甚至在80%以下。❹ 此外，发展迅速的非国有经济基本上没有进入制度化的养老保障体系，企业没有这方面的费用支出。因此，不同所有制的企业之间难以进行平等竞争，工人的合法权益也得不到保证。❺

针对这些问题，理论界和政府有关部门对中国社会保障制度（主要是养老保障制度）的改革与发展问题进行了全面的讨论和研究，并取得了很多方面的共识，为下一步改革奠定了坚实的基础。到1993年末，全国有50多万户企业参加退休费用社会统筹，涉及在职职工7800多万人、离退休人员1700多万人，约占全国企业在职职工总数的70.8%和离退休人员的81.2%。❻

---

❶ 差额收缴和差额拨付是社会保险经办机构与企业结算养老保险费时采用的一种方式，它产生的前提是由企业代发养老金。在实际操作中，如果企业应该缴纳的养老保险费大于本企业所需支付的离退休金，企业应该将两者的差额上缴社会保险经办机构，同时代为发放本企业离退休人员的养老金；如果企业应该缴纳的养老保险费小于本企业所需支付的离退休金，社会保险经办机构应该将两者的差额拨付给企业，由企业补足并代为发放本企业离退休人员的养老金。这种由企业代发养老金的差额收缴和差额拨付制度，掩盖了养老保险基金来源和使用的社会性，使得社会保险经办机构、企业和职工之间的权利和责任模糊不清。1998年9月1日起，国务院已经明文禁止这种结算方式。参见陈心德、苑立波等：《养老保险：政策与实务》，第43－44页，北京，北京大学出版社，2008。

❷ 参见徐德正、韩俊江："中国城镇职工养老保险制度的历史沿革"，载《经济视角》2005年第12期（B），第2－4页。

❸ Lin Shuanglin, "Forced Savings, Social Safety Net, and Family Support: A New Ole-Age Security System for China", The Chinese Economy, 41 (6), 2008, pp. 10–44.

❹ 参见陈佳贵、何春雷、罗斯纳等：《中国城市社会保障的改革》，第110页，北京，德国阿登纳基金会系列丛书，2000。

❺ 参见国务院发展研究中心课题组："中国养老保障制度改革"，载王梦奎主编：《中国社会保障体制改革》，第4－5页，北京，中国发展出版社，2001。

❻ 参见《卫生软科学》编辑部："我国社会保障现状"，载《卫生软科学》1994年第6期。

1994 年 7 月 5 日,《中华人民共和国劳动法》颁布。该法规定,"国家发展社会保险事业,建立社会保险制度,设立社会保险基金,使劳动者在年老、患病、工伤、失业、生育等情况下获得帮助和补偿","社会保险基金按照保险类型确定资金来源,逐步实行社会统筹",实现了平等就业权和就业关联保险权,也确立了独立于单位之外的社会化管理的社会保险制度的法律地位。到 1995 年底,中国国有企业已全部参加了县市级以上养老保险社会统筹,对集体企业职工实行退休费用统筹的县市已达 2200 多个,有 13 个省、自治区、直辖市实行省级统筹(多数采取建立省级调节基金的方式)❶。至此,全国城镇基本上实现了企业基本养老保险的社会统筹目标。

表 4-2 1986~1992 年乡及乡以上全部独立核算工业企业亏损情况

年份	亏损额(亿元)	亏损面(%)	亏损率(%)
1986	72.42	13.16	7.62
1987	84.68	14.38	7.78
1988	106.57	11.66	8.22
1989	234.05	15.89	18.96
1990	453.68	21.07	44.76
1991	475.49	18.73	42.52
1992	469.06	15.91	32.54

资料来源:郑海航:《国有企业亏损研究》,第 29 页,北京,经济管理出版社,1998。

(3) 行业统筹的实行及对其的质疑

1984 年,中国开始试点养老保险社会统筹后不久,就有国有企业提出要建立行业统筹。当时的水利电力部以"水电施工企业地处偏僻地区、无固定生活基地和跨省(区)流动施工"为由申请实行行业统筹。为尽快推动城镇企业职工养老保险制度步入实质性改革阶段,1986 年 7 月 8 日,原劳动人事部、财政部在对水利电力部《关于直属企业试行离退休费用统筹的请示》的批复(财政部、劳动人事部(86)财综字第 80 号)中同意水利电力部直属企业试行离退休费用行业统筹,暂不参加地方统筹。之后的 1987~1988 年两年间邮电部、铁道部、中国建筑工业总公司先后向国务院提出申请实行离退休

---

❶ 参见郑伟:《中国养老保险制度变迁与经济效应》,第 11-12 页,北京大学出版社,2005。

费用行业统筹并获批准。1993 年 10 月 15 日，国务院发出《关于企业职工养老保险统筹问题的批复》（国函〔1993〕149 号），这一批复肯定了铁路等 5 个行业的职工养老保险实行行业统筹，又批准了交通、民航、银行、煤炭、石油天然气、有色金属 6 个行业实行养老保险行业统筹，实行养老保险行业统筹的行业增加到 11 个行业（铁道、交通、邮电、水利、电力、民航、煤炭、有色金属、石油天然气、银行、中国建筑工程总公司）❶ 16 个部门（铁道、交通、邮电、水利、电力、民航、煤炭、有色金属、石油天然气、中国工商银行、中国农业银行、中国银行、中国建设银行、交通银行、中国再保险集团、中国建筑工程总公司等）。

这些企业之所以不愿意参加地方养老保险统筹，根本原因在于利益得失。❷ 在其中权衡利益得失的主体有两个：一个是中央政府，另一个是直属企业本身。从中央政府的角度来讲，让职工年龄结构年轻、需要赡养老年人口少的 11 个行业的直属企业参加地方养老保险统筹，每年需向地方多缴纳约 50 亿元的养老保险费用，这会直接降低这些行业向中央缴纳的利润总额、减少中央的财政收入；而如果实行行业统筹，不但不会减少中央的财政收入，甚至有可能因把负担甩给地方而增加中央的财政收入。因此，中央政府有动力支持这些直属企业的养老保险费用实行行业统筹。

对于申请行业统筹的行业部门而言，实行养老保险费用行业统筹能够最大限度地保护自身利益。它们在看准自身利益是与中央政府利益捆绑在一起的基础上，利用强大的话语权，成就了养老保险行业统筹。这些行业部门的直属企业申请行业统筹的原因在于其自身的逐利动机❸：一是行业内养老金可略高于社会平均水平；二是实行现收现付模式所剩余的养老基金可留在行业内，没有其他行业养老负担沉重的问题存在；三是养老基金可在系统内运转，在管理不明确时，可弥补生产性经营资金的不足。在地方老龄化程度较高、工资水平较低的情形下，中央直属企业实行行业统筹，计提的养老保险缴费

---

❶ 参见胡晓义：《走向和谐：中国社会保障发展 60 年》，第 85 页，北京，中国劳动社会保障出版社，2009。

❷ 参见李连友："论利益分化对我国养老保险制度变迁的影响"，载《财经理论与实践》2000 年第 1 期，第 7 – 11 页。

❸ 参见慈勤英："关于基本养老保险统筹'条块之争'的思考"，载《湖北大学学报（哲学社会科学版）》2000 年第 3 期，第 95 – 98 页。

率相比地方有很大幅度的降低❶，确实能够很好地保护自身利益。这说明，客观上存在的各行业发展不平衡、经济效益的差异以及养老负担的不同，促使着处于优势地位的行业退出或不参加地方统筹。❷

基于上述两方面的原因，在批准了第一批部门实行行业统筹后，尽管弊端已经显现，地方政府和主管部门也表示反对，但是，中央政府在经过反复权衡后仍然批准了第二批行业部门实行行业统筹。离退休费用行业统筹的出现既是中国计划经济体制下政府管理国有企业模式所造成的，也是统筹行业作为一个整体的利益阶层为己争利的表现，属于城镇企业职工养老保险改革中出现的特殊体制，对于提高离退休费用社会统筹层次以及实现行业间和行业与地方间养老保险权益公平造成了很大干扰，应当尽快取消。

2. 养老金计发办法改革

从 20 世纪 80 年代末、90 年代初开始探索的养老金计发办法改革，是继推动退休费用社会统筹之后，养老金制度改革中的又一个重大举措。如果说退休费用社会统筹，所解决的是养老基金的"收"的问题，那么，养老金计发办法改革，则是要解决养老基金的"支"的问题。之所以要进行计发办法改革，是因为在经济体制改革过程中，伴随着企业经营方式和分配方式的多样化，作为计发离退休待遇"基数"的工资构成已然发生了很大变化，特别是标准工资在全部工资中所占比重越来越低，使用很久的"标准工资"概念越来越模糊，仍按标准工资计发退休待遇则不仅会导致退休职工实际收入减少过多，还容易造成企业同机关事业单位退休待遇上的不平衡❸，不能适应经济体制改革深化和社会主义市场经济发展的要求。

为做好此项工作，劳动部经过两年多的研究论证，决定先在江西省南昌市和辽宁省锦西市等部分城市进行试点。当时的基本考虑是，把养老金分成两部分，一部分同本地区的社会平均工资挂钩，另一部分同职工本人的缴费工资和缴费年限挂钩。1992 年 5 月，劳动部对改革养老金计发基数和计发办

---

❶ 以中国建设工程总公司在 1988 年 4 月 30 日下发的《中国建筑工程总公司直属企业离退休费用统筹试行办法》为例，该办法规定 1988 年按固定职工工资总额的 8.7% 提取离退休统筹基金；而同期上海、青岛、武汉、广州、常州等地计提养老金缴费比例分别为 25.5%、18%、22.5%、21.5%、19.9%。可以发现，行业统筹的计提比例仅为地方计提比例的 1/2 甚至 1/3。转引自林义："退休费用社会统筹问题研究"，载《华东师范大学学报（哲学社会科学版）》1994 年第 2 期，第 13－18 页。

❷ 参见吴连霞：《中国养老保险制度变迁机制研究》，第 70 页，北京，中国社会科学出版社，2012。

❸ 参见高书生：《社会保障改革何去何从》，第 61－63 页，北京，中国人民大学出版社，2006。

法提出了新型结构式的养老金计发办法，先广泛征求各地区的意见，同时组织部分县市进行测算论证，模拟运转。1993 年 10 月 19 日，劳动部正式发布《关于基本养老金计发办法改革试点工作的通知》（劳部发〔1993〕275 号），对该项工作作出部署。到 1993 年末，全国已有 16 个省（自治区、直辖市）的 100 多个县市先后实行了新的计发办法。按照改革试点方案，新的养老金计发包括两部分：第一部分——社会性养老金的计发标准为省、自治区、直辖市职工平均工资的 25%；第二部分——缴费性养老金按缴费工资和缴费年限计算，每缴费满 1 年，发给职工本人指数化月平均缴费工资的 1%。这样两部分相加大体占工资收入的 60%。为了保证所有实行新计发办法的退休人员待遇不降低，并且使一部分人员的待遇有所提高，在计发标准之外，可以经过测算适当发给过渡性补贴。基本养老金每年随社会平均工资增长定期调整。

针对各地在贯彻实施劳部发〔1993〕275 号文件过程中遇到的一些具体政策问题，劳动部于 1994 年 3 月 8 日发布了《关于基本养老金计发办法改革试点工作的补充通知》（劳部发〔1994〕123 号）予以明确。

3. 选择中的改革创新——引入个人账户

城镇企业职工养老保险在实行社会统筹后，最初成效明显，但是，随着国有企业改革的深入，现收现付制给改革带来的阻力越来越大❶，其内在运行问题逐渐显现出来。面对退休费用低层次社会统筹带来的种种问题，以及基金制养老保险制度在一些国家的兴起，社会各界逐渐认识到单一的社会统筹存在的"激励机制不强、平均主义成分过大，对参保人的参保积极性有所抑制"❷以及无法应对人口结构向老龄化转变的弊端，理论界和政府相关部门对此展开了广泛的讨论和研究，为养老保险制度改革探索新思路。当时的国际上，一方面，石油危机和人口老龄化在一定程度上导致许多传统的待遇确定型（DB）现收现付制养老保险制度出现支付危机；另一方面，由新自由主义主导、智利首创的缴费确定型完全积累制养老保险改革却取得了举世瞩目的成就。个人账户的引入及其在社会保障制度中的作用日益受到业界关注，并在世界范围内掀起了一场关于社会保障制度模式优劣比较的探讨。智利的完全积累制和同样引入个人账户的新加坡中央公积金模式成为国内学术界极为

---

❶ 参见北京大学中国经济研究中心宏观研究组："中国社会养老保险制度的选择——激励与增长"，载《金融研究》2000 年第 5 期，第 1–12 页。

❷ 刘志峰："深化社会保障体制改革前景光明"，载《人民论坛》1995 年第 6 期，第 6–7 页。

关注的一个热点。自此以后，中国在继续推进养老保险社会统筹改革的同时，亦在思考着如何借鉴国外经验，实现制度创新。❶

1989 年 3 月，国家体改委决定在海南省和深圳市进行社会保障制度综合改革试点。两地结合本地实际，起草了养老保险试点方案。1990 年 1 月，国家体改委还邀请了 5 位国际机构的专家和国外学者❷，分别对其试点方案进行了国际咨询论证。海南省和深圳市的养老保险试点方案，最大的特点是不再实行单一的现收现付统筹制，而是采取储存基金保险制和现收现付统筹制相结合的模式，实行个人账户和共济基金账户制相结合，采用"大账户、小共济"的方式。经过测算和论证，深圳市在 1991 年上半年启动试点，海南省自 1992 年初正式启动试点。❸ 1992 年 12 月 7 日至 9 日，由联合国开发计划署、世界银行、国际劳工组织和中国（海南）改革发展研究院联合举办的"中国社会保障与经济改革国际研讨会"在海口举行，来自国内外的专家学者以及同社会保障改革有关的中央主管部委的官员、部分地方政府和社会保障试点城市的代表在这次研讨会中主要论及了失业保险、养老金制度模式、医疗保障制度改革和社会保障管理体制等主题。政府各部门吸收了以往理论探讨的思想成果，但是，同理论界未能就养老保险制度模式选择达成共识一样，出现了以劳动部为代表的"社会统筹"模式（即将原有的劳动保险制度扩展到非公有制经济中）、以国家体改委为代表的"双轨制"（全民单位实行劳动保险制度，其他单位采用一种被命名为"个人缴纳或储蓄缴纳型"的方案）以及海南、深圳的"统账结合"模式的对立与竞争。❹

但是，实践中的海南省社会保险制度综合改革试点由于覆盖面不理想，到 1993 年 12 月又将个人缴费部分进入基金调剂使用而不再在基本养老保险制度中建立个人账户，同时增加了养老金计发办法的改革，明确基本养老金由社会性养老金和缴费性养老金两部分组成。这两项修改，实际上意味着海南省社会保险制度综合改革，回到了劳动部主张的思路上。在各地试点方案

---

❶ 参见郑功成等：《中国社会保障制度变迁与评估》，第 89 页，北京，中国人民大学出版社，2002。

❷ 他们是美国麻省理工学院斯隆学院教授弗里德曼（B. Friedman）、加拿大不列颠哥伦比亚大学教授克拉克（Clark）、新加坡中央公积金局副总裁蔡仪（Chay Yee）、国际劳工组织顾问圭亚特（Gurat）和精算专家希尚（Cichon）。

❸ 参见高书生：《社会保障改革何去何从》，第 81 页，北京，中国人民大学出版社，2006。

❹ 参见郑秉文、高庆波、于环："社会保障理论的演进与创新"，载张卓元主编：《中国经济学60 年（1949 ~ 2009）》，第 437 页，北京，中国社会科学出版社，2009。

中，上海、深圳等地推出了具有地方特色的养老金计发办法改革方案，其特点是借鉴了新加坡公积金制度和智利等国家个人账户的经验，引进了个人账户的机制。个人账户的比例为16%，退休时根据个人账户累计储存额除以120，计算出个人每月的基本养老金。其中，上海市1994年颁布的《上海市城镇职工养老保险办法》的个人账户方案具有一定的典型意义，影响也比较大。

除了进行区域试点，中央层面还特别重视对改革方案进行调查研究和论证。可以说，城镇企业职工养老保险制度改革思路的形成过程，实际上是对实践中出现的苗头性或动向性探索作出判断，对论证中出现的各种观点作出取舍的过程，改革的大思路就是在各种观点的激烈论辩中敲定的。1992年2月，由国务院国民经济和社会发展总体研究协调小组部署，组织了由劳动部牵头的"社会保障体系的建立与完善"课题组，研究建立与完善中国社会保障模式体系的基本思路。1993年5月，中央财经领导小组办公室指定由国家体改委牵头组织社会保障体系专题调研，为党的十四届三中全会提供背景材料。通过调研，大家对原有社会保障模式弊端的诊断大体一致，归纳为：覆盖面小、实施范围窄；社会化程度低；管理体制不顺；社会保障标准不合理；社会保障意识淡薄或国家和企业包揽过多；社会保险资金征缴困难。❶但是，调研组在养老保障制度改革思路上出现了分歧，主要集中在：是在引入个人缴费机制的基础上继续实行社会统筹，同时改革养老金的计发办法，使之部分与职工本人在职时的缴费工资挂钩，部分随社会平均工资水平的增长而增加；还是实行社会统筹和个人账户相结合，但是以个人账户为主（至少计入单位和个人缴费总额的2/3）。这两种思路的共同点是都坚持了公平和效率相结合的原则，但也存在差别：第一种思路比较容易同现行制度衔接，基本上与1991年国务院关于养老金制度改革的决定相一致；第二种思路同现行制度相比变动较大，基本上倾向于实行完全的个人账户制。最后，调研组形成的意见是，这两种思路都还需要经过实践的检验，建议允许进行第二种思路的试点。❷

1993 年 11 月 14 日，党的十四届三中全会通过《中共中央关于建立社会主义市场经济体制若干问题的决定》（见附录 6），对中国社会保障改革作出了原则性的规定，1993 年社会保障体系专题调研组的部分成果被它采纳。该决定明确提出：城镇企业职工养老保险金由企业和个人共同负担、实行社会统筹与个人账户相结合❶；建立统一的社会保障管理机构，实现社会保障行政管理和社会保险基金经营分开❷；建立多层次的社会保障体系，发展商业性保险业，作为社会保险的补充。这一决定，首次提出中国养老保险制度实行社会统筹与个人账户相结合的制度模式，为后来养老保险制度的进一步深化改革指明了方向。该决定对于个人账户制的肯定，实际上从根本上承认了个人账户的养老金储蓄作为职工个人一部分延迟支付的劳动报酬的性质。❸

党的十四届三中全会以后，关于养老金制度改革方向或模式的论证并没有平息。如果说 1993 年中国城镇企业职工养老保险改革侧重于养老金制度该不该实行社会统筹与个人账户相结合，那么 1994 年则侧重于养老金制度如何实行社会统筹与个人账户相结合。那么 1994 年 5 月，国务院还决定由国家体改委牵头，组成建立社会保障体系调研组研究和制定社会保障体系的具有可操作性的实施方案。由于对《中共中央关于建立社会主义市场经济体制若干问题的决定》中"统账结合"产生不同理解，调研组内部又形成了两种思路：一种意见认为，基本养老保险不应设个人账户，应在补充保险中设立个人账户。基本养老保险只能实行社会统筹，个人缴费也应当进入社会统筹，调剂使用。相应的基本养老金计发办法是，社会性养老金与缴费性养老金相结合，社会性养老金按本地区上年职工平均工资的 25% 计发，缴费性养老金按缴费每满 1 年发给本人指数化月平均工资的 1%。另一种意见则认为，"统账结合"应在基本养老保险层次，而不是在补充保险层次。相应的养老金计发办法是，养老金以个人账户累计储存额（含本息），依退休后的预期平均余命按月计发。社会统筹主要用于支付已离退休职工的养老金、改革时已有一定工龄的

---

❶ 实行社会统筹和个人账户相结合是指国家按照养老保险基金部分积累的模式，由社会保险机构按照规定的缴费基数和比例向企业和职工统一筹集、统一管理、统一调剂使用养老保险基金；同时，由社会保险机构为参保职工建立个人账户，记录相关信息，作为职工退休时计发基本养老金的依据。

❷ 社会保障管理机构主要行使行政管理职能；社会保险基金经办机构在保证基金正常支付和安全性、流动性的前提下，可依法把社会保险基金主要用于购买国家债券，确保社会保险基金的保值增值。

❸ 参见刘昌平：《可持续发展的中国城镇基本养老保险制度研究》，第 5 页，北京，中国社会科学出版社，2008。

职工退休后的部分养老金、寿命长的和收入低的职工的部分养老金，以及根据在职职工工资增长调整养老金水平所需资金。❶ 调研组对上述两种思路进行了比较分析，强调了继续走社会统筹之路"缺乏内在的激励机制"的弊病，指出在基本养老保险层次实行"统账结合"能够"调动个人缴费的积极性""能形成缴费和基金管理的有效监督""有助于淡化行业统筹和省级统筹中的矛盾""有利于企业经营体制转换和劳动力的合理流动"等优势，但是，也表达了对"养老基金保值增值困难""造成国家和企业双重负担""个人账户'空账'"等问题的疑虑。❷

　　1994 年，在"实行社会统筹和个人账户相结合"这个养老保险制度建设框架已经确定的同时，与社会保障改革相关的主管部门（国家体改委和劳动部）对"社会统筹与个人账户相结合"的理解上仍有不同的看法，各执一词。双方争论的焦点不是该不该引入个人账户，而是把个人账户设在哪个层面，究竟是基本制度层面还是补充制度层面。以国家体改委为代表的一方认为，个人账户部分应成为整个养老保险主要组成部分，即主张实行"大个人账户"制。而以劳动部为代表的一方则认为，个人账户部分作为基本养老金计发将会带来资金入不敷出的风险，其积累的资金实际上绝大部分必须转移支付给已退休的老职工，形成个人账户"空账"，将给国家财政带来极大压力并造成巨大的制度风险，从而主张在补充养老保险层面设立个人账户。另一个争议较大的焦点是关于养老金替代率高低的问题。❸ 一种观点认为，中国当时的养老金替代率达 80% 以上，国家和企业财务负担过重，应大力发展企业补充养老保险和个人商业保险。另一种观点认为，如果替代率将至 60%，将难以保证退休人员的基本生活。

　　除了国内试点和论证，中国养老保险改革也受到西方国家养老保险理论与实践的影响。其中，世界银行在 1994 年出版的《防止老龄危机》

---

❶　参见高书生：《社会保障改革何去何从》，第 113 页，北京，中国人民大学出版社，2006。

❷　参见高书生：《社会保障改革何去何从》，第 114 – 115 页，北京，中国人民大学出版社，2006。

❸　参见贾春环："'养老保险研讨会'观点综述"，载《企业改革与管理》1995 年第 11 期，第 35 – 36 页。

（Averting the Old Age Crisis）中提出的"三支柱"模式❶对中国养老保险制度改革给予了启发。1994 年 10 月，国务院总理办公会议经过讨论，原则通过了基本养老保险实行"统账结合"的方案，选择在基本制度层面实行"统账结合"，并决定将劳动部正在试点的方案，按照"统账结合"原则修改后，一并作为国务院的方案，由各省、自治区、直辖市自主选择。

这一时期是国际上新自由主义大行其道的时候，"华盛顿共识"风靡拉美等许多发展中国家，但是，中国最终没有受到激进的新自由主义思潮的影响而采用完全基金积累制，而是选择了一个理性的符合中国实际的部分积累制度模式——现收现付及完全基金积累制的混合模式，在资金运行管理上选择了"统账结合"制。❷ 1995 年 3 月 1 日，国务院下发了《关于深化企业职工养老保险制度改革的通知》（国发〔1995〕6 号，见附录 7），同时作为附件发布的还有《城镇企业职工养老保险社会统筹与个人账户相结合实施办法之一》（以下简称实施办法一）、《城镇企业职工养老保险社会统筹与个人账户相结合实施办法之二》（以下简称实施办法二）。该文件在总结各地养老保险改革实践的基础上，明确提出了城镇企业职工养老保险制度改革的目标、原则和任务，要求扩大覆盖范围，建立多层次体系，加强基金管理，强化社会服务等，并允许各地结合本地实际在两个实施方案中选择和加以改造，将党的十四届三中全会确定的社会统筹与个人账户相结合的原则予以具体化。这一通知和两个法规性附件的颁布，标志着中国养老保险制度改革进入深化阶段、"统账结合"式的养老保险制度框架初步确定。在这种制度模式下，企业按照职工工资总额、个人以本人上年度月平均工资的一定比例承担养老保险缴费义务。其缴费被分解为两个部分，分别计入社会保险经办机构的统筹基金账户和归职工所有的个人账户，职工的退休待遇由社会统筹部分的基础养老金和个人账户部分养老金构成。

4. 隐性债务和转制成本的处理

在中国城镇企业职工养老保险制度从现收现付制向基金积累制或半基金

---

❶ 第一支柱是为克服老年贫困，以收入再分配为目的，宜采用现收现付制；第二支柱是用来应对人口老龄化，增强储蓄并提高经济效率，宜用 DC（缴费确定）型的基金制；第三支柱是自愿的个人储蓄或私人保险，以满足更高层次养老保险需要。世界银行认为，"三支柱"可有效缓解财政压力、减少老年贫困、促进资本市场发育。

❷ 参见蔡向东：《统账结合的中国城镇职工基本养老保险制度可持续性研究》，第 44－53 页，北京，经济科学出版社，2011。

积累制转变的过程中，由于养老保险模式和运营机制的改变，产生了隐性债务和转制成本问题。隐性债务是旧有制度模式在终止前对其参保对象（主要是"老人"和"中人"）的承诺尚未兑现部分而形成的欠债，而转制成本是当期显性化了的隐性债务必须兑现部分。从中国养老保险体制改革伊始，关于隐性债务的评估，国内外机构已做过大量研究调查测算，但是测算的结果相差很大，大多在1万亿至13万亿元之间，比较集中的倾向有两个，一个是有3万多亿元，另一个是有9万多亿元。[1]

由于中国在新制度设计之初对隐性债务规模到底有多大无法确定，又鉴于当时的财政压力，以及国有企业改革在即的现实（养老保险改革最初只是作为国有企业改革的配套措施），中央决定转制成本由新制度承担。国发〔1995〕6号文的附件一中规定：原有离退休人员的养老金、改革时已有一定工龄的职工离退休后的部分养老金（"中人"视同缴费年限部分对应养老金及过渡性养老金）、寿命长（个人账户领取10年后还健在的退休者）和收入低的职工的部分养老金（养老金补助），以及根据在职职工工资增长调整养老金水平所需资金，按规定从社会统筹基金中支付。这一规定实际上就明确了转制成本由新制度承担，也就意味着现行制度下的在职一代不仅要为自己未来养老缴费，还要背负转制成本，为上一代养老缴费。

（三）去单位化，责任共担——特征归纳

这一时期城镇企业职工养老保险制度及制度建设的基本特点表现如下。

一是去单位化。这一时期的城镇企业职工养老保险制度改革的主要取向是去单位化。所谓去单位化，是指摒弃传统退休养老制度费用单位全付、管理单位统包、待遇单位发放等单位包办做法，谋求建立基于责任分担的社会化养老保险制度。具体而言，这一时期的养老保险费用开始由企业和个人分担，国家负责建立和维持独立于企业单位之外的社会养老保险管理服务机构；社会保险经办机构负责管理和发放养老保险金，企业逐渐地从养老保险事务特别是从繁重的管理事务中解脱出来。伴随着待业保险等其他社会保险项目的建立健全，职工也逐渐从"单位人"向"社会人"转变。

---

[1] 参见蔡向东：《统账结合的中国城镇职工基本养老保险制度可持续性研究》，第44－53页，北京，经济科学出版社，2011。

二是责任分担。这一时期的城镇企业职工养老保险制度开始从单方负担的企业保险转向多方共担的社会保险，由国家、企业和个人三方共同分担养老保险费用，一改之前各个时期养老保险费用由企业单方负担的做法，明确职工个人必须为自己的老年生活承担缴费责任。虽然职工缴费不超过本人标准工资的3%，但是，它毕竟改变了职工在养老保险方面完全依赖国家和企业的传统观念，体现了职工个人社会保险权利与义务相对应的基本特征。同时，国家也明确了自身在社会统筹收不抵支时提供财政补助的制度供款责任。

三是社会统筹。在一定范围内（地区或行业）实行养老保险费用的统一征集、统一管理和统一调剂使用已成为这一时期城镇企业职工养老保险制度改革的主要目标。之所以这样改革，主要是为了平衡本地区或本行业各企业之间职工养老负担，避免企业间养老负担畸轻畸重，变"纯粹的企业保险"为"社会保险"，同时也能够在各企业职工之间实现收入再分配和互助共济，缩小不同企业职工之间退休生活水平差距，实现社会公平。从1951年始建养老费用统筹关系，经过1969年的蜕变，到1991年重建社会统筹，历史兜了个大圈子，似又回复到本来的起点；但是，这不是简单的回归，而是典型的"否定之否定"式螺旋上升——不仅制度的覆盖范围大大扩展，包括了所有城镇企业及其职工和个体工商户，而且制度依存的基础已不再是计划经济，而转变为市场经济。当然，这一时期的社会统筹还存在诸如地区统筹层次不高、行业统筹容易造成不同行业之间退休待遇差异以及养老金相互攀比等弊端，但是，这个改革方向无疑是正确的。

四是制度建设初期被动、后又过急。❶ 在这一时期的第一阶段，城镇企业职工养老保险制度改革主要以企业、地方、行业自发进行为主，以至于最后该制度在不同地方、不同行业乃至不同企业之间的改革做法差异极大。对行业统筹、地方改革和企业改革的放任，显示了国家在城镇企业职工养老保险制度改革中的被动地位。1991年以后中央政府开始自上而下地推进城镇企业职工养老保险制度改革，并在其中起主导作用，但是，在这一时期却又采取急于求成的推进方式。例如，在职工养老单位保障还未转化成社会统筹、"老人"和"中人"养老金历史欠账还未找到有效化解办法的情况下，国家就想

---

❶ 参见郑功成等：《中国社会保障制度变迁与评估》，第29页，北京，中国人民大学出版社，2002。

从传统的、由单位负责的现收现付制养老保障制度一步转型跨入全新的、特殊的部分积累模式，并于1995年发布国发〔1995〕6号文件，宣布建立社会统筹与个人账户相结合的新型养老保险制度。

（四）确定制度框架，引起百花齐放——效应述评

这一阶段是中国城镇企业职工养老保险制度改革发展历程当中最具创新性和最具实践性的阶段。❶在此期间的改革，无论是在养老保险制度的覆盖范围上，还是在养老保险基金的征缴、积累以及养老保险待遇的计发方式上，都经过政府的详细研究和精心试点。经过这一时期的改革和探索，城镇企业职工养老保险制度不仅明确了改革方向，而且对于未来制度架构达成了共识。

一是确立新型企业职工养老保险制度框架。纵观这一时期城镇企业职工养老保险制度的改革探索，其主要成就是在多方探索并逐渐明确改革方向的基础上确定了市场经济条件下的新型养老保险制度框架。建立独立于企业之外、资金来源多元化、管理服务社会化的社会养老保险制度成为这一时期城镇企业职工养老保险制度的改革方向。以此为指导，并在借鉴国外经验的基础上，"社会统筹和个人账户相结合"成为新型制度的基本框架。此外，国发〔1995〕6号文件的颁布实施改进了养老金的计发办法，适应了当时工资制度改革和多种所有制企业并存的情况，使得中国养老保险制度改革又有了新的突破。

二是行业统筹与地方统筹并存，不利于制度统一。行业统筹是中国城镇企业职工养老保险制度改革初期采取的一项过渡措施，是某些部门和行业对养老保险制度社会化改革的一种实践探索。这项改革尝试在城镇企业职工养老保险制度改革初期具有进步意义，推动了养老保险费的社会统筹。但是，随着改革的深入，行业统筹逐渐与地方统筹发生冲突，并日益成为维护参加行业统筹相关部门和行业自身利益的机制，与社会养老保险制度风险分担、社会互济等功能和要求相违背，不利于该制度的统一和完善。

三是两个实施办法出台，致使各地具体方案迥异，于制度完善不利。1995年出台的国发〔1995〕6号文件公布了两个不同的实施办法作为附件，

---

❶ 参见陈心德、苑立波等：《养老保险：政策与实务》，第49页，北京，北京大学出版社，2008。

供各地选择实施并允许根据本地实际情况进行修改完善。截至 1996 年上半年，全国各地除海南省、西藏自治区外，已全部制定了社会统筹与个人账户相结合的深化养老保险制度改革的实施方案，其中，上海、吉林、河南、云南、黑龙江、江西、青岛 7 个省、市选择了实施办法一；广东、天津、湖南、浙江、北京 5 个省、市选择了实施办法二；山西、陕西、山东、四川、安徽、江苏、辽宁、福建、广西、湖北、甘肃、新疆、内蒙古、宁夏、河北 15 个省（自治区、直辖市），吸取实施办法一和实施办法二的优点，结合本地情况，制定了"第三类办法"（或称为实施办法三，个人账户大体为工资的 10% ~ 12%），实施行业统筹的电力等 11 个行业也倾向于实行这类办法。海南省、西藏自治区维持原来的办法，贵州省则授权各县市自己制定办法。❶ 这种各个地方实施办法各异的现状，不仅增添了地区间劳动力流动障碍，也为日后统一全国的养老保险制度增加了困难。

二、城镇企业职工社会养老保险制度的统一（1996 ~ 2005 年）

（一）制度混乱，亟待统一——背景分析

1995 年出台的国发〔1995〕6 号文件公布了两个实施办法作为其附件，从总体看来，这两个实施办法都体现了社会统筹与个人账户相结合原则，都力求使公平与效率、社会互济与自我保障相结合，但在具体方式上有所不同。实施办法一和实施办法二的主要区别在于两者在企业缴费、个人缴费、个人账户计入比例和基本养老金计发办法等四个方面存在不同。❷

由国家体改委所支持的实施办法一（习惯上称为"体改委方案"）规定：在企业缴费上，要求按企业职工工资总额的一定比例缴费；在个人缴费上，基数为上年度月平均工资，比例从 3% 起步，每两年提高 1%，最终达到计入个人账户养老保险费的 50% 。该实施办法中，基本养老保险费计入个人账户较多（相当于职工本人工资的 16%），养老金待遇主要与利率挂钩，因而更为强调效率、个人责任和自我保障。具体的计发办法是："新人"的养老金计

---

❶ 参见何平：《国有企业改革中的社会保险》，第 57 页，北京，经济科学出版社，1997。

❷ 参见胡晓义：《走向和谐：中国社会保障发展 60 年》，第 87 - 88 页，北京，中国劳动社会保障出版社，2009。

算公式为基本养老保险个人账户储存金额除以120；"老人"仍按原办法计发养老金，按规定从社会统筹基金中支付；"中人"的养老金计发办法是，视其在办法实施前的工作年限为缴费年限，以个人账户中的储存额推算出全部工作年限的储存额，再除以120，按月计发基本养老金。

劳动部所倡导的实施办法二（"劳动部方案"）则规定：在企业缴费上，基数为全部职工缴费工资基数之和，比例由当地政府规定；在个人缴费上，基数为本人上年度月平均工资，比例由当地政府规定。该实施办法将"职工个人缴费全部或一部分＋企业缴费中职工缴费工资基数高于当地职工平均工资200％以上至300％的全部或一部分＋利息"计入个人账户，计入比例相对较低（计划从职工本人工资的3％～5％逐步提升到10％左右），养老金待遇与社会平均工资相关较大，因而更为强调社会公平、国家责任与社会互济，比较注重保障水平的稳定以及与工资水平的对应关系。具体计发办法是：将养老金统一分为社会性养老金、缴费性养老金和个人账户养老金三个部分，社会性养老金按当地职工平均工资的20％～25％发放，缴费性养老金每年按缴费工资基数的1.0％～1.4％确定，个人账户养老金为个人账户储存额（可以由本人选择一次或者多次或者按月领取）。

虽然两个办法在社会统筹和个人账户的规模上存在较大的差异，但是，两者在解决"老人"的养老金问题上都比较笼统地指出由社会统筹基金来解决，并没有明确提出隐性养老金债务的解决途径。❶

国发〔1995〕6号文件提供两种模式供各地选择并允许他们根据本地实际加以改造的初衷是想对养老保障模式进行反复实践、比较，发现其优劣，从多方面探索"统账结合"的经验，为将来能形成一个更适合中国国情、更好地体现"统账结合"原则的统一的实施办法创造有利条件。到1996年底，全国有20多个省（自治区、直辖市）的100多个地（市）、400多个县（市）根据国发〔1995〕6号文件精神，结合当地实际进行了"统账结合"的养老保险制度改革试点。然而，随着改革试点实践的进一步深入，这种带有明显试点探索和过渡性质的方案，暴露出了许多亟待解决的问题。❷

一是多种养老保险办法并行。在制度实际运行过程中，由于对探索建立

---

❶　参见李时宇：《双重困境下的养老保险体系改革研究：基于老龄化和城镇化的视角》，第31页，北京，中国人民大学出版社，2013。

❷　参见焦凯平：《养老保险》（第二版），第52－55页，北京，中国劳动社会保障出版社，2004。

新养老保险制度存在认识上的差异，也由于在具体操作中受到了中央与地方、行业与地方、不同省份各级政府之间利益冲突的影响，各个地方以及 11 个行业之间在养老保险费的缴纳比例、管理层次、个人账户的规模、待遇支付标准等方面存在很大差异，造成了城镇企业职工养老保险制度多种方案并存的碎片化局面。这不仅影响了劳动力在地区间和行业间的自由流动，还给制度设计和管理工作带来了相当大的混乱，阻碍了改革进程。

二是基本养老保险水平差异过大，存在待遇水平攀比的现象。由于各地、市在实际操作中有权确定和修改自己的改革方案，省一级政府也有权批准或否决市级政府的改革方案选择，这样各地都想采取与其他地区不同的改革方案，以便保有对养老保险制度和养老保险基金的控制。这样做的结果就是全国出现了上百种改革方案，规定的企业与个人缴费比例各不相同，基本养老保险待遇水平也存在较大差距，造成地区间养老金水平相互攀比❶，中央难以管理、调控。一些地方公开或变相地提高养老金待遇水平，单纯从减轻下岗分流压力的角度去考虑问题，放松了对职工退休条件的控制，导致提前退休现象十分严重。

三是职工个人缴费到位速度慢，个人账户功能没有得到充分体现。

四是基金统筹层次低，调剂能力弱，导致少数经济效益不好的地区和企业的离退休人员基本生活难以保障。

五是国家关于社会统筹基金和个人账户基金分账管理的规定没有得到认真执行，挤占挪用养老保险个人账户基金的问题比较严重，个人账户出现了大量的"空账"。这是因为当时国企改革加大减员增效、下岗分流的实施力度，领取养老金的人数增长大大快于缴费人数的增长，养老金收支状况不断恶化。为确保当期养老金发放，企业和职工的缴费不可能被注入个人账户之中，导致个人账户"有账无钱"。

六是拖欠养老金问题比较严重。由于养老保险费用差额收缴和差额拨付政策在各地仍然普遍执行，养老金发放和对退休人员管理的责任仍由企业承担，其结果是部分退休人员特别是困难企业退休人员的养老金拖欠问题比较普遍。据劳动部社会保险事业管理局统计，到 1997 年末，全国共拖欠养老金

---

❶ 参见郑秉文等：《社会保障体制改革攻坚》，第 4 页，北京，中国水利水电出版社，2005。

37.5亿元，涉及241万人。❶

七是养老保险覆盖范围还比较狭窄，还有相当一部分小集体、私营企业、外商投资企业以及城镇个体工商户等没有纳入养老保险覆盖范围。

上述问题归结到一点就是基本制度不统一，管理分散化❷，这些现象暴露出中国养老保险改革的深层次矛盾和改革的复杂性。从实际运行的结果来看，当时这种多方案的改革思路确定是一种失误。尽快统一全国养老保险制度逐渐成为各方的共识。

（二）社会保险，完善计发——内容概述

1. "统账结合"走向统一

针对各地养老保险改革过程中出现的制度混乱的局面，1996年5月21日劳动部通过劳部发〔1996〕177号文件印发《劳动事业发展"九五"计划和2010年远景目标纲要》，指出要建立起适用于多种经济成分中各类劳动者的，统一制度、统一标准、统一管理、统一调剂使用基金的基本养老保险制度，即实现所谓的"广覆盖""四统一"的目标。鉴于试点方案不统一、个人账户缴费不一致、企业负担不平等、社会统筹层次比较低等实际问题，1997年7月16日，国务院颁发了《关于建立统一的城镇企业职工养老保险制度的决定》（国发〔1997〕26号，见附录8），在各地原有方案的基础上统一了企业职工养老保险制度并要求各地贯彻落实。该决定勾画出了社会主义市场经济体制下具有中国特色的企业养老保险制度的基本轮廓，标志着中国社会统筹与个人账户相结合的养老保险模式正式确立，堪称中国养老金制度改革历史上的重要里程碑。其主要内容体现在以下几方面。

一是确定改革的目标。到20世纪末，基本建立起适应社会主义市场经济体制要求，适应城镇各类企业职工和个体劳动者，资金来源多渠道、保障方式多层次、社会统筹与个人账户相结合、权利与义务相对应、管理服务社会化的养老保险体系。实际上，中国养老保险制度改革，除了实现保障老年人

---

❶ 参见高书生：《社会保障改革何去何从》，第136页，北京，中国人民学大出版社，2006。

❷ 参见徐德正、韩俊江："中国城镇职工养老保险制度的历史沿革"，载《经济视角》2005年第12期（B），第2-4页。

基本生活这一功能外，其追求的目标还包括有社会化、公平与效率兼顾❶、权利与义务相对应、既能促进经济发展又能保证退休者基本生活、能够有效应对人口老龄化危机等。

二是统一和规范养老保险缴费费率。企业缴纳养老保险费的比例，一般不得超过本企业工资总额的 20%（包括划入个人账户的部分），具体比例由各省（自治区、直辖市）人民政府确定。个别省市因退休人员较多，养老保险负担过重，企业缴费比例需超过 20% 的，应报劳动和社会保障部及财政部批准。尚未实行省级统筹的地（市），企业缴费比例需超过 20% 的，要报省、自治区人民政府批准，并报劳动和社会保障部及财政部备案。个人缴纳基本养老保险费的比例，1997 年不得低于本人缴费工资的 4%，1998 年起每两年提高 1 个百分点，最终达到本人缴费工资的 8%。有条件的地区和工资增长较快的省份，个人缴费比例提高速度还应适当加快。

三是统一了个人账户规模和资金来源。按职工本人缴费工资的 11% 的数额为职工建立基本养老保险个人账户，个人缴费全部计入个人账户，其余部分从企业缴费中划入。随着个人缴费比例的提高，企业划入的部分要逐步降至 3%。个人账户储存额的利息参照银行同期存款利率计算。个人账户储存额只能用于职工养老，不得提前支取。职工调动时，个人账户全部随同转移。职工或退休人员死亡，个人账户中的个人缴费部分可以继承。

表 4-3　统一方案（办法）和其他三种方案（办法）的比较

项目\类型	基金结构				典型计发办法
	个人账户			社会统筹	
	总比例	个人缴费	企业缴费	企业缴费	
方案一	16%，其中按个人工资计入 11%，按社会平均工资计入 5%	3%，逐步提高到 8%	8%，相应减少至 3%，另按社会平均工资计入 5%	当地政府确定缴费比例	个人账户储存额÷120

---

❶ "统账结合"模式的目的在于将社会互济与自我保障两方面的优势结合起来，社会统筹实现社会互济，体现养老保险制度的再分配特征；个人账户则是自我保障，体现养老保险制度的激励效应。这一制度设计的初衷，是将公平和效率结合起来，是对中国传统"中庸之道"思想的一次尝试。

项目 类型	基金结构				典型计发办法
	个人账户			社会统筹	
	总比例	个人缴费	企业缴费	企业缴费	
方案二	8%，按个人工资缴纳	3%，逐步提高到8%	0%	当地政府确定缴费比例	20% ~ 25%社会平均工资 + 缴费性养老金 + 个人账户储存额÷120
方案三	10% ~ 12%，按个人工资缴纳	3%，逐步提高到7% ~ 9%	7% ~ 9%，相应减少至3%	当地政府确定缴费比例	25% 社会平均工资 + 个人账户储存额÷120
统一方案	11%，按个人工资缴纳	4%，逐步提高到8%	8%，相应减少至3%	当地政府确定缴费比例	20% 社会平均工资 + 个人账户储存额÷120

资料来源：林义：《社会保险》，第 155 页，北京，中国金融出版社，2003。

四是统一养老金计发办法。根据参加养老保险制度的时间先后不同，对不同的参保者采取了不同的养老金计发办法。

——"新人"个人缴费年限满 15 年的，退休后按月发放基本养老金。基本养老金由基础养老金和个人账户养老金两部分组成。退休时基础养老金月标准为省（自治区、直辖市）上年职工月平均工资的 20%，个人账户养老金标准为本人账户储存额除以 120（也就是给付 10 年）。个人缴费累计不满 15 年的，退休后不享受基础养老金待遇，其个人账户储存额一次性支付给本人。

——"老人"仍按国家原来规定的标准发给养老金，同时执行养老金调整办法，按规定从社会统筹基金中支付。

——"中人"个人缴费和视同缴费年限累计满 15 年的人员，按照新老办法平稳衔接、待遇水平基本平衡等标准，在发给基础养老金和个人账户养老金的基础上再按缴费前的工作年限确定过渡性养老金（从社会统筹基金中解决），具体办法由劳动和社会保障部会同有关部门制定并指导实施。

五是扩大养老保险覆盖范围。统一制度前，外商投资企业、私营企业的职工多数还没有参加养老保险，不仅使国有企业和非国有企业之间养老负担畸轻畸重，而且不能满足非国有企业职工养老保障的需要，也难以在更大范围内筹集资金，以应对人口老龄化的客观要求。因此，国发〔1997〕26号文件规定了城镇企业职工基本养老保险制度的覆盖范围，将其逐步扩大到城镇所有企业及职工。

六是加强养老保险基金管理。到1996年全国养老保险收入1170亿元，支出1030亿元，历年滚存结余已达578.6亿元。如何管好用好数额庞大且不断增加的养老保险基金，直接关系到养老保险事业发展和改革的成败。该决定规定了基本养老保险基金的财务管理办法，对基本养老保险基金实行收支两条线管理、专款专用，全部用于职工养老保险，严禁挤占挪用；必须全部购买国债和存入专户等，严禁投资其他金融和经营事业。同时，还建立健全了社会保险基金监管机构，财政、审计部门都对其加强监管，社会保险机构的管理费用由同级财政拨付，不再从养老保险基金中提取。

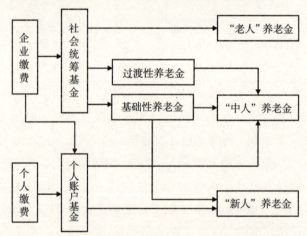

图4-1 国发〔1997〕26号文件规定的基本养老保险制度模式

从统一制度、改善管理的角度看，较之于之前多种具体实施办法并存，该方案显然有所进步。但是，"统账结合"模式在实践中仍然遇到了重大挑战，具体可以概括为以下几个方面：一是个人账户出现"空账"。从基本养老保险制度设计来看，国家仍然不准备补偿对"老人"和"中人"的历史欠账，而是计划继续用"社会统筹"的办法来消化转制成本，导致统筹基金负担过重，收不抵支，不得已只能挪用个人账户基金，以确保当期养老金发放，形成大量的"空账"。❶ 二是缺乏适当的缴费激励机制。国发〔1997〕26 号文件规定，只要个人缴费满 15 年，在此之后无论多缴多少年养老保险费，基础养老金都按照所在地上年度职工平均工资的 20% 计发，这样就很难调动职工的缴费积极性。三是个人账户养老金计发办法不尽合理。国发〔1997〕26 号文件规定，个人账户养老金的计发办法为个人账户储存额除以 120，这是以职工退休后继续存活 10 年为基础的。然而，随着人们预期寿命的逐渐延长，坚持这样的计发办法将会导致个人账户的收不抵支。❷ 因此，该方案仅仅是对之前较为混乱的养老保险制度的一种修补方案。

为解决在个人账户管理工作中存在的诸如个人账户规模、记账方法、转移及支付办法等不规范、不统一的问题，规范职工基本养老保险个人账户的建立和使用，1997 年 12 月 22 日劳动部办公厅专门下发了《职工基本养老保险个人账户管理暂行办法》（劳办发〔1997〕116 号）。

1998 年 3 月，根据中央政府机构改革方案，劳动和社会保障部成立，全面主管社会保险工作，全国社会保险管理体制在经历了一段分割管理、较为混乱的局面后实现了行政管理的统一化，这为推进养老保险制度改革奠定了必要的组织基础。当时，在铁路、电力、银行等 11 个行业自成体系的行业统筹管理体制限制了基金调剂功能的发挥，一定程度上破坏了社会保险风险分摊的大数法则。同时，各行业之间、行业与地方之间由于统筹项目、待遇标准不同，同一地区或城市养老保险有多种缴费和待遇标准，违反了社会保险公平公正准则，也造成了待遇水平的相互攀比。特别是国务院机构改革以后，一些行业管理体制发生很大变化，使原先存在的社会保险行业统筹面临困难。❸ 在这种改革背景的推动下，1998 年 8 月 6 日国务院发出了《关于实行城镇企业职工养老保险省级统筹和行业统筹移交地方管理有关问题的通知》（国发〔1998〕28 号），提出加快实行城镇企业职工养老保险省级统筹，在一个省内实行养老金的统一标准、统一管理、统一机构和统一调剂使用基金，同时将 11 个统筹行业的养老保险工作全部移交地方管理，实现属地管理。这

---

❶ 从形成原因来看，"空账"不过是隐性债务的另外一种表现形式而已。参见赵人伟："福利国家的转型与我国社保体制改革"，载《经济学家》2001 年第 6 期，第 26 - 33 页。

❷ 参见李雪增：《中国养老保险体制转型的动态经济效应研究：基于资本积累的分析视角》，第 16 页，北京，对外经济贸易大学出版社，2012。

❸ 参见朱冬梅：《中国企业基本养老保险改革与实践》，第 43 页，济南，山东人民出版社，2006。

一改革方案为中国养老保险实现省级统筹和全国统筹向前推进了重要一步。到 1998 年 8 月下旬，中国就顺利完成了 11 个行业所属的 2000 余个企业、1400 万名职工、421 万名离退休人员的养老保险关系统一移交地方管理的交接工作。❶ 截至 1998 年底，全国已有 21 个省、自治区、直辖市实行了省级统筹，使基金的调剂功能大大加强。

由于部分地区缴费率偏高，加重了企业负担，企业参保积极性下降，有些企业故意逃避缴费责任，从而影响了覆盖面扩大。1999 年 1 月 22 日，国务院颁布了《社会保险费征缴暂行条例》，在强化养老保险费征缴工作的同时明确了养老保险费征缴方式及覆盖范围。养老保险覆盖范围由国有企业、城镇集体企业扩大到了外商投资企业、城镇私营企业和城镇个体工商户。2010 年 8 月，中国政府决定建立全国社会保障基金，同时设立全国社会保障基金理事会负责管理全国社会保障基金。按照规定，全国社会保障基金的资金主要来源于国有股减持划入资金及股权资产、中央财政拨入资金、经国务院批准以其他方式筹集的资金及其投资收益，为养老保险等各项社会保障制度提供了重要财力储备。

2. "统"与"账"的修正与完善

在贯彻落实国发〔1997〕26 号文件的过程中，由于受到亚洲金融危机的影响，国内经济形势发生了很大变化，特别是随着国有企业改革的深入，产业结构调整的力度加大，一些传统产业的过剩生产能力被淘汰，一些长期亏损、严重污染环境和资源枯竭的企业被关闭，养老保险费的收缴率连年下降。但是，企业退休人员却以年均 200 万人的速度增加，养老保险基金出现了入不敷出的局面，养老金拖欠问题十分突出。在这种形势下，确保养老金按时足额发放成了当时一项重要的政治任务，养老金制度建设任务不得不退居其次。这些问题的出现，不仅延缓了养老金制度建设的进程，而且加剧了养老基金的收支压力。❷ 全国统一的"统账结合"养老保险制度方案确定后，在制度运行当年，各地就陆续出现收不抵支的现象，1998 年全国出现总体性收不抵支。后来，在挪用个人账户基金也无法弥补基金缺口的情况下，每年还需大量财政补贴，才能维持当期支付。这样一来，"统账结合"的养老保险制

❶ 参见雷洁琼：《中国社会保障体系的建构》，第 20 页，太原，山西人民出版社，1999。
❷ 参见高书生：《社会保障改革何去何从》，第 148－149 页，北京，中国人民学大出版社，2006。

度在实施过程中逐渐演变为"混账管理"和"空账运行"的模式。"统账结合"养老保险制度实质上仍然是现收现付制,基金积累制的个人账户沦为了名义账户。

面对上述问题,政府部门及研究机构进行了反思,提出了要不要继续坚持"统账结合"的制度模式,当前存在的问题是不是说明制度设计出了问题等疑问,城镇企业职工养老保险制度中个人账户取舍的问题被再次提出来。对于这个问题,有一种观点认为,当前存在的问题主要是养老金的新旧体制衔接出了问题,是旧体制的欠账拖累了新体制的运行;另一种观点认为,养老金制度的设计有问题,目前选择"统账结合"的部分积累制不能达到期望的目标。从 2000 年前后对社会保障改革研讨的情况来看,反对个人账户制的观点明显不占上风,大多数机构和学者赞成继续坚持"统账结合"的制度模式。但是,对于如何完善"统账结合"制度却存在两种截然不同的设计思路:一种思路是把养老保险的收入和支出分为两部分,一部分实现现收现付,提供最低养老保障,另一部分存入个人账户,形成真正的基金积累。另一种思路是近期在以支定收的同时,适当积累部分基金用以弥补老龄化高峰时期收支缺口,最终还是要回到现收现付制的模式;个人账户只是作为计发养老金的依据,不必把它做实。多数机构和学者倾向于把个人账户做实,实行社会统筹与个人账户的板块式结合。❶

2000 年 6 月,国务院成立经济专题调研办公室,其下的社会保障组负责起草完善社会保障体系实施方案。在经济专题调研办公室举办的专家和官员座谈会上,受邀者就如何完善"统账结合"持有三种意见:第一种意见主张维持基本养老金制度"统筹+账户"的现行办法,但个人账户要缩小、做实、规范。第二种意见是把个人账户从基本养老保险中分离出来,放在补充养老保险层次。基本养老保险实行社会统筹、现收现付,补充养老保险实行完全积累的个人账户制。第三种意见是实行完全积累的个人账户制,将国家的养老责任降低到最低限度。❷ 在座谈中,大多数部门和专家、国务院经济专题调研办公室都倾向于选择第一个方案。在广泛征求各方意见的基础上,经济专题调研办公室起草了《关于完善城镇社会保障体系的实施方案》并报请中央

❶　参见高书生:《社会保障改革何去何从》,第 136 页,北京,中国人民学大出版社,2006。
❷　参见高书生:《社会保障改革何去何从》,第 161-162 页,北京,中国人民学大出版社,2006。

决策层批准。

2000 年 12 月 25 日，国务院以国发〔2000〕42 号文件发布了《关于完善城镇社会保障体系试点方案》（见附录 9）。这一方案在总结评估以往各项社会保障制度改革的基础上，重点对正在确立中的城镇企业职工社会养老保险制度进行了调整和改进，是国家对"统账结合"模式的修订。这一方案于 2001 年 7 月 1 日在辽宁省正式进行试点，具体内容主要包括以下几个方面。

一是明确企业和职工个人缴费比例，调整个人账户规模。企业依法缴纳基本养老保险费，缴费比例一般为企业工资总额的 20%（高于 20% 的地区可暂时维持不变），这一部分缴费不再从中拿出一部分划入个人账户，全部纳入社会统筹基金，并以省（自治区、直辖市）为单位进行调剂；职工依法缴纳基本养老保险费，缴费比例一步到位提高到本人缴费工资的 8%，并全部计入个人账户，个人账户规模由本人缴费工资的 11% 调整为 8%。个人账户按 8% 做实，社会统筹基金和个人账户基金实行分开管理，社会统筹基金不能占用个人账户基金。个人账户基金由省级社会保险经办机构统一管理，按国家规定存入银行，在一定时期内只能购买国债。对于辽宁做实个人账户试点，基本政策是按 8% 的规模起步做实，中央财政进行定额补助。

二是调整计发办法。职工达到法定退休年龄且个人缴费满 15 年的，基本养老金由基础养老金和个人账户养老金组成。其中，基础养老金月标准为省（自治区、直辖市）或市（地）上年度职工月平均工资的 20%，以后缴费每满一年增加 0.6 个百分点的基础养老金，总体水平控制在 30% 左右，个人账户养老金为本人个人账户储存额除以 120。个人缴费不满 15 年的，不发给基础养老金，个人账户全部储存额一次性支付给本人。

三是明确有条件才能参加城镇企业职工养老保险。没有参加过基本养老保险统筹，且已经没有生产经营能力、无力缴纳养老保险费的城镇集体企业，不再参加城镇企业职工养老保险统筹，其已退休职工由民政部门按企业所在城市居民最低生活保障标准按月发放生活费。

四是明确多层次的养老保障体系。将原来规定的鼓励企业为职工建立补充养老保险，调整为有条件的企业可以为职工建立企业年金，并实行市场化运营和管理。企业年金实行基金完全积累，采取个人账户方式进行管理，费用由企业和职工个人缴纳，企业缴费在工资总额 4% 以内的部分，可以从成本中列支。同时，鼓励开展个人储蓄性养老保险。

2004 年 1 月 1 日起，黑龙江和吉林按照 5% 的规模起步做实个人账户❶，所需资金由中央财政补助 3.75 个百分点，地方财政补助 1.25 个百分点。

归纳起来，该试点方案主要明确了企业和职工个人缴费比例，调整了个人账户规模和养老金计发办法，确定了可以参加城镇企业职工养老保险的条件，并从建立企业基本养老保险统筹基金省级调剂制度，要求自由职业者、城镇个体工商户参加基本养老保险，改进基本养老保险费征缴机制和基本养老保险基金管理制度等方面对原城镇企业职工养老保险制度进行了完善。

2003 年 6 月 19 日，在总结了各地退休职工社会化管理经验的基础上，国家通过中办发〔2003〕16 号文件正式发布了《关于积极推进企业退休人员社会化管理服务工作的意见》。该意见明确了企业退休人员实行社会化管理服务，是建立独立于企业、事业单位之外的社会保障体系的重要内容，也是深化国有企业改革、解决企业办社会问题的重要措施。退休人员社会化管理服务的具体办法和内容有：职工办理退休手续后，其管理服务工作与原企业分离，养老金实行社会化发放，人员移交城市街道和社区实行属地管理，由社会服务组织提供相应的管理服务。这意味着过去由企业包揽的一切退休职工工作全部改由街道和社区实行社会化管理和服务。该意见发布后，各地纷纷建立专门的社会保险局（中心、办公室）等职能机构，过去的单位、企业管理职能完全由社会保险机构承担；退休职工养老金实现社会化发放。到 2004 年末，全国企业退休人员社会化管理率为 93.2%。❷

在充分调查研究和总结东北三省完善城镇社会保障体系试点经验的基础

---

❶ 在做实个人账户问题上，两次试点的改革方案有所不同。具体来说，辽宁试点方案的特点是"8% 做实，一步到位"和"补缺口"。"8% 做实，一步到位"指个人账户从原来个人缴费工资的 11% 降为 8%，并按比标准做实。在具体实施过程中，社会统筹基金与个人账户基金实行分别管理，社会统筹基金不能再占用个人账户基金，个人账户基金全部由职工缴费形成。市（县）个人账户基金向省个人账户专户归集，由省社保经办机构监督管理。个人账户做到账、人、钱对应。"补缺口"指各级财政补助专门用来填补社会统筹账户的发放缺口，与个人账户相隔离。中央补助下放到省财政专户，参照各地需求和地方财政补助同时下拨到市（县）财政专户，由地方社保部门负责划拨，直接补充统筹账户的发放缺口。中央补贴额度如果少于统筹发放缺口，还需要地方政府自筹资金补足。黑龙江和吉林两省试点所采取的方案与辽宁有很大差别，其特点可以概括为"从 5% 起步，逐步做实"和"补账户"。"从 5% 起步，逐步做实"指黑龙江和吉林两省按 5% 起步做实个人账户，所需资金由中央财政和地方财政补助。这与个人账户由职工缴费形成相矛盾。实际上，黑龙江和吉林两省职工个人缴费依旧直接弥补当期统筹账户的发放缺口。这就形成了利用公共财政来补个人账户"空账"的"补账户"模式。参见参见申曙光、彭浩然：《中国养老保险隐性债务问题研究》，第 14 - 15 页，广州，中山大学出版社，2009。

❷ 参见朱冬梅：《中国企业基本养老保险改革与实践》，第 45 页，济南，山东人民出版社，2006。

上，2005 年 12 月 3 日国务院颁布了《关于完善城镇企业职工养老保险制度的决定》（国发〔2005〕38 号，见附录 10）。该决定是继 1997 年部署全国统一企业养老保险制度，1998 年提出实现"两个确保"和 2000 年选定在辽宁省进行完善城镇社会保障体系试点之后，在完善城镇企业职工养老保险制度方面的又一次重大决策，推动着该制度最终走向定型和成熟（见图 4-2）。其主要内容包括以下几点：

第一，统一城镇个体工商户和灵活就业人员参保缴费政策，以非公有制企业、城镇个体工商户和灵活就业人员参保为重点，扩大基本养老保险覆盖范围。城镇个体工商户和灵活就业人员参加基本养老保险的缴费基数为当地上年度在岗职工平均工资，缴费比例为 20%，其中 8% 计入个人账户，退休后按企业职工基本养老金计发办法计发基本养老金。首次制定统一城镇个体工商户和灵活就业人员的缴费政策，对于扩大养老保险覆盖面、改变各地政策差异较大的现状和维护城镇个体工商户和灵活就业人员的社会保险权益都具有实质性突破。❶

第二，逐步做实个人账户，完善社会统筹与个人账户相结合的基本养老保险制度；制定个人账户基金管理和投资运营办法，实现保值增值。

第三，改革基本养老金计发办法，将缴费时间长短和数额多少与养老金待遇水平挂钩，建立参保缴费的激励约束机制。具体而言，该决定规定缴费年限（含视同缴费年限）满 15 年的职工退休时基础养老金月标准以当地上年度在岗职工月平均工资和本人指数化月平均缴费工资的平均值为基数，缴费每满 1 年发给 1%，上不封顶。个人账户养老金月标准为个人账户储存额除以计发月数（见表 4-4），计发月数根据职工退休时城镇人口平均预期寿命、本人退休年龄、利息等因素确定。参保缴费激励约束机制的建立，有利于提高养老保险基金的抗风险能力，实现基金的长期平衡。

第四，建立养老金的正常增长机制，适时调整基本养老金水平。根据职工工资和物价变动等情况，国务院适时调整企业退休人员基本养老金水平，调整幅度为省、自治区、直辖市当地企业在岗职工平均工资年增长率的一定比例。这项规定的突出意义在于，国家关注到退休职工基本生活水平应当随

---

❶ 参见朱冬梅：《中国企业基本养老保险改革与实践》，第 52 页，济南，山东人民出版社，2006。

表4－4　个人账户养老金计发月数表

退休年龄	计发月数	退休年龄	计发月数	退休年龄	计发月数	退休年龄	计发月数
40	233	48	204	56	164	64	109
41	230	49	199	57	158	65	101
42	226	50	195	58	152	66	93
43	223	51	190	59	145	67	94
44	220	52	185	60	139	68	75
45	216	53	180	61	132	69	65
46	212	54	175	62	125	70	56
47	208	55	170	63	117		

着社会的进步与发展逐渐提高，使广大退休职工也能分享经济社会发展的成果。另一个重要意义在于，由于之前没有基本养老金正常调整机制，各地养老金调整具有一定的随意性，对于预测养老保险基金收支平衡和基金风险构成很大不便，建立正常调整机制后，有利于建立基金预测与管理的长效机制。❶

第五，加强基本养老保险基金征缴，强化社会保险稽核和劳动保障监察执法工作，做到基本养老保险费应收尽收，加大财政投入，完善多渠道筹资机制；强化社会保险基金监管。

第六，提高统筹层次，增强基本养老保险基金的抗风险能力。在完善市级统筹的基础上，尽快提高统筹层次，实现省级统筹，为构建全国统一的劳动力市场和促进人员合理流动创造条件。

第七，积极发展企业年金，建立多层次的养老保障体系，提高退休人员的养老保障水平。企业年金基金实行完全积累，采取市场化的方式进行管理和运营。

第八，按照建立独立于企业事业单位之外的社会保障体系的要求，进一步做好退休人员社会化管理服务工作，不断提高退休人员的生活质量。

第九，加强社会保险经办能力建设，建立高效运转的经办管理服务体系，实行规范化、信息化和专业化管理。

---

❶　参见朱冬梅：《中国企业基本养老保险改革与实践》，第53页，济南，山东人民出版社，2006。

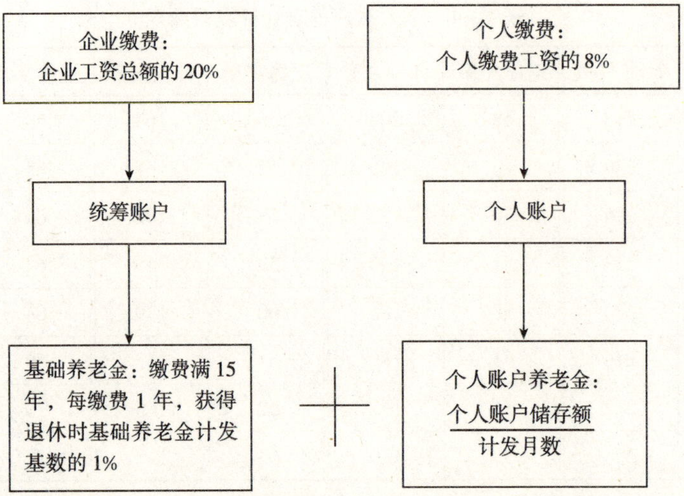

```
┌─────────────────────┐              ┌─────────────────────┐
│  企业缴费:           │              │  个人缴费:           │
│  企业工资总额的20%    │              │  个人缴费工资的8%     │
└─────────────────────┘              └─────────────────────┘
          │                                    │
          ▼                                    ▼
┌─────────────────────┐              ┌─────────────────────┐
│  统筹账户            │              │  个人账户            │
└─────────────────────┘              └─────────────────────┘
          │                                    │
          ▼                                    ▼
┌─────────────────────┐              ┌─────────────────────┐
│ 基础养老金:缴费满15   │              │ 个人账户养老金:       │
│ 年,每缴费1年,获得    │     ＋        │   个人账户储存额      │
│ 退休时基础养老金计发   │              │ ────────────        │
│ 基数的1%             │              │     计发月数         │
└─────────────────────┘              └─────────────────────┘
```

图4-2　国发〔2005〕38号文件规定城镇企业职工养老保险制度框架图

此外,国发〔2005〕38号文件将个人账户规模由个人缴费工资的11%调整为8%的政策具有突破性意义。一方面,划清了企业与个人的责任与义务,企业缴费全部纳入社会统筹基金,在一定程度上弥补了统筹基金的不足,同时有利于逐步做实个人账户政策的落实。另一方面,做小个人账户,有利于减少做实个人账户的财政压力;扩大社会统筹账户规模以增强统筹账户的基金实力,为的是更加突出社会互济性特征,加大养老保险再分配力度。根据国发〔2005〕38号文件规定的新的计发办法,职工个人账户规模虽然缩小了3%,但是,由于建起了参保缴费的激励约束机制,职工退休后总退休待遇并没有降低。[1]以缴费满35年为例,原计发办法:基本养老金的目标替代率是58.5%,其中20%为基础养老金,38.5%为个人账户养老金;新计发办法:目标替代率是59.2%,其中基础养老金替代率提高到35%,个人账户养老金替代率调低到24.2%。[2]基础养老金与缴费年限、缴费工资水平挂钩,强调多缴费多受益,能够比较有效地避免"搭便车"的行为。因此,国发〔2005〕38号文件出台的一系列政策针对性非常强,对于缩小养老保险体系中的"空账"规模、提高职工参保积极性以及维持养老保险制度的长期稳定

───────────────

[1]　参见朱冬梅:《中国企业基本养老保险改革与实践》,第53页,济南,山东人民出版社,2006。

[2]　参见蔡向东:《统账结合的中国城镇职工基本养老保险制度可持续性研究》,第44-53页,北京,经济科学出版社,2011。

运行发挥了积极的作用。

3. 全国社会保障基金的建立与发展

个人账户的引入使得城镇企业职工养老保险的支付缺口愈加庞大，对养老基金未来财务可持续性造成了严重威胁。如何解决这一问题，著名经济学家吴敬琏先生给出的建议是减持国有资产用于充实社会保障基金。其理由在于：在旧体制下，老职工创造的财富以利税的形式上缴给了国家，国家也以其他形式（如投资、技改补助、利税返还）又重新投向了企业和社会。也就是说，国有企业名义上将这些老职工创造的物质财富上缴给了国家财政，但是，财政并没有留存这些财富，而是将其投入了另一个生产循环的过程，并壮大了国有企业的实力。虽然国有企业经历了改制等一系列变革，但是，它是以先前老职工创造的财富为源泉累积而成的事实并没有改变。基于此，老职工的退休养老费用应从其先前的财富积累中得到保障。这是一种基于权益追溯的获取财政支持的思路，这条思路在后来的实践中得到了政府认同。

2000 年 8 月，党中央、国务院决定建立"全国社会保障基金"，同时设立"全国社会保障基金理事会"，负责管理运营全国社会保障基金。全国社会保障基金是中央政府集中的社会保障资金，是中国国家重要的战略储备，主要用于弥补今后人口老龄化高峰时期的社会保障需要，补充和调剂社会保障支出，其资金来源包括中央财政预算拨款以及国务院批准的其他方式筹集的资金。2001 年 6 月 12 日，国务院发布《减持国有股筹集社会保障资金管理暂行办法》。这个办法要求国有企业在进行 IPO 和增发时，融资规模的 10% 必须划拨充实社保基金。2001 年 12 月 13 日，经国务院批准，财政部、劳动和社会保障部颁布《全国社会保障基金投资管理暂行办法》。该暂行办法明确了全国社保基金投资的基本原则、投资范围、投资比例、投资方式等，建立了全国社保基金的监督、报告和财务制度。截至 2005 年底，全国社会保障基金理事会共管理资产总额 2117.87 亿元。

（三）注重公平，体现效率——特征归纳

这一时期城镇企业职工养老保险制度的特征主要表现为以下几方面。

一是"统账结合"。在探索城镇企业职工养老保险制度社会化改革的过程中，中国人口年龄结构正在发生巨大变化，人口老龄化趋势日益明显。与此相对应，整个养老保险制度在职职工的负担系数正在急剧上升，现收现付制

的养老保险制度无法应对老龄化冲击正在成为普遍共识。因此，中国在推动城镇企业职工养老保险制度改革的进程中，引入了个人账户制度，实行"社会统筹与个人账户相结合"。"统账结合"原则成为这一时期城镇企业职工养老保险制度架构的基本特征，此后的改革均得在这一框架下进行。"社会统筹"部分保留了"统账结合"模式改革前统筹基金的基本功能与特征，依靠国家立法和行政权威保证，以代际和社会不同群体之间的合同契约为纽带，互助合作、共同分散养老风险；"个人账户"则采取"个人预缴专款备付金"的方式，是以国家信用为基础的、由政府推行的、使劳动者在职期间强制储蓄以预防退休后养老风险的制度，其功能是以基金"完全积累"来实现"自我保障"。❶

二是社会化管理。多年来，中国对城镇企业职工养老保险制度的改革就是为了促使单位化的退休养老制度走向社会化的养老保险制度。这一时期城镇企业职工养老保险制度改革和完善奉行的是社会化的建制原则：社会统筹和个人账户由独立于企业和单位之外的社会保险经办机构来负责管理；养老保险基金从筹集、管理到给付，均要受来自政府、企业和职工等多方面的社会监督；离退休人员的养老金由专业化的社会性金融服务机构来负责发放，到 2003 年底城镇企业职工养老保险金的社会化发放率达到了 99.5%；等等。

三是注重公平，体现效率。这一时期的城镇企业职工养老保险制度虽然出现过像国发〔1995〕6 号文件中《关于深化企业职工养老保险社会统筹与个人账户相结合实施办法一》这样的过于强调效率的制度安排，但是，后来国发〔1997〕26 号文件又将个人账户规模缩小到了职工个人缴费工资的 11%，东北三省试点方案以及国发〔2005〕38 号文件更是将个人账户规模进一步缩小到 8%，凸显该制度对社会互济和制度公平的强调。然而，城镇企业职工社会养老保险制度对公平价值的强调，并不妨碍其对效率的追求，如国发〔2005〕38 号文件就正式建立了参保缴费激励机制，将缴费时间长短和数额多少与养老保险待遇水平挂钩，这正是该制度在整体趋向公平的同时，对效率因素的考虑和体现。但是，该文件主要侧重于养老金计发办法的调整，也回避了转制成本问题。

---

❶ 参见朱冬梅：《中国企业基本养老保险改革与实践》，第 39 页，济南，山东人民出版社，2006。

（四） 制度走向定型，有利法制建设——效应述评

这一时期城镇企业职工养老保险制度建设步伐明显加快，并在"统账结合"的框架基础上不断发展和完善，取得了很大成就的同时也产生了不少问题。

一是城镇企业职工养老保险制度最终走向统一与定型。至 2005 年国务院《关于完善城镇企业职工养老保险制度的决定》颁布，城镇企业职工养老保险制度改革已经走过了 20 余年的曲折历程，最终在社会统筹与个人账户相结合的制度框架下走向统一和定型，基本完成了由传统单位保障制向社会化的养老保险制度转型的目标。之所以说国发〔2005〕38 号文件的颁布标志着城镇企业职工养老保险制度最终走向统一与定型，主要是因为国发〔2005〕38 号文件对 1997 年已经统一的社会统筹和个人账户相结合的制度模式进行了结构性调整，是对以往改革的调整和完善，且调整方向与 1997 年改革一样都突出了公平取向。另外，在国发〔2005〕38 号文件颁布施行之前，中央政府已在东北三省就其中主要内容进行了长达数年的试点，取得了相当经验，可以说是做好了向全国范围推广的充分准备；随后中国对城镇企业职工养老保险制度的一系列改革措施都是围绕着如何真正实现"统账结合"特别是"实账运行"来进行的，这也是笔者作出该项判断的重要原因。

二是有利于城镇企业职工养老保险及社会保险相关法制建设。一项制度只有走向定型稳定后，才能考虑上升为法律。目前，规范城镇企业职工养老保险的主体法律制度主要是依靠略而不详的《社会保险法》、国务院颁布的各项规范性文件以及主管部门制定的部门规章，效力层级较低且可操作性欠佳，不利于该制度的稳定。城镇企业职工养老保险法制建设的滞后，究其原因，主要是因为该制度尚未定型，不宜用法律制度加以固定所致。城镇企业职工养老保险制度定型后，将有利于该制度相关法律制度及其实施细则的制定，有望推动类似于《养老保险条例》这样的专门性行政法规的出台，甚至因其在社会保险制度乃至整个社会保障制度中的重要地位进而推动整个社会保障法制建设步伐。

三是核心问题在于政府试图回避旧体制遗留的责任。从"现收现付"转为"统账结合"是一种根本性的制度变革。对于已退休职工（即所谓的"老人"）的养老金和实施个人账户制度以前较早参加工作的在职职工（即所谓的

"中人")的过渡性养老金等旧体制遗留责任，政府并没有通过制定隐性债务和转制成本补偿机制予以承担，而是试图通过当期社会统筹部分缴费来解决。这意味着在职一代人既需要为上一代已退休职工养老和"中人"视同缴费年限供款，还得为自己年老退休后积累养老金。

然而，由于人口老龄化和参保扩面工作推进困难，即使不进行基金积累，把城镇企业职工当期全部缴费都用来支付离退休职工的养老金尚且收不抵支，如果还进行个人账户积累，其余的"社会统筹"缴费部分根本不足以支付离退休职工的养老金。为了保证已退休职工的养老金发放，唯一的出路只能是利用社会统筹与个人账户混账管理的便利，直接挪用在职职工个人账户中的资金。结果是在职职工的个人账户变成了空账户，形成了一种在资金流程上与现收现付制没有实质性区别的"空账运行"体制。这种以未来的基金支付风险为代价减轻当前的基金给付压力的做法，使原本应该起到基金积累作用的个人账户，实际上成为一个记账的工具和养老金给付的计算依据。❶ 这种"空账运行"的新体制，偏离了制度最初确立的、通过建立个人账户实施（部分）基金积累制的改革目标。如果这种"空账运行"模式继续长期存在下去，那么推进城镇企业职工养老保险改革的意义就不大了。随着人口老龄化加剧及制度内抚养比的攀升，未来养老金支出压力必然会越来越大。面对收支不平衡压力，最简单的解决问题的办法就是不断地提高基本养老保险缴费率。目前，绝大多数地区的企业缴费占企业职工工资总额的比重都已超过20%，不少地区已近30%。过高的缴费率不仅导致企业负担越来越重，也使养老金的收缴率不断下降，拖欠保费的问题越来越突出，最终的结果仍是收不抵支。❷ 因此，由于缺乏隐性债务和转制成本偿付机制，城镇企业职工养老保险改革已经陷入一种两难的困境。

三、城镇企业职工社会养老保险制度的完善（2006 年至今）

城镇企业职工养老保险主体制度定型以后，该项制度的改革与发展进入了一个崭新的阶段，接下来的主要工作就是在现有制度框架内，统筹考虑，

---

❶ 参见朱冬梅：《中国企业基本养老保险改革与实践》，第 47 页，济南，山东人民出版社，2006。
❷ 参见国务院发展研究中心课题组："中国养老保障制度改革"，载王梦奎主编：《中国社会保障体制改革》，第 7 - 9 页，北京，中国发展出版社，2001。

理性决策，重点解决好做实个人账户、扩大覆盖范围、提高统筹层次、调整养老保险待遇，理顺管理体制、做好养老保险关系转移、健全监督机制、确保基金保值增值等问题，逐步完善城镇企业职工社会养老保险制度。其中，在全国范围内表现得最为普遍、最为突出的问题有三个：一是做实个人账户问题，二是提高统筹层次问题，三是解决养老保险关系转移接续问题。

（一）做实个人账户

长期以来，由于养老保险制度没有历史积累，而退休人员越来越多，为确保当期发放，不得不动用本应留作积累的个人账户基金，致使个人账户形成"空账"。根据国发〔2005〕38号文件的要求，2006年1月19日，经国务院批准，天津、上海、山西、山东、河南、湖北、湖南和新疆等8个省（自治区、直辖市）被列为2006年进行扩大做实养老保险个人账户试点的新地区。这意味着，中国做实基本养老保险个人账户的试点地区由原来的东北三省扩大到11个省（自治区、直辖市）。

2006年9月国务院批复扩大试点的8个省（自治区、直辖市）做实个人账户实施方案沿用了"黑吉模式"❶。从2006年1月1日起按照3%起步做实，一定三年不变，以后逐步做实到8%。除上海外，其他7个省份均获得中央财政一定比例的补助。根据国务院批复的试点方案，各地政策有所不同：湖南、湖北、山西、河南、新疆的主要政策是每做实1个百分点，中央财政补助0.75个百分点，最高不超过3.75个百分点（中央财政对地方做实个人账户5%的部分实行包干补助后，新增资金缺口由地方自己解决）；每做实1个百分点，地方财政补助0.25个百分点。中央财政对天津市、山东省的具体补助办法没有明确。中央财政对上海市做实基本保险个人账户没有补助，靠地方财政予以补助。河南省在做实基本个人账户的实施意见中指出，地方补助部分由财政解决，基金有结余的地方也可由结余基金解决。方案还指出，

---

❶ "黑吉模式"也称"补账户"模式，主要做法是个人账户基金并未由县市向省社保部门个人账户专户归集，而是留在地方，直接弥补当期统筹账户发放缺口，因此个人账户形式上仍为空账。同时，中央给予的财政补助，由上级国库下拨至省国库专户独立存放，每年登记一定的记账利息，与仍为空账的个人账户遥相对应，形成"补账户"模式。"补账户"模式的奥妙在于根据其操作方式，并不需要建立账账相符的个人账户，而只需要以储备基金对应名义账户。如此，财政补助的数额亦无须严格与个人账户数额相对应，当期财政补助压力相应减小。有鉴于此，有不少专家认为，"黑吉模式"没有真正做实个人账户。

做实的个人账户基金与社会统筹基金实行分别管理；中央财政为做实个人账户补助的资金，由省（自治区、直辖市）政府委托全国社会保障基金理事会投资运营，全国社会保障基金理事会承诺较为优惠的收益率；中央财政补助之外的个人账户基金，则由省（自治区、直辖市）按照国家规定投资运营，并负责保值增值。

2006年12月20日，黑龙江、吉林、天津、山东、湖南、湖北、山西、河南、新疆9个省（自治区、直辖市）与全国社会保障基金理事会签约，将做实个人账户中中央补助部分的资金委托全国社会保障基金理事会运营管理。

2007年2月15日，劳动和社会保障部、财政部又联合发布《关于进一步扩大做实城镇企业职工养老保险个人账户试点工作有关问题的通知》（劳社部发〔2007〕6号），确定江苏、浙江、广东等经济发达省份可根据本地的实际情况，依靠自身力量开展做实个人账户试点。

总结归纳国务院批复的各地做实个人账户的方案，我们可以发现三项基本原则：一是老中新分开。以实行个人账户做实政策的时点为分界点，之前已经退休的人员，个人账户不再做实；已经参保尚未退休的人员，以前没有做实的个人账户不再做实，以后的缴费逐步做实；之后参保的人员，个人账户从参保缴费开始就逐步做实。二是东中西分开。东部沿海经济发达地区要依靠当地的力量做实，中央财政对中西部地区和老工业基地予以适当补助。三是积极稳妥，逐步推开。要在确保企业离退休人员基本养老金按时足额发放，以及充分考虑各级财政和城镇企业职工养老保险基金承受能力的前提下，逐步推开做实个人账户工作，有条件的地区步子可以快一些，困难地区可适当慢一些。

2008年11月28日，人力资源和社会保障部制定并下发《关于完善做实城镇企业职工养老保险个人账户试点工作有关问题的通知》（人社部发〔2008〕110号），进一步规范做实个人账户试点政策，指导各地做好试点工作。截至2014年末，辽宁、吉林、黑龙江、天津、山西、上海、江苏、浙江、山东、河南、湖北、湖南、新疆13个做实城镇企业职工养老保险个人账户试点省份共积累基本养老保险个人账户基金5001亿元。❶

2012年11月8日，胡锦涛同志在"十八大"报告中要求"逐步做实养

---

❶ 参见人力资源和社会保障部：《2014年度人力资源和社会保障事业发展统计公报》。

老保险个人账户"，从而首次在党的政治报告中明确了做实养老保险个人账户的目标。党的十八届三中全会又提出"完善个人账户制度"的战略部署，为改革个人账户制度提供了行动空间。

（二）提高统筹层次

企业基本养老保险提高统筹层次的基本要求是紧紧围绕"增强基金调剂能力、减少结构性资金缺口、适应劳动力市场流动性要求、建立长效机制"为主要内容，结合试点经验，在完善市级统筹的基础上，尽快提高统筹层次，实现省级统筹乃至全国统筹。

为此，2007 年 1 月 18 日，劳动和社会保障部、财政部联合发布《关于推进城镇企业职工养老保险省级统筹有关问题的通知》（劳社部发〔2007〕3号）。该通知制定了《城镇企业职工养老保险省级统筹标准》，要求各省（自治区、直辖市）对照省级统筹标准，进一步加快实现和完善省级统筹制度。截至 2014 年底，全国 31 个省份和新疆生产建设兵团已建立养老保险省级统筹制度。❶

2010 年 10 月 28 日，《中华人民共和国社会保险法》（以下简称《社会保险法》，见附录 12）通过并公布。作为中国社会保障法律体系中迄今为止最为重要的一部法律，《社会保险法》在制度化以往城镇企业职工养老保险改革成果的基础上，进一步加强了对城镇企业职工养老保险权益的保护。对于养老保险基金的统筹层次，《社会保险法》首次明确提出"基本养老保险基金逐步实行全国统筹"，对养老保险统筹层次提出了相比其他社会保险基金"逐步实行省级统筹"更高的要求。

2011 年公布的《我国国民经济和社会发展十二五规划纲要》（以下简称"十二五"规划）提出，"实现基础养老金全国统筹"。这一提法与《社会保险法》中要求的"基本养老保险基金逐步实现全国统筹"不同，意在近期先从城镇企业职工养老保险基金中社会统筹部分基金实现全国统筹入手，个人账户基金全国统筹暂缓推进。自此以后，官方文件表述中将《社会保险法》中基本养老保险基金全国统筹改为基础养老金全国统筹，2012 年"十八大"报告以及 2013 年"十八届三中全会决定"都延续了这种提法——"实现基础

---

❶ 参见人力资源和社会保障部：《2014 年度人力资源和社会保障事业发展统计公报》。

养老金全国统筹"。

（三）实现养老保险关系转移接续

为切实保障参加城镇企业职工养老保险人员的合法权益，促进人力资源合理配置和有序流动，保证参保人员跨省（自治区、直辖市）流动并在城镇就业时基本养老保险关系的顺畅转移接续，2009 年 12 月 28 日，国务院办公厅通过国办发〔2009〕66 号转发了人力资源社会保障部、财政部《城镇企业职工养老保险关系转移接续暂行办法》（见附录 11）。该暂行办法规定，包括农民工在内的参加城镇企业职工养老保险的所有人员，其基本养老保险关系可在跨省就业时随同转移；在转移个人账户储存额的同时，还转移部分单位缴费（12%）；参保人员在各地的缴费年限合并计算，个人账户储存额累计计算，对农民工一视同仁。

针对各地实施过程中存在的进展不平衡、对国家政策和经办规程理解不一致、信息化建设滞后等问题，为进一步指导各地落实国办发〔2009〕66 号文件，2010 年 9 月 26 日人力资源和社会保障部下发了《关于印发城镇城镇企业职工养老保险关系转移接续若干具体问题意见的通知》（人社部发〔2010〕70 号）对城镇企业职工养老保险关系转移接续工作过程中经常遇到 12 类具体问题作出了统一的规定，规范了养老保险关系转移接续的实际操作流程。

2010 年 10 月 28 日公布的《社会保险法》在规定跨统筹地区就业的个人，"其基本养老保险关系随本人转移，缴费年限累计计算"的基础上，进一步明确了跨统筹地区就业的个人"达到法定退休年龄时，基本养老金分段计算、统一支付"。这样实际上是把从个人跨统筹地区就业时基本养老保险转移接续制度的重要内容上升为法律，从法律上解决了参保人员因就业地的变换而丧失养老保险权益的问题以及参保缴费年限在各地互认和累加的问题，从根本上维护了劳动者的社会保险权益，也将推动全国统一的人力资源市场规则的形成和完善。2011 年 6 月 29 日，人力资源和社会保障部《实施〈中华人民共和国社会保险法〉若干规定》（中华人民共和国人力资源和社会保障部令第 13 号）公布，对《社会保险法》有关养老保险关系转移接续及基本养老金计算与支付的规定作了具体的解释，并要求按照国办发〔2009〕66 号文件执行。

2011 年"十二五"规划将"切实做好城镇职工基本养老保险关系转移接

续工作"纳入其中。2012 年"十八大"报告提出要"以增强公平性、适应流动性、保证可持续性为重点,全面建成覆盖城乡居民的社会保障体系",从宏观上要求城镇企业职工养老保险制度必须适应参保人员跨统筹地区流动要求,做好衔接工作。2013 年"十八届三中全会决定"将"完善社会保险关系转移接续政策"作为推进社会事业改革创新的重要议题。

(四) 其他改革举措

除了以上三项主要内容外,为解决未参保集体企业退休人员基本养老保障等遗留问题,在总结地方经验的基础上,2010 年 12 月 24 日人力资源和社会保障部还会同财政部印发了《关于解决未参保集体企业退休人员基本养老保障等遗留问题的意见》(人社部发〔2010〕107 号),要求 2011 年底前基本解决未参保集体企业退休人员基本养老保障等遗留问题,进一步完善社会保障体系,促进社会和谐稳定。该意见规定,"凡具有城镇户籍、曾经与城镇集体企业建立劳动关系或形成事实劳动关系、2010 年 12 月 31 日尚未达到或超过法定退休年龄的人员,因所在集体企业未参加过基本养老保险,而且已经没有生产经营能力、无力缴纳社会保险费,个人可一次性补缴 15 年的基本养老保险费,纳入基本养老保险。2010 年 12 月 31 日尚未达到法定退休年龄的人员,按照规定参保缴费,达到法定退休年龄时累计缴费不足 15 年的,可以缴费至满 15 年"。

2014 年 2 月 24 日,人力资源社会保障部、财政部以人社部发〔2014〕17 号文印发《城乡养老保险制度衔接暂行办法》。该办法规定,参加城镇企业职工养老保险和城乡居民养老保险人员,达到城镇企业职工养老保险法定退休年龄后,城镇企业职工养老保险缴费年限满 15 年(含延长缴费至 15 年)的,可以申请从城乡居民养老保险转入城镇企业职工养老保险,按照城镇企业职工养老保险办法计发相应待遇;城镇企业职工养老保险缴费年限不足 15 年的,可以申请从城镇企业职工养老保险转入城乡居民养老保险,待达到城乡居民养老保险规定的领取条件时,按照城乡居民养老保险办法计发相应待遇。

四、基本结论

总结归纳起来,20 世纪 80 年代中期以后城镇企业职工养老保险制度建设的总体方向是建立起适应社会主义市场经济体制以及人口老龄化趋势的社会养老保险制度，并呈现出以下几个方面的特征：第一，制度供款责任由国家、企业和职工个人三方来共同承担，责任重心逐渐由"国家/企业"过渡到"企业/个人"。其中，企业和职工个人的供款责任体现在所缴纳的养老保险费上，让职工树立自我负责和费用意识；国家供款责任主要体现在弥补收支缺口的财政补贴上，部分偿付养老保险隐性债务。这是对计划经济时期"国家/企业保险"以及"纯粹的企业保险"模式最大弊病的一种修正。

第二，采取现收现付制和完全积累制相结合的财务模式，实现制度创新。实行现收现付制的社会统筹账户，强调的是短期尤其是年度内的财务收支平衡，利用在职者的缴费直接用于当期退休者的养老金发放，即在职的一代人赡养已退休的一代人，实现代际再分配和互助共济；完全积累制的个人账户以远期纵向财务收支平衡为原则，具有先提后用的特点，通过个人在职时的储蓄为将来退休时积累养老金，实现个人的自我赡养和劳动者个人收入在其生命周期内的纵向平衡分配。

第三，养老金的待遇确定不再简单以职工退休时本人标准工资为基数，既体现了保障基本社会公平的原则，又能够在一定程度上体现多缴多得的激励机制。国发〔2005〕38号文件规定的基本养老金由两部分组成，其中，基础养老金月标准的计发基数不但通过加入当地上年度在岗职工月平均工资来体现社会统筹部分的互济性及公平性，而且还引入本人指数化月平均缴费工资，在一定程度上体现了差异性，有利于调动参保人员足额缴纳养老保险费的积极性；个人退休时所能获得的基础养老金与其缴费年限挂钩，缴费每满1年，就能获得当地上年度在岗职工月平均工资和本人指数化月平均缴费工资的平均值的1%，多缴费就能多得养老金，体现权利与义务相对应的原则。

第四，市场经济条件下的城镇企业职工养老保险制度不再因所有制性质不同而有所区别。计划经济时期传统养老保险制度的覆盖对象主要是国营企业职工，城镇集体企业则参照《劳动保险条例》为其职工建立养老保险，其组织实施体制与国营企业有一定区别，养老金待遇也相对稍低。城镇企业职工社会养老保险的实施范围则涵盖了城镇各种类型的企业。

第五，管理服务社会化。不同于计划经济时期"国家/企业保险"以及"纯粹的企业保险"由工会组织系统负责组织实施、企业做好退休职工的管理和服务，新时期城镇企业职工社会养老保险制度则由国家成立的专门的社会保险机构负责管理经办，并引入社会力量和市场主体提供发放养老金等服务。

除此之外，通过前面对城镇企业职工养老保险制度改革与发展的回顾和研究，我们还可以进一步得出关于市场经济条件下城镇企业职工养老保险制度建设的一些基本结论。

（一）先经济因素后多因素综合主导城镇企业职工养老保险制度改革与发展

在经济体制改革尤其是城市经济体制改革拉开序幕以后，经济因素逐渐取代政治因素而成为主导城镇企业职工养老保险制度发展和演进的决定性因素。之所以如此，是因为中国的改革是一场以经济体制改革为先导的全面而深刻的社会变革，中国社会结构的转型与经济体制转轨同步进行，并且直接动因是经济体制改革。不同的经济体制要求有不同的社会保障体系与之配套。

首先，如前分析，城镇企业职工传统养老保险制度之所以需要进行根本性变革，从国家—单位保障制向社会化的养老保险制度转变，除了因原有制度本身存在内在缺陷而不具可持续性之外，最根本、最直接的原因还是城市经济体制改革已经从根本上动摇了该制度的组织保障和经济基础。与传统计划经济体制相适应的城镇企业职工养老保险原有制度和市场经济取向的经济改革格格不入，亟待重大改革或重建。因此，经济因素成为促使城镇企业职工养老保险制度由传统国家—单位保障制向国家—社会保障制改革的核心因素。

其次，在制度的改革理念上，强调为属于经济改革范畴的国有企业改革配套，也使得经济因素主导着城镇企业职工养老保险制度的改革和发展。改革开放后，中国在对计划经济时代公平至上观念矫枉过正的同时，又未能及时确立理性的建制理念，因此，城镇企业职工养老保险制度改革从一开始便被动地跟着经济改革尤其是国有企业改革的步伐走。当国有企业改革成为整个改革事业的中心时，城镇企业职工养老保险制度改革也就很自然地被当成为国有企业改革配套的一项措施，进而形成单纯为国有企业改革配套的片面观念。❶

---

❶ 参见郑功成等：《中国社会保障制度变迁与评估》，第 28 页，北京，中国人民大学出版社，2002。

再次，在城镇企业职工社会养老保险制度建设的价值取向上，效率优先演变成了效率至上，甚至唯效率论。在城镇企业职工养老保险制度的改革和发展历程中，先期为国有企业改革配套（1984～1993年），后来又连同其他社会保障制度一起被当作市场经济体系的重要支柱（1994～1997年）❶，属于经济领域的效率理论自然会被移植到城镇企业职工社会养老保险制度中，并取代在计划经济时代被严重极端化的公平理念而成为主导改革的价值取向。实际上，这是从一个极端走向另一个极端，也巩固了经济因素在城镇企业职工养老保险制度改革和发展中的主导地位。经济上的成本—收益分析成为左右制度决策、衡量改革成败的主要因素或手段。

最后，经济发展水平也决定着城镇企业职工社会养老保险制度的保障水平，找到适度的养老保障水准成为新型养老保险制度健康发展的重要条件。经济发展水平虽然未必能决定该制度的创建与否，但是必定会在客观上决定其发展水平，从而为该制度发展奠定物质基础。

自1998年实施"两个确保"、确立"三条保障线"以及包括养老保险在内的各项社会保险制度覆盖面的迅速扩展以来，中国已经走过了矫枉过正的时代，社会保障超越了片面为国有企业改革配套和单纯为市场经济服务的建制理念，开始作为一项基本的社会制度来建设。与此同时，社会因素对社会保障制度的影响逐渐上升，并开始逐渐占据主导地位。自此，包括城镇企业职工社会养老保险制度在内的社会保障制度回归到了多因素综合决定的"本初状态"，开始理性发展。

（二）"渐进改革、试点先行"是实现制度变革的工作方式和特色经验

与其他转型国家或地区采取激进式或"休克"式转型，即快速完成计划经济体制向市场经济体制的转变不同，中国选择了独特的转型道路，具有典型的渐进式改革和试点先行式转型特征，即经济体制与社会变革遵循"试点先行—逐渐推广—全面实施"的改革路径。为避免无谓的意识形态之争影响到改革开放，整个社会转型期内中国采取了"摸着石头过河"的理论，通过

---

❶ 这个时期，中国经济面临着两个困难：严重的通货膨胀和国有企业经营困难。因此，这一时期的社会保障改革探索不可避免地会受到通货膨胀影响并打上了深深的国有企业改革烙印。

各种改革方案在有限范围内的试验，让旧制度逐渐被摒弃或者被新制度所替代，而新制度经过试点后逐渐扩展实施范围，基本上经历了一个新、旧制度并存以及此消彼长的转型过程。❶ 整体社会转型如此，作为微观制度的城镇企业职工养老保险更是如此，渐进改革、试点先行不仅是城镇企业职工养老保险制度改革和发展的主要方式，更是其所取得的一项特色经验。

总体而言，中国城镇企业职工养老保险制度选择了渐进改革方式，经历了从自下而上到自上而下、从自发改革到自觉改革的渐进过程。这种改革方式几乎有别于任何国家或地区的社会养老保险制度改革，因为其他国家或地区对社会养老保险制度的改革几乎都是立法先行，有关社会养老保险制度改革的法案获得通过，即意味着新的社会养老保险制度得到确立并取代原有制度。

在20世纪80年代中期，部分企业和地方政府在原有制度安排及其法律制度没有发生变化的情况下开始尝试进行城镇企业职工养老保险制度改革，形成了不少有效做法、积累了一定经验；中央政府在总结这些改革尝试的基础上，加以科学提炼总结而形成扩大改革试验或直接在全国范围内推广的政策意见，经过实践检验、完善后再形成正式制度安排或上升为法律规范，整个过程是自下而上的，是自发进行的。20世纪90年代以后，中央政府开始主导并掌控城镇企业职工养老保险制度改革，此后改革逐渐变成自上而下的自觉式改革。当然，城镇企业职工养老保险制度转型并不是在一套事先规划好的路线图和时间表的指导下有计划、有步骤地进行，而是在明晰发展方向、确定制度框架的基础上，在实施过程中不断改进、不断完善。特别是"统账结合"制度模式实施以来，中央政府、地方政府以及劳动部门和财政部门也是不断出台各种文件和规定解决不断出现的各种问题。❷ 可以称得上是"在改革中不断完善，在完善中实现转型"。

中国城镇企业职工养老保险制度改革采取的是试点先行的工作方法。城镇企业职工养老保险制度几乎每一次改革都是先经过个别地区试点再逐渐扩展到更大范围的试点，"抓好试点、以点带面"，最终实现全面发展。之所以

---

❶ 参见杨方方：《从缺位到归位——中国转型期社会保险中的政府责任》，第4-5页，北京，商务印书馆，2006。
❷ 参见朱冬梅：《中国企业基本养老保险改革与实践》，第45-46页，济南，山东人民出版社，2006。

要采取这种试点先行的工作方法，表明了政府对推进该制度变革的慎重，目的在于避免不成熟的制度安排在较大范围推广后产生严重后果、带来无可逆转的损失，极大地提高制度改革成本。

中国城镇企业职工养老保险制度改革采用渐进改革、试点先行的方式推进，在总体上符合整个改革事业的要求，富有自身特色并比较符合中国国情。不过这种特殊的改革方式，也存在着影响改革进程和新制度难以在短期内定型稳定的缺陷。事实上，中国城镇企业职工养老保险制度改革业已形成了对"试点先行—逐渐推广—全面实施"的渐进改革模式的现实路径依赖❶，大大增加了改革的难度。因此，未来，有必要对城镇企业职工养老保险制度改革方式加以调整。

（三）制度变迁初期属于诱致性制度变迁，后逐渐转变为强制性制度变迁方式

与中国城镇企业职工养老保险制度采取"渐进改革、试点先行"的改革方式相对应的是该制度改革与发展初期采取诱致性制度变迁方式，后逐渐转变为强制性制度变迁方式。

20世纪80年代中期至90年代初期，部分地区和国有企业针对城镇企业职工传统养老保险制度导致企业之间养老负担畸轻畸重，造成它们不在同一起跑线上展开竞争，以至于严重影响国企改革及经济改革进程的现状，开始探索建立实行社会统筹、能够较好平衡企业养老负担的新型社会养老保险制度。取得经验后，中央政府再进行归纳总结、试点推广，待政策定型成熟后才予以最终确立。由此可见，这一时期的城镇企业职工养老保险制度改革与发展采取的是由微观主体——基层地方政府和企业推动的、自下而上的诱致性制度变迁方式，以期解决现有问题、获得制度变迁"红利"。

20世纪90年代初以后，中央政府开始主导整个城镇企业职工养老保险制度改革事业，不仅就制度改革方案组织了很多调研论证，更重要的是通过陆续制定适用全国的规范性文件、出面支持部分地区的改革试点工作、利用国家信用对制度财务平衡进行财政兜底等方式加以推动，开始进行自上而下的

---

❶ 参见杨方方：《从缺位到归位——中国转型期社会保险中的政府责任》，第6页，北京，商务印书馆，2006。

自觉改革，这些无疑都属于强制性制度变迁方式的典型特征。整个 20 世纪 90 年代是中国城镇企业职工养老保险制度建设的关键时期，制度总体框架在中央政府的主导下确立，各种技术方案在中央政府的主导下进行论证和选择。

如果说在城镇企业职工养老保险制度改革初期，由于目标和路径模糊、缺乏经验而采取"摸着石头过河"的改革方式并放任自下而上式的诱致性制度变迁方式是无奈之举，并且在当时的社会经济情势下还具有合理性和进步意义的话，那么，当 20 世纪 90 年代初制度改革目标日益清晰后，转变为由中央政府主导并自上而下整体推进制度转型则是对正常状态的理性回归。

此外，由于城镇企业职工养老保险制度改革是要推倒与计划经济体制相适应的传统养老保险制度，新建与市场经济体制相适应的社会养老保险制度，旧制度带有的制度惯性和路径依赖会影响新制度的建立与发展。具体而言，这种制度惯性集中体现在旧制度已经积累的巨额养老金权益即隐性债务（Implicit Pension Debt，IPD）上，具体表现为新制度开始实行时在职职工和离退休人员在原来现收现付的传统养老保险制度中所获权益的现值。❶ 从理论上来讲，IPD 越高，旧制度积累的养老金权益欠账就越高，在职职工和离退休人员就越有可能阻碍改革步伐。值得庆幸的是，在中国城镇企业职工养老保险制度改革过程中没有出现各种既得利益的代言人抵制改革。虽是如此，由于巨额隐性债务的存在，该制度改革转型速度还是受到了严重影响，到现在也没有真正实现"统账结合"的目标制度模式。转轨过程中凸显的巨额隐性债务无论如何化解，都将加重企业负担，增加政府财政压力，影响制度的覆盖面，从而使城镇企业职工养老保险制度长期均衡受到影响。

（四）城镇企业职工养老保险制度改革与发展的历程是复杂而曲折的

回顾城镇企业职工养老保险制度改革与发展所走过的历程，我们发现其任务是艰巨而复杂、道路是曲折而不平的。

中国建设新型的城镇企业职工养老保险制度，绝不是在一片空地上修建高楼大厦，而更像是"老城区改造"；不是在白纸上写字，而是要在维系经济

---

❶ 参见邹德新：《中国养老保险制度改革效率研究》，第 154 – 157 页，沈阳，辽宁人民出版社，2009。

改革和国民经济持续增长、保证整个社会基本稳定的同时，使曾经惠及亿万国民的国家—单位保障制的传统养老保险制度整体转型为国家—社会保障制的新型养老保险制度。在这个过程中，财务制度要从现收现付制过渡到特殊的部分积累制；管理和服务体系要从封闭的单位负责制走向管理服务社会化；国民保障观念要从单纯依赖政府和单位转化为接受自我保障、参与责任分担；等等。可以说，任务既异常艰巨也非常复杂，还没有现成的经验可资借鉴。这种艰巨性和复杂性主要来源于以下几方面。

第一，改革牵涉各方利益，难以协调与平衡。城镇企业职工养老保险制度改革涉及国家、企业和个人权利义务关系格局的重构，涉及经济社会和个人即期利益与长远利益的平衡，并且还牵涉中央政府与地方政府财政责任分配、相关主管部门利益的协调、不同统筹地区在养老保险基金调剂使用方面的利益分配等诸多复杂的利益关系，需要统筹考虑、理性决策，否则将难以协调和平衡，容易引发利益冲突。

第二，改革不仅需要对计划经济时代遗留下来的体制性障碍继续改革，而且需要对改革造成的新问题进行再改革。由于中国城镇企业职工养老保险制度改革采取的是"渐进改革、试点先行"的方式，没有国际经验可资借鉴、没有现成案例可供模仿，只能"摸着石头过河"，不可避免地会产生一些失误，局部的制度碎片化格局已经形成并正在形成路径依赖。因此，我们既需要改革原有旧制度，更需要填补以往改革之缺漏、矫正以往改革之偏差、消化以往改革的不良后遗症。❶ 这些都需要勇气和时间。

第三，经济体制改革指导思想渗入社会制度领域，致使城镇企业职工养老保险制度改革出现偏差。在改革开放初期或者是改革开放后前一个时期，我们对计划经济时代的"平均主义""大锅饭""铁饭碗"，可以说是深恶痛绝，因此，我们在改革的过程中，采取了矫枉过正的做法，在某种程度上、某些局部领域已经发展到忽视社会公平的程度。与此相对应，在中国城镇企业职工养老保险制度开始改革后的相当长一段时间里，改革的价值取向是强调"效率优先，兼顾公平"，甚至已经演变成效率至上或者唯效率论，这与该制度天然地追求公平的社会保障属性是完全背离的，后来才得以回归到强调

---

❶ 参见郑功成：《科学发展与共享和谐——民生视角下的和谐社会》，序言，北京，人民出版社，2006。

社会公平的理性状态。改革价值取向偏离了正常轨道，反映到制度建设上就是制度设计发生偏差。一个很典型的例子，就是 1995 年作为国发〔1995〕6 号文附件出台的《城镇企业职工养老保险社会统筹与个人账户相结合实施办法之一》中居然设计了一个计入职工个人缴费工资 16% 的大个人账户。

（五）城镇企业职工养老保险制度主体框架结构已经定型，尚待完善

之所以将这个不太像结论的判断作为中国城镇企业职工养老保险制度改革和发展的一个基本结论，是因为笔者认为在国发〔2005〕38 号文公布后，该项制度已经进入一个崭新的发展阶段：制度设计和架构的任务已经基本完成或接近于完成，接下来的主要任务便是理性选择实现制度设计目标的各种技术方案和体制机制。

国发〔2005〕38 号文颁布后，社会统筹与个人账户比例结构已经臻于合理。在"统账结合"制度模式下，社会统筹部分用于实现社会互济，体现着社会公平；个人账户则是职工个人自我保障的实现，要求体现职业以及个人差别，代表着效率。国发〔2005〕38 号文规定，企业所缴纳的职工工资总额 20% 的养老保险费被全部计入社会统筹账户，职工按个人缴费工资的 8% 缴费并全部计入职工个人账户，相比之前设计的按照职工个人缴费工资 11% 建立起来的个人账户规模变小，这样一个比例结构变化更好地体现了城镇企业职工养老保险制度公平的价值取向，有利于做小做实个人账户，同时也能形成一定基金积累，再加上建立了参保缴费的约束激励机制，能够较好地处理公平与效率的关系。未来，城镇企业职工养老保险制度的发展和完善必定会在这一制度框架的基础之上向前推进。

城镇企业职工养老保险制度改革和发展到现在，应当说离原先制度改革的初衷和目标设计还是有相当的距离，不仅没能实现为未来积累养老资金的改革目的，反倒由于制度从现收现付制向"统账结合"模式转变形成了巨大的隐性债务和转制成本，个人账户养老金计发办法由于低估了退休人员的平均余命，从而使得该制度存在透支风险。可以说，时至今日，个人账户制的未来改革走向仍不甚明确，城镇企业职工养老保险制度未来改革发展依然任重而道远。例如，需要逐渐做实并完善个人账户制度以实现该制度真正从现收现付的财务模式转变到特殊的部分积累制；需要采取措施减小提高统筹层

次的阻力，尽快实现全国统筹，以增强制度抵御风险的能力，提升制度有效性、适应当前劳动力流动性大大增强的要求；需要健全多缴多得长缴多得激励机制，建立健全合理兼顾不同代际人员利益的养老保险待遇确定机制和正常调整机制；需要建立科学合理的管理体制，提高制度运行效率，并有效减少管理中存在的道德风险；等等。具体措施和建议本书将在第 6 章中予以详细分析，在此不再赘述。

第5章 城镇企业职工养老保险制度中的责任分配

"责任"是福利伦理的核心概念之一，任何一个社会在讨论福利或是社会保障问题的时候都绕不过"责任"认定，[1] 即必须回答"谁来承担责任""承担什么责任"以及"怎样承担责任"这三个问题。同样，我们在讨论城镇企业职工养老保险制度的时候，也应当重视探讨制度变迁过程中的责任认定问题。在回溯考察该制度的发展变迁时，责任分配是一个重要视角。

回顾城镇企业职工养老保险制度自建立以来六十多年的发展变迁历程，我们发现，其背后的逻辑主线就是推动制度变革、进行资金供给、开展管理监督等方面的责任在国家（主要为政府）、企业和个人三方主体间不断分配和调整。该制度的每一次重大变革都伴随着利益和责任分配格局的变革。因此，从某种程度上说，城镇企业职工养老保险制度发展变迁的过程，实质就是主体间责任分配格局改革发展的过程。

那么，在不同的历史时期和发展阶段，国家（政府）、企业和个人在城镇企业职工养老保险的制度变革、资金供给以及管理监督等方面的责任分配格局到底是怎么样的？具体怎么演进？背后的推动力是什么？

在对城镇企业职工养老保险制度未来发展进行展望之前，我们有必要对城镇企业职工养老保险制度中国家（政府）、企业和个人之间责任分配进行总结归纳。本章通过借用项目管理中经常用到的责任分配矩阵分析方法，对国家（政府）、企业和个人在城镇企业职工养老保险制度变迁中的责任分配展开具体研究，着重分析其整体变化趋势、当中存在的问题及其背后的诱因，最后探询其发展进路。

---

[1] 参见周弘、张浚："福利伦理的演变：'责任'概念的共性与特性"，载《社会保障研究》2014 年第 1 期，第 1–12 页。

一、城镇企业职工养老保险制度总体变迁：从"国家/企业保险"到"纯粹的企业保险"再到社会保险

（一）传统养老保险制度

如前所述，本书将城镇企业职工养老保险制度发展变迁历程分为两个大的发展阶段：1951～1983 年的传统养老保险时期和 1984 年至今的社会养老保险探索与完善时期。有鉴于本书第 3 章、第 4 章已经对此作了详细阐述，在此只提纲挈领地提示下与责任分配格局演变密切相关的制度变迁脉络。

1951～1966 年，中国仿效苏联"国家保险"模式建立了具有明显计划经济时代特征、由工会系统主导的"国家统筹和企业保险"相结合的"国家/企业保险"制度。该制度模式以国家（劳动部门和工会组织系统）为实施和管理主体，由国家和企业共同负担保险费用，❶ 形成了国家和企业一体化的养老保险模式。"文化大革命"发生后，"国家/企业保险"制度模式受到极大冲击，正常的退休制度遭到了严重破坏。1969 年 2 月 10 日，财政部《关于国营企业财务工作中几项制度的改革意见（草案）》，将城镇企业职工养老保险从"国家/企业保险"模式改为"纯粹的企业保险"模式。"文化大革命"后，中国首先着手的是恢复被"文化大革命"扰乱的正常劳动保险工作秩序，在适当提高退休待遇标准的同时，基本延续了原来的工人退休、退职办法，并没有立即进行养老保险制度改革。

在传统养老保险时期，国家（政府）、企业和个人之间形成了"就业—福利—保障"三位一体的制度结构，社会保障与就业高度重合，国家实际上承担了所有风险，从而隐含了计划经济体制下国家和企业职工之间特有的隐性养老金社会契约：国家通过企业支付给个人低工资，以便积累更多的资本进行统一调配使用，并通过企业为职工提供各项福利措施；相应地，个人退休前获得低工资并将应得的养老金受益权转化为国有或集体资产的一部分，以此获得无须以缴费作为对价的老年生活保障。在这其中，企业深度介入养老

---

❶ 在政企不分、实行统收统支财政体制的计划经济时代，"国家保着企业、企业保着职工"，各个企业承担的缴费责任只不过是国家责任的延续，国家才是该制度的最终责任主体。

保险制度中，既承担该制度全部财政负担，又参与具体管理服务。

（二）社会养老保险的探索与完善

20世纪80年代中期以后，城镇企业职工养老保险制度改革的主要方向是探索建立与社会主义市场经济体制相适应的独立于企业之外、资金来源多元化、管理服务社会化的社会养老保险制度。这是一个需要花费较长时间才能完成的体制转型和制度完善过程。其中，国务院《关于企业职工养老保险制度改革的决定》（国发〔1991〕33号）、党的十四届三中全会《中共中央关于建立社会主义市场经济体制若干问题的决定》、国务院《关于深化企业职工养老保险制度改革的通知》（国发〔1995〕6号）、国务院《关于建立统一的城镇企业职工养老保险制度的决定》〔1997〕26号）、国务院《关于完善城镇企业职工养老保险制度的决定》（国发2005〔38〕号）等重要文件对城镇企业职工养老保险制度建设起到了里程碑式的促进作用。经过二十多年的改革探索，与市场经济体制相适应、以"社会统筹和个人账户相结合"为制度架构的新型社会养老保险制度已经初步定型稳定，今后的主要任务已经转变为对制度进行优化。

在社会养老保险探索与完善时期，国家（政府）、企业和个人在养老保障上的权利和义务关系更加显性化和法定化：国家主导建立并运行社会化的养老保险制度为企业职工提供老年生活保障并对该制度进行财政兜底；职工个人参保缴费并在达到法定要求后享受养老保险待遇；企业在承担相应缴费责任后逐渐从职工养老保险管理服务具体事务中解脱出来。

二、城镇企业职工养老保险制度中责任分配的整体变化：从严重失衡到逐渐均衡

（一）传统养老保险制度下的责任分配

1. 制度创立时期（1951～1966年）

在此期间，国家和政府主导着城镇企业职工养老保险制度的建立和发展。1951年政务院颁布《劳动保险条例》，决定建立该制度，1951年和1956年还两次修订《劳动保险条例》对养老保险待遇进行调整，逐渐拓展实施范围，

逐步放宽养老保险领取条件，逐步提高养老金替代率水平。企业和职工个人在制定《劳动保险条例》、建立城镇企业职工养老保险制度的过程中参与讨论、发表意见、影响决策。

同时，国家和企业共同承担城镇企业职工养老保险制度的供款责任，由企业具体缴费劳动保险费；在管理监督上分工明确，劳动部负责制度运行监督，工会组织系统负责保险的具体管理经办，二者都属于国家行政机关或半行政化组织。由于大部分劳动保险基金由在企业设立的基层工会负责管理和使用，而企业工会组织又受到企业行政方面的管理和领导，并且退休、退职职工也是由企业来负责管理和服务的，因此，企业在职工养老保险管理中也发挥了一定的具体执行者的作用。

2. 制度蜕变时期（1967~1977年）

这一时期，劳动保险制度被诬蔑为"修正主义毒瘤"而遭到否定。在机构被撤、资料散失、政令不通的不利情势下，财政部不得不将由工会组织系统管理经办的企业职工养老保险改为由企业大包大揽。以后，企业既负责筹资供款，又负责管理经办，企业办社会福利的色彩更加强化。这一改革虽是由国家（政府）推动，由企业来执行，但毕竟不算进步，而是在非常时期被迫采取的应急措施。

国营企业停止提取劳动保险金，相关开支从"计入生产成本"改为"营业外列支"，实际上是由企业利润支付的。由于企业（尤其是国有企业）不必承担独立的财务责任，"企业的盈余全部上缴，亏损由政府提供补贴"。这种由国家财政对国有企业实行统收统支的计划管理体制使得企业职工养老保险制度虽然取消了保险费用统筹，但是，不同企业之间在该制度之外依然存在着资金转移支付，事实上在国有经济范围内隐含地形成了退休养老费用的大统筹制度。这一时期的城镇企业职工养老保险制度由各地劳动部门总揽管理监督，具体事务交由企业工会或内设机构来经办，中华全国总工会及地方工会组织系统之间原有的资金调剂职能丧失。

3. 制度修复时期（1978~1983年）

这一时期，国务院通过颁发规范性文件恢复了城镇企业职工养老保险制度的正常秩序。工人退休、退职的条件以及享受待遇的项目等事项并无根本性的变动，对退休费用的征集、管理以及整个养老保险管理体制等重大问题的改革，由于当时条件所限，还没有被提上议事日程。因此，在资金供给和管理监督方面，城镇企业职工养老保险制度仍然延续了"文化大革命"期间的主要做法。传统计划经济体制下企业"被管得过死"，以致其生产积极性被严重挫伤。"文化大革命"结束后为尽快恢复经济，国营企业财务独立性逐渐增强，事实上的退休养老费用统筹关系遭到破坏，不同企业之间因承担养老保险责任而产生的负担不均现象较以前越发严重，不仅恶化了企业竞争环境，也增加了政府管理的难度。

4. 基本结论

从上述对传统养老保险制度不同发展时期国家（政府）、企业和个人责任分配的具体分析，不难得出以下基本结论：不管是在推动制度变革方面，或是在进行资金供给方面，还是在开展管理监督方面，国家（政府）都发挥了主导作用；而企业则具体负责执行和落实，个人在城镇企业职工养老保险制度中几乎不须承担直接责任。在政企不分、实行统收统支财政体制的计划经济时代，各个企业承担的责任只不过是国家责任的延续，企业失去了创造并扩大该制度保障资源的内在动力，个人更是无须考虑该制度的成本收益问题，国家成为了该制度的最终责任主体，社会保险也失去了促进经济发展的动力机制。因此，这一时期整个城镇企业职工养老保险制度内生于计划经济时代并与所处时代的主体制度紧密关联，其发展演进受到政治因素的决定性影响，并由国家主导经历了强制性制度变迁过程。国家（政府）、企业和个人在该制度中责任分配总体上处于失衡状态（见表 5-1），国家（政府）在其中的责任可以称得上是"无所不包"●。

表 5-1 传统养老保险制度时期责任分配矩阵

发展阶段	责任类型	国家（政府）	企 业	个 人
制度初创及初步发展阶段（1951～1966年）	制度变革	D X	d	d
	资金供给	D	X	
	管理监督	D	d X	

● 参见杨方方："我国养老保险制度演变与政府责任"，载《中国软科学》2005 年第 2 期，第 17-23 页。

发展阶段	责任类型	国家（政府）	企 业	个 人
制度蜕变阶段（1967～1977年）	制度变革	D	X	
	资金供给	D	X	
	管理监督	D	X	
制度修复阶段（1978～1983年）	制度变革	D		
	资金供给	D	X	
	管理监督	D	X	

注：D：单独或决定性决策（作用）；d：部分或参与决策（作用）；X：执行工作。

（二）社会养老保险的探索与完善时期的责任分配

1. 制度探索时期（1984～1995年）

在此期间，中国致力于探索建立与市场经济体制相适应的社会养老保险制度。最初的改革缘起于部分地区和国有企业在进行扩大企业经营自主权试点时为了平衡新老企业养老负担，自发探索开展退休费用统筹的努力。在取得经验后，劳动人事部再加以归纳、总结和提炼，提出退休费用社会统筹的意见后试点推广，自此以后政府始终主导着城镇企业职工养老保险制度的改革和探索。在这其中，养老保险改革的相关主管部门（国家体改委、劳动部）以及国内外学术界专家学者在城镇企业职工养老保险实现"社会统筹和个人账户相结合"的制度创新过程中也发挥了重要作用。由此，可以看出，在探索建立社会养老保险制度的过程中，总体呈现出"先由企业探路、后由政府领路"的特点。

为了克服传统养老保险制度由于个人责任机制缺位导致该制度成为另外一个"大锅饭"的弊病，社会养老保险制度引入职工个人缴费机制，企业和个人缴费自此成为养老保险基金的主要来源，国家（政府）财政只是在收不抵支时才介入补贴，形成了国家（政府）、企业和个人三方共同分担资金供给责任的格局。从缴费比例来看，这一时期个人需要承担的资金供给责任还比较小（不超过本人工资 3%），企业承担主要的供款责任（职工工资总额的 15% 以上）。由于在制度设计之初对隐性债务规模到底有多大无法准确估计，又鉴于当时的财政压力，以及国有企业改革在即（养老保险改革最初只是作为国有企业改革的配套措施），因此，中央政府回避了建立专门的隐性债务和转制成本消化机制的责任，决定直接交由新制度承担。国家（政府）在转制成本承担中责任缺位的直接后果便是"个人账户"徒有虚名。

这一时期，城镇企业职工养老保险在管理监督方面有了突破性进展，建立了独立于企业之外、由各级劳动部门或行业领导的社会保险机构来负责养老保险费的征集、管理，但是由于差额收缴和差额拨付制度的存在，企业仍然需要负责代为发放养老金。这种由企业代发养老金的差额收缴和差额拨付制度，掩盖了养老保险基金来源和使用的社会性，使得社会保险经办机构、企业和职工之间的权利和责任模糊不清。

2. 制度统一时期（1996～2005年）

在此期间，国家（政府）主导着"统账结合"的城镇企业职工养老保险制度框架不断调整和完善。1995年国务院《关于深化企业职工养老保险制度改革的通知》（国发〔1995〕6号）提供了两个不同的实施办法供各地选择实施并允许根据实际情况进行修改完善，直接导致了该制度严重碎片化的不良后果。1997年国务院通过国发〔1997〕26号文统一了制度具体实施模式，经过东北三省的试点后，2005年又通过国发〔2005〕38号文使得该制度框架最终走向定型稳定。在这过程中，企业和个人所起到的作用很小，基本处于遵办执行的状态。在政府系统内部，由于国家体改委在1998年国务院机构改革中被撤销，从此劳动部门成为城镇企业职工养老保险的主管主责部门。

在资金供给方面，职工个人承担的责任逐渐提升（直至本人工资的8%），企业承担的供款责任则相对稳定，国家还是承担财政补贴的责任，三者责任分担格局日益均衡。由于缺乏隐性债务和转制成本偿付机制，挪用个人账户基金弥补当期收支缺口的做法甚至在黑龙江、吉林两省进行做实个人账户试点期间仍在延续，由此，城镇企业职工养老保险个人账户的"空账"规模急剧增长，到2013年已经积累到约3.1万亿元（见表5-2）。个人账户"空账"运行不仅使得"中人"和"新人"未来养老权益受到损害，致使制度本身信誉降低，而且将在很大程度上增加制度未来的支付压力和财务风险，还会对劳动力的流动造成现实阻碍。当然，在进行做实个人账户的试点时中央政府和地方政府已经开始尝试通过财政补贴的形式逐步做实个人账户、间接消化转制成本。

表 5 - 2   2006～2013 年城镇基本养老保险个人账户基金与养老金规模

（单位：亿元）

年份 项目	2006	2007	2008	2009	2010	2011	2012	2013
记账额	9994	11 743	13 837	16 557	19 596	24 859	29 543	35 109
做实账户基金、规模	—	786	1100	1569	2039	2703	3499	4 154
"空账"额	—	10 957	12 737	14 988	17 557	22 156	26 044	30 955
养老基金余额	5489	7391	9931	12 526	15 365	19 497	23 941	28 269

资料来源：郑秉文：《中国养老金发展报告 2012》，第 2 页，北京，经济管理出版社，2012；历年人力资源和社会保险事业发展统计公报。

在管理监督方面，这一时期的城镇企业职工养老保险制度建设奉行社会化原则：社会统筹和个人账户由独立于企业之外的社会保险经办机构来负责管理；养老保险基金从筹集、管理到给付，均要受来自国家（政府）、企业和职工个人等多方面的监督；离退休人员的养老金由专业化的社会性金融服务机构来负责发放，到 2005 年底城镇企业职工养老保险金的社会化发放率达到了 100%。到 2005 年底，3667 万名企业退休人员实行了社会化管理服务，社会化管理率达到 94.7%。其中，纳入社会管理的企业退休人员达到 2665 万人，占企业退休人员总数的 68.3%；由社会保险经办机构直接管理的 289 万人，占 7.5%；依托企业管理的 687 万人，占 17.7%；由地方工会系统及政府设立临时托管机构等方式管理的 46 万人，占 1.2%。❶

3. 制度完善时期（2006 年至今）

这一时期，制度框架定型稳定之后的城镇企业职工养老保险摆脱了片面为国有企业改革配套和单纯为市场经济服务的建制理念，开始真正成为一项保障人民生活、调节社会分配的基本社会政策。在历经二十多年的改革转型之后，该制度建设的主要任务已经全面转向理性选择实现制度设计目标的各种技术方案和体制机制，并开始着手解决制度转型过程中出现的各种新问题以及填补以往改革之缺漏、矫正以往改革之偏差、消化以往改革的不良后遗

❶ 参见中华人民共和国劳动和社会保障部：《中国劳动和社会保障年鉴 2006》，第 272 页，北京，中国劳动社会保障出版社，2007。

症。❶ 在这个过程中，国家（政府）必然要继续发挥主导作用，并切实履行应当履行而未能履行的责任和义务。因此，在制度主体框架已经定型之后，城镇企业职工养老保险制度建设仍然任重而道远。与前一时期一样，这一时期企业和个人在养老保险制度变革方面所能发挥的作用和所应承担的责任较小。但是，由于中国民主政治进程的加快推进，未来企业和个人参与立法过程和政治决策过程的广度和深度都将进一步拓展，它们在城镇企业职工养老保险制度变革中的发言权和话语权都将逐渐增强。

与此同时，国家（政府）逐渐意识到隐性债务和转制成本偿付机制缺失对城镇企业职工养老保险制度建设的巨大损害，开始扩大做实个人账户试点范围、加大财政补贴力度，2014 年各级财政补贴城镇企业职工养老保险基金 3548 亿元，比 2013 年补贴额增加 17.5% 。❷ 企业和个人的资金供给责任在制度定型后趋于稳定（企业按照职工工资总额 20% 缴纳、职工按照个人缴费工资 8% 缴纳），各省（自治区、直辖市）内企业养老保险缴费率随制度内抚养比以及参保职工年龄结构的不同而存在较大差异。

此外，城镇企业职工养老保险制度在管理监督方面的责任分配日渐清晰。劳动保障部门及其内设的社会保险经办机构负责该制度的管理经办，国家（政府）、企业、个人以及社会主体等多方参与该制度的综合监督。其中，各级立法机关通过听取和审议社会保险基金专项工作报告，并组织有关制度实施情况的执法检查等形式实施监督；社会保险行政部门则对用人单位和个人遵守社会保险法律、法规情况进行监督检查；财政部门、审计机关按照各自职责，对养老保险基金的收支、管理和投资运营情况实施监督；由企业代表、参保职工代表以及工会代表、专家等组成的社会保险监督委员会对该制度实施社会监督。

4. 基本结论

从上述对社会养老保险制度探索和完善不同发展时期国家（政府）、企业和个人责任分配的具体分析，不难得出以下基本结论：城镇企业职工养老保险改革采取"渐进改革、试点先行"的策略，先期是部分地区和企业在原有

---

❶　参见郑功成：《科学发展与共享和谐——民生视角下的和谐社会》，序言，北京，人民出版社，2006。

❷　参见人力资源和社会保障部：《2013 年度人力资源社会保障事业发展统计公报》《2014 年度人力资源社会保障事业发展统计公报》。

制度安排及其法律制度没有发生改变的情况下自下而上开始尝试进行退休费用统筹改革；后来，国家（通过中央政府）自上而下主导了整个改革事业，几乎每一项改革措施都是先经过个别地区试点再逐渐扩展到更大范围内试点，"抓好试点、以点带面"，最终实现全面发展。如前所述，城镇企业职工养老保险制度转型并不是在一套事先规划好的路线图和时间表的指导下有计划、有步骤地进行，而是在基本明晰发展方向和确定制度框架后，在实施过程中不断改进、不断完善。特别是"统账结合"制度模式实施后，中央政府、地方政府以及劳动部门和财政部门也是不断出台各种文件和规定解决新出现的各种问题。❶ 可以称得上是"在改革中不断完善，在完善中实现转型"。如果说在企业职工养老保险制度改革初期，由于目标和路径模糊、缺乏经验而采取"摸着石头过河"的改革方式并放任自下而上的诱致性制度变迁是无奈之举，并且在当时的社会经济情势下还具有合理性和进步意义的话，那么，当20世纪90年代初制度改革目标日益清晰后，转为由中央政府主导并自上而下整体推进制度转型则是对正常状态的理性回归。

在城镇企业职工养老保险资金供给和管理监督责任分配方面，则呈现出明显的重心转移、责任下移的趋势：其中，资金供给方面是从国家/企业独立承担转变到国家（政府）、企业和个人三方共同承担，责任重心逐渐从"国家/企业"转移到"企业/个人"；管理监督方面则是从劳动部门和工会组织系统负责，转变到劳动保障部门和社会主体共同实施，责任重心逐渐从"国家/企业"转移到"国家/社会"。这样一来，国家（政府）对于城镇企业职工养老保险制度的责任相比计划经济时期有所减轻，但仍发挥主导作用；企业彻底从该制度管理服务事务中解脱出来，转而承担有限的资金供给及监督责任；职工个人从计划经济时期纯粹的福利享受者变成社会养老保险中的责任分担者，自我责任意识不断增强。上述三方主体以外的社会主体也被纳入责任主体范畴中来，就受委托事项提供约定的相关服务。因此，这一阶段，国家（政府）、企业和个人在城镇企业职工养老保险制度中的责任分配逐渐走向相对均衡（见表5-3），国家（政府）在其中"有所为、有所不为"❷。

---

❶ 参见朱冬梅：《中国企业基本养老保险改革与实践》，第45-46页，济南，山东人民出版社，2006。

❷ 参见杨方方："我国养老保险制度演变与政府责任"，载《中国软科学》2005年第2期，第17-23页。

表 5 - 3　社会养老保险的探索与完善时期责任分配矩阵

发展阶段	责任类型	国家（政府）	企　业	个　人
新制度探索阶段 （1984～1995 年）	制度变革	D X	d	
	资金供给	D	X	d
	管理监督	D X	d	
新制度统一阶段 （1996～2005 年）	制度变革	D X	d	
	资金供给	d	D	d
	管理监督	D X	d	
新制度完善阶段 （2006 年至今）	制度变革	D X	d	d
	资金供给	d	D	d
	管理监督	D X	d	d

注：D：单独或决定性决策（作用）；d：部分或参与决策（作用）；X：执行工作。

三、城镇企业职工养老保险制度中责任分配的问题、原因与出路

（一）责任分配的"混乱"：相互转嫁与边界模糊

在城镇企业职工养老保险制度转型过程中，国家（政府）、企业和个人存在着相互转嫁资金供给责任的问题。❶ 这主要表现在以下两个方面：一是在化解隐性债务和转制成本时存在着国家（政府）向企业和个人转嫁责任的问题。1998 年以前，国家（政府）事实上回避着对城镇企业职工养老保险制度改革的财政责任，1998 年以后虽然开始承担财政补贴责任，但是迄今为止仍然没有建立专门的隐性债务和转制成本化解机制，而是直接将它向企业和个人转嫁。其中，国家（政府）向企业转嫁资金供给责任是通过向企业征收超高的基本养老保险费来实现的。中国企业名义上需要按照职工工资总额的 20% 向社会保险机构缴纳养老保险费，部分地区企业的实际缴费率甚至高达

---

❶　参见杨方方："中国社会保险中的政府责任"，载《中国软科学》2005 年第 12 期，第 18 - 26 页。

24.5%❶。国家（政府）向个人转嫁资金供给责任，则突出表现在挪用职工个人账户资金用于当期养老金发放，造成个人账户长期"空账"运行。

二是企业和个人在承担资金供给责任时也存在向国家（政府）转嫁的问题。企业向国家（政府）转嫁基本养老保险资金供给责任的情形，主要包括不为职工申请办理社会保险登记、拖欠基本养老保险费以及少缴、漏缴基本养老保险费等。如2013年，全国清缴收回企业欠缴养老保险费560亿元；实地稽核查出企业少报漏报参保职工779万人次，少缴漏缴社会保险费34.2亿元。❷个人向国家（政府）转嫁基本养老保险资金供给责任主要表现在违规提前退休和冒领基本养老保险待遇。提前退休会减少基本养老保险基金收入而增加基金支出。目前，全国各地存在规模较大的违规提前退休现象。❸其中，通过违规办理病退和特殊工种提前退休是主要途径。另外，冒领基本养老保险待遇的情形也较多，2013年通过社会保险基金稽核，全国共查出3.5万人冒领待遇1.27亿元。❹

除了资金供给责任的相互转嫁，国家（政府）、企业和个人在城镇企业职工养老保险制度责任分配中还存在边界模糊的问题。这主要表现在：一是行政机关和立法机关之间在城镇企业职工养老保险制度建设方面存在责任混乱现象，本应由立法机关通过制定法律来规范的制度事项却由行政机关（特别是国务院）通过规范性文件来确定。二是国家（政府）对养老保险的财政补贴规模持续扩大（见表5-4），但是却没有法定化、比例化，国家（政府）在这方面的责任事实上无边界。三是不同层级政府之间责任划分还未能够真正理顺。例如，中央政府承担了主要的财政补贴责任，但是基本养老保险却一直处于地方统筹层次，造成中央政府和地方政府之间事权和支出责任不相匹配。四是政府职能部门之间责任划分不明晰导致"越位"与"缺位"并存。例如，20世纪80年代中国人民保险公司就曾介入城镇集体企业养老保险；国家体改委也曾和劳动部争夺城镇企业职工养老保险制度改革主导权。

---

❶ 参见郑功成："全国统筹：优化养老保险制度的治本之计——关于我国职工基本养老保险地区分割统筹状况的调查"，载《光明日报》2013年7月23日，第15版。

❷ 参见人社部社会保险事业管理中心："2013年全国社会保险情况"，载《中国劳动保障报》2014年6月25日，第2版。

❸ 参见谭敏："违规提前退休与社会公平背道而驰"，载《广州日报》2014年1月15日，第24版。

❹ 参见人社部社会保险事业管理中心："2013年全国社会保险情况"，载《中国劳动保障报》2014年6月25日，第2版。

但是，这些部门却没有切实加强对城镇企业职工养老保险制度运行的监管，导致贪污、挪用养老保险基金的违法行为在一段时间内普遍存在。五是部分地区职工个人在缴纳基本养老保险费时存在不规范的现象，名义缴费工资与实际工资存在较大差别，导致所负责任不尽相同。❶

表5-4　2002~2014年各级财政补贴基本养老保险金额　（单位：亿元）

年　份	2002	2004	2006	2008	2010	2011	2012	2013	2014
补贴金额	408.2	614	971	1437	1954	2272	2648	3019	3548

注：数据来源于历年《劳动和社会保障事业发展统计公报》和《人力资源和社会保障事业发展统计公报》，其中2002年数据为中央财政补贴金额。

（二）诱因分析：多因素综合决定

国家（政府）、企业和个人在城镇企业职工养老保险制度中的责任分配之所以出现上述问题，既有路径依赖和制度惯性的原因，也有体制机制和资源能力方面的原因，还受到无法避免的道德风险因素的影响。

从路径依赖和制度惯性方面的原因来看，主要表现在对国家（政府）主导和企业包办劳动保险等传统做法的沿袭以及对新时期"摸着石头过河"的渐进式改革方式的依赖。❷ 正是由于这些因素的存在，国家（政府）才会自然而然地选择依靠企业超额缴纳基本养老保险费来偿还隐性债务和转制成本，并挪用个人账户资金以支付当期发生的养老金，也才会导致国家（政府）对其自身和企业、个人在城镇企业职工养老保险制度转型过程中的责任分配和承担机制的"不作为"，致使各方责任边界模糊❸、长期处于不确定状态。

从体制机制和资源能力方面的原因来看，主要表现在城镇企业职工养老保险管理监督体制不完善以及国家（政府）在该制度中财政能力有限。中国城镇企业职工养老保险管理监督存在着中央、省级、地市级、县区级四个层级，各级社会保险机构既要接受同级政府的行政领导，又要接受上级职能部门的业务指导，这样做的直接结果是责任分工关系复杂、管理协调成本高，

❶ 参见郑功成：《中国社会保障改革与发展战略——理念、目标与行动方案》，第117页，北京，人民出版社，2008。
❷ 参见杨方方："中国社会保险中的政府责任"，载《中国软科学》2005年第12期，第18-26页。
❸ 参见杨方方："中国转型期社会保障中的政府责任"，载《中国软科学》2004年第8期，第40-45页。

导致养老保险管理监督效率下降、稽核监察能力削弱，客观上影响了政府在养老保险制度中各项责任的充分履行。同时，中国在养老保险基金监管方面实行多部门共同负责的分散监管模式，容易推高监管主体间协调成本并导致部分监管真空，致使养老保险基金安全性受到损害。此外，相比其他经济发达、福利健全的国家，中国所处经济发展阶段能够承受的财政汲取规模还较小，能够用于城镇企业职工养老保险制度的资源也有限，这也从根本上制约了国家（政府）在该制度中的财政能力，并影响到它对该制度资金供给责任的承担。

从道德风险方面的原因来看，主要表现在政府、企业和个人在城镇企业职工养老保险制度中的故意回避责任或非法谋取利益的自利性和非理性行为。例如，由于地方政府自利性的存在，当期养老保险费收支相抵后留有结余的省份不愿意"吃亏"，而当期收不抵支的省份却希望"搭便车""占便宜"，导致基本养老保险基金全国统筹至今仍遥遥无期；由于自利性经营目标的存在，许多企业往往会主动和职工个人私下达成"君子协议"，以适当提高工资待遇换取不缴或少缴养老保险费，而职工个人由于当期能够获得"高工资"，甘愿冒着未来养老金权益受损的风险予以配合，致使基本养老保险费征缴率长期无法提升；至于职工个人千方百计谋求提前退休甚至冒领基本养老保险待遇的行为，就更是由道德风险所导致。

（三）出路探询：明确国家（政府）责任是关键中的关键

不管是在城镇企业职工养老保险的制度变革、还是在资金供给，抑或是管理监督方面，国家（政府）在三方责任主体中都始终是处于主导和主动的一方，企业和个人则相对被动。在这种博弈格局下，要想分配好国家（政府）、企业和个人的责任，明确国家（政府）的责任是关键中的关键。国家（政府）责任明确了，企业和个人的责任边界也就随之划定清晰了。作为城镇企业职工养老保险制度的主导者，国家（政府）无疑承担着许多重大责任。这些责任包括制政立法推动制度变革、资金供给承担财政责任、管理监督保障高效运行，亦即本章前面几个部分所谈到的三个方面的责任。

在制度变革方面，国家（政府）的责任是相对清晰的，即起到主导作用。在这其中，作为行政机关的中央政府应当作为公共利益的代言人，通过立法建议推动城镇企业职工养老保险业已定型稳定的制度模式、体制机制、政策设计法制化，并监督制度实施。从维护制度统一的角度出发，地方政府在制度变革方面应多一些保守和审慎、少一些创新和激进，专注在贯彻落实上下功夫。立法机关特别是全国人大及其常委会则需通过立法，切实承担起确立城镇企业职工养老保险制度及修正、完善该制度的决策责任。

在资金供给方面，一是应当明晰国家（政府）对城镇企业职工养老保险制度的供款责任并将其比例制度化。有鉴于未来养老金制度并轨方案的基本设想是将机关事业单位养老制度向城镇企业职工养老保险制度转型并轨，国家（政府）既要以雇主身份为机关事业单位工作人员参加"职工基本养老保险"（保障对象包括机关事业单位工作人员以及企业职工）承担缴费责任，同时还需要承担公共财政责任，即为该制度收支平衡提供补贴。二是明确划分中央政府和地方政府对城镇企业职工养老保险制度的财政责任。根据基本养老保险基金统筹层次，合理确定事权在不同层次政府中的分配机制，再根据事权与支出责任相适应的原则，在完善财政转移支付制度的基础上，确保各级财政对城镇企业职工养老保险的支出。三是妥善处理好城镇企业职工养老保险制度的历史责任。对于未显性化的隐性债务和已经显性化了的转制成本的化解，应当明算账、细分账，并根据企业隶属关系以及企业各自负担的"老人"和"中人"的数量情况，划分中央和地方在偿还历史债务中应当承担的责任；通过编制详尽的历史债务偿还长期规划由多届政府在一个较长历史时期内，采取在各级财政预算中建立稳定的历史债务偿还机制、划拨和变现部分国有资产、提高国有企业上缴利润比例乃至发行社会保险特别国债等方式来逐步消化。

在管理监督方面，应着眼于减少管理层级、提高运行效率、加强稽核监察，强化主管部门职责，推行行政问责制。具体而言，可以在虚置或取消地市级社会保险机构、减少管理层级的基础上，改属地管理为垂直管理。在中央，城镇企业职工养老保险主管部门仍是人力资源和社会保障部；在省级和县级层次的社会保险机构则从财务和人事上独立于同级政府，而接受上级社会保险机构的领导来管理本行政区划内的养老保险事务。同时，强化主管部门的监督职责，大力推进行政问责制。赋予主管部门切实的职责与权力是要求其承担责任的必要前提。谁负责、谁监管，应当成为划分部门权责的主要原则。

第6章 城镇企业职工养老保险制度的发展展望

一、城镇企业职工养老保险制度未来发展之影响变量

在对城镇企业职工养老保险制度未来发展进行展望，合理确定其发展目标，并探讨达成发展目标所应采取的具体政策建议之前，有必要对该制度未来发展的影响变量进行深入考察。

（一）人口老龄化趋势加快

人口老龄化是一种世界性趋势，是近代人口再生产过程中所出现的一种人口现象。所谓人口老龄化，是指某一人口总体中老年人口的比重逐渐增加的过程，特别是指在年龄结构类型已属老年型的人口中，老年人口比重持续上升的过程。❶ 在经济学或社会学研究中，通常依据老年人口占总人口比重的变化来判断和分析人口老龄化程度❷。目前，国际上一致认同并广泛采用的反映人口老龄化程度的标准主要有两个：一是 1956 年联合国发表的《人口老化及其社会经济后果》把 65 岁确定为"老年人"的年龄起点，并认为当 65 岁及以上的老年人口累计占总人口百分比（即老年人口系数）达到或超过 7% 时，即被视为"老年型"人口年龄结构；二是 1982 年在维也纳召开的"世界老龄问题大会"，将老年人的年龄起点下调为 60 岁，同时将度量老年型人口结构的老年人口系数调整为 10%。此后，发达国家普遍采用前者标准，而发展中国家则普遍采用后者。随着人口预期寿命的延长，许多发展中国家也逐

---

❶ 参见佟新：《人口社会学》，第 225 页，北京，北京大学出版社 2000 年版。
❷ 此外，也可以称少年儿童系数在 30% 以下，或老少比在 30% 以上，或年龄中位数在 30 岁以上的国家或地区为老年型国家或地区。本书取老年人口占总人口比重来作为评判人口老龄化的指标。

渐采用前一种标准。目前，中国国家统计局编印的《中国统计年鉴》已经统一使用65岁作为老年人口的标准。

人口老龄化不仅是老年人口占总人口的比例不断提高的过程，而且也是养老金领取者与缴纳养老保险费的在职职工之间相互比率不断提高的过程。这一过程将对养老保险基金的收支平衡产生直接的影响。人口老龄化程度及其发展趋势直接关系到经济社会中的劳动力供给状况、退休人口数量，进而影响养老保险体系中参保人数、缴费人数及基金收支平衡等关键性制度变量和因素，因而往往是导致世界各国改革各自养老保险制度、转变养老保险基金筹集模式最直接的诱因。因此，我们在探讨城镇企业职工养老保险制度未来发展问题时，对人口老龄化及其对养老保险影响的研究是不可忽略的重要议题。❶

不管是从哪个标准来看，中国都已经在1999~2000年前后步入了人口老龄化社会。1999年，《人口研究》编辑部曾经做过一次测算，中国60岁及60岁以上人口在1999年2月20日悄然越过占总人口10%的标准线，使中国跨入了人口老龄化国家的行列。❷另据历次全国人口普查和中国统计年鉴提供的数据显示：65岁及65岁以上人口在总人口中所占的比重，1953年为4.41%，1964年为3.53%，1982年为4.91%，1990年为5.57%，2000年为7.10%，2010年上升到8.87%。不仅如此，中国人口老龄化的发展速度十分迅速，老龄化趋势比预期（见表6-1）快了不少。据联合国预测，1990~2020年世界老龄人口平均年增速度为2.5%，同期中国老龄人口的递增速度为3.3%；1995~2020年，老龄人口占总人口的比重，世界平均值由6.6%上升到9.3%，而中国则由6.1%上升至11.5%。无论从老龄人口增长速度还是老龄人口占总人口的比重都超过了世界平均值。❸新中国成立后的短短六十多年里，中国的人口年龄结构已走完了从年轻型到成年型、再到老年型的发展历程。

❶ 参见朱冬梅：《中国企业基本养老保险改革与实践》，第54页，济南，山东人民出版社，2006。

❷ 参见《人口研究》编辑部：《1999年2月20日：中国跨入老年型社会》，载《人口研究》1999年第5期，第32页。

❸ 参见朱庆芳："直面'白发浪潮'"，载《党员干部之友》2004年第4期，第18-19页。

表 6-1 联合国对中国人口的预测（中方案，2000～2100 年）

年份	65 岁及以上人口数（千人）	65 岁及以上人口比重（%）
2000	87 965	6.9
2005	101 132	7.7
2010	113 545	8.4
2015	132 457	9.5
2020	167 692	11.7
2025	195 605	13.5
2030	235 084	16.2
2035	281 937	19.5
2040	316 726	22.1
2045	321 957	22.8
2050	331 314	23.9
2055	362 611	26.9
2060	368 851	28.1
2065	352 871	27.6
2070	334 615	27.0
2075	324 453	26.9
2080	322 326	27.5
2085	320 417	28.0
2090	316 147	28.1
2095	311 089	28.2
2100	306 082	28.2

注：人口预测一般分为高、中、低三个方案，一般取中生育预测方案。

资料来源：联合国秘书处经济和社会事务部人口司（2013），《世界人口展望（2012年版）》。

人口老龄化首先体现在老年人口抚养比的变化上。随着人口老龄化趋势的出现和加快，65 岁以上老人的数量逐渐增加。而与此同时，出生率的下降导致年轻人口日趋减少，相应地，老年人口抚养比不断增大，已经从 1953 年的 7.44% 上升到 2010 年的 11.9%。同时，在城镇企业职工养老保险制度中，离退休人员增长速度大大快于在职职工增长速度。从在职职工人数与离退休人口人数的比值来看，这一比例也呈逐年下降的趋势，从1978年的约30.3❶下降到2014年的约2.97❷。也就是说，就业人口负担的老年人口越来越多、负担系数不断增大（改革开放之后35年间增长了将近9倍），致使城镇企业职工养老保险制度的负担日益加重，对整个社会经济资源提出了严峻挑战，也势必造成不同代际人口之间的收入再分配。

中国社会"未富先老"带来了非常严峻的养老问题。在过去的30余年中，中国在经济增长方面创造了一个世界奇迹，GDP总量已经超过日本跃居世界第二位，但是人均国内生产总值水平总体仍属较低水平，刚刚步入上中等收入国家行列，在世界范围内排在第80位（2014年）。按照年人均纯收入2300元（2010年不变价）的农村扶贫标准计算，2014年中国农村贫困人口还有7017万人。❸西方发达国家的人口老龄化是在城市化和工业化的过程中出现并伴随着经济高度发达和人口转变而发生的。而中国人口老龄化则主要是实行计划生育政策、控制人口增长而带来的结果，且出现在经济与社会发展的较早阶段，属于典型的"未富先老"，经济社会对老龄化的承受能力较弱。当发达国家65岁以上老龄人口占总人口的比例达到7%时，人均GDP一般在10 000美元以上，而中国1999年时人均GDP大约仅为800多美元。厉以宁等曾用人均国民生产总值的预测值来预测社会的老年赡养率，结果表明：1980～2025年，中国的老年抚养比都超出了在同等人均国民生产总值下的老年抚养指数的国际平均水平，而同时期中国人均国民生产总值却远远落后于同等老年抚养指数下人均国民生产总值的国际平均水平。这意味着，人口老龄化给中国经济社会造成的压力要远高于其他国家。❹表6-2和表6-3所列出的数据清楚地表明：与世界平均老年人口赡养率相比，中国在今后数十年老年抚养负担将更加严重。20世纪90年代以前，中国老龄人口赡养率还大大低于世界平均水平，到2000～2010年，基本上接近世界平均水平。但是，从2020年开始，中国的老年人口抚养系数已经开始明显地超过世界平均水平，

---

❶　参见孟庆平：《我国城镇养老保险制度改革：市场化的比较、借鉴与政策选择》，第96页，上海，上海三联书店，2009。

❷　参见人力资源和社会保障部：《2014年度人力资源和社会保障事业发展统计公报》。

❸　参见国家统计局：《2014年国民经济和社会发展统计公报》。

❹　参见厉以宁：《中国社会福利模型——老年保障制度研究》，第60-71页，北京，上海人民出版社，1994。

到 2050 年将比世界平均水平高出 14.3 个百分点，预示着中国社会未来养老面临的形势将异常严峻。[1]

表 6 - 2　中国六次人口普查及今后老年赡养率

年　份	1953[a]	1964[a]	1982[a]	1990[a]	2000[a]	2010[b]	2020[c]	2030[c]	2040[c]	2050[c]
65 岁及以上人口赡养率（%）	7.44	6.39	7.98	8.35	10.15	11.9	16.7	23.8	34.8	39.0

表 6 - 3　世界平均老年赡养率

年　份	1950[d]	1960[d]	1980[d]	1990[d]	2000[d]	2010[d]	2020[c]	2030[c]	2040[c]	2050[c]
65 岁及以上人口赡养率（%）	8.4	8.8	10.2	10.2	11.0	11.7	14.2	17.8	21.6	24.7

注：a. 数据来源于张运刚：《人口老龄化背景下的中国养老保险制度》，第 91 页，成都，西南财经大学出版社，2005。

b. 数据来源于全国老龄工作委员会办公室：《2010 年度中国老龄事业发展统计公报》。

c. 数据来源于联合国秘书处经济和社会事务部人口司根据中生育率方案预测所得，《世界人口展望（2012 年版）》。

d. 数据来源于联合国秘书处经济和社会事务部人口司：《世界人口展望（2012 年版)》。

应对人口老龄化，城镇企业职工养老保险制度任重而道远。在人口老龄化不断加剧的背景下，大量老龄人口的存在将对政府和社会提出严峻的挑战，多数老年人无法依靠当前的经济收入来满足老年后的生活支出，只能通过年轻时的储蓄、家庭成员间的转移支付或者政府提供社会保险等多种途径来获得经济来源。城镇企业职工养老保险制度作为多层次养老保障体系的核心支柱，必须选择和人口老龄化及其引起的人口年龄结构变化趋势相适应的资金筹集模式，为应对未来人口老龄化高峰提前进行足够的基金积累。同时，国家也应当对偿付养老保险隐性债务作出战略谋划，化解可能出现的财务危机。

（二）家庭的养老保障功能不断弱化

家庭是天然的和基本的社会单元，同样也是社会成员天然的和基本的老

---

[1]　参见孟庆平：《我国城镇养老保险制度改革：市场化的比较、借鉴与政策选择》，第 131 页，上海，上海三联书店，2009。

年生活保障单位。一般情况下，劳动者因年老丧失劳动能力后，老年人可以从家庭其他成员特别是子女处得到生活资料以维持余生，并获得起居照料和情感慰藉。因此，家庭养老便成为人类社会最主要同时也是最传统的养老方式。在中国，养老的经济资源主要来自于家庭，并在持续数千年的传统农业社会中绵延不绝。新中国成立后，虽然家庭作为社会基本生产单位的地位逐渐被工厂和企业所取代，国家和单位为企业职工提供了主要的老年生活保障，但是，来自家庭的经济保障依然是不可或缺的养老保障方式。

　　20 世纪 80 年代开始，随着改革开放和社会转型的不断深入，工业化和现代化进程的加快、人口生育控制政策效果的显性化、家庭结构的变化、老年人口的增加、人口区域流动性的增长以及社会成员养老观念的变迁都在深刻地影响着家庭养老保障功能的发挥。"伴随着工业化与城镇化进程，中国家庭户规模持续缩小，而家庭结构则进一步呈现出核心化趋势"❶。传统的扩展家庭已经普遍由小家庭或核心家庭❷等家庭模式所替代。家庭规模的不断缩小（见表 6-4），致使可以共同承担养老责任的家庭成员人数也在逐渐减少，老年人从子孙那里得到供养照顾的希望变得越来越渺茫，家庭的老年生活保障功能在持续弱化。❸由于计划生育政策引起家庭子女数减少以及人口迁移、老年人与子女分居等因素的存在，在家庭核心化过程中，出现了一个新的趋势——老年家庭的空巢化❹。老龄化以及由老龄化所引起的大量老年空巢家庭的存在，势必会对社区服务和家庭社会服务支持体系造成重大影响。这些新近出现的情况和现象表明：与家庭经济功能相联系的家庭保障功能、养老服务功能在社会化大工业生产的冲击下逐渐弱化，此部分功能需要从家庭中剥离出来，由社会化的养老保障和老年服务措施来承担。在未来的老年保障体系建设中，需要特别强

153

---

　　❶　张翼："中国家庭的小型化、核心化与老年空巢化"，载《中国特色社会主义研究》2012 年第 6 期，第 87-94 页。

　　❷　在家庭社会学研究中，核心家庭指一对夫妇与其未成年女子所构成的家庭。主干家庭（或称直系家庭）指父母与一对已婚子女所构成的家庭。扩展家庭指不同代际生活在一起，但在同一代内出现了两对或两对以上婚姻关系的家庭。

　　❸　参见郑功成等：《中国社会保障制度变迁与评估》，第 106-107 页，北京，中国人民大学出版社，2002。

　　❹　老年家庭空巢化，是指只有一位 65 岁及以上老年人生活的"独居空巢家庭"和只有老年夫妇二人生活的"夫妻空巢家庭"在有 65 岁及以上老年人生活的家庭中占比不断提高的趋势。

调老年服务和心理慰藉的地位和作用。

表6-4　历次人口普查家庭户平均人口数与总生育率

普查时间	1953 年	1964 年	1982 年	1990 年	2000 年	2010 年
家庭户平均人口数	4. 33	4. 43	4. 41	3. 96	3. 46	3. 09
总和生育率	6. 05	6. 18	2. 86	2. 31	1. 23	1. 18

数据来源：1953～1990 年数据来自 2007 年《中国人口和就业统计年鉴》表 1－6，2000 年数据来源于《第五次人口普查数据》表 1－1，2010 年数据来自《中国 2010 年人口普查资料》表 1－1。

在中国城镇，家庭的养老保障功能弱化还有其特殊的致因。计划经济时代，城镇国有经济一统天下，社会成员只要就业就能获得国家—单位保障制的传统养老保险制度的庇护，老年生活基本无忧，并且劳动者不需要为此供款。这种只有权利而无义务、稳定可靠的传统养老保险制度造成了职工对国家（通过政府）和单位的严重依赖，同时也极大地降低了他们对来自于家庭的老年经济或收入保障的依赖，使得家庭的养老保障功能不断弱化。在建立社会主义市场经济体制的过程中，伴随着社会成员从"家庭人""单位人"到"社会人""社区人"的身份转变，国家致力于形成超越家庭和单位之上的管理服务社会化的养老保障体系，也在一定程度上影响和决定了社会养老保险的政策选择和运行模式。

（三）"统账结合"的制度建构已经得到牢固确立

"统账结合"是中国城镇企业职工养老保险制度改革中的一项制度创新。它的最大特点是通过在社会统筹机制之外引入基金积累的个人账户机制，建立了国家、用人单位和个人分担养老责任的机制，在一定程度上实现了社会互济与自我保障相结合、权利与义务相对应。通过前文对城镇企业职工养老保险制度变迁的回顾与梳理，我们不难发现，自从 1993 年党的十四届三中全会通过《中共中央关于建立社会主义市场经济体制若干问题的决定》以来，"社会统筹与个人账户相结合"就成为了城镇企业职工养老保险制度改革和制度建设的基本建制目标。1997 年国务院统一了城镇企业职工以"统账结合"为制度框架的基本养老保险制度，2005 年颁布施行的国发〔2005〕38 号文更是将这一制度建构进一步牢固确立下来了。随后的做实个人账户、养老保险关系转移以及管理体制的改革，都是以"统账结合"制度架构为前提和预设条件的。2010年颁布的《社会保险法》第11条第1款规定，"基本养老保险实行社会统筹与个人账户相结合"；第12条规定基本养老保险费的缴纳及归集也是按照"统账结合"的制度框架来进行的。2013年"十八届三中全会决定"更是鲜明地提出要"坚持社会统筹和个人账户相结合的基本养老保险制度"。

虽然目前城镇企业职工养老保险个人账户尚未做实，实现真正的"统账结合"尚待时日，但是，社会统筹基金入不敷出以致于须挪借个人账户基金确保当期养老金发放而导致个人账户长期"空账"运行，并不是"统账结合"制度设计本身所造成的，而实质上是科学的转制成本化解机制欠缺所导致的问题。要想彻底摆脱"空账"运行问题的困扰，一方面，需要妥协解决好城镇企业职工养老保险历史欠账以及显性化的转制成本消化问题；另一方面，还需要解决好做实个人账户后所积累资金的投资运营和保值增值问题。笔者认为，单纯取消城镇企业职工养老保险制度个人账户的改革措施是不可取的，因为取消个人账户、不再继续实行"统账结合"制度架构，将不仅使得当前养老金收支缺口问题更加突出，而且还会引发个人与企业串通尽可能不缴或少缴基本养老保险费的"道德风险"问题。因此，我们在讨论城镇企业职工养老保险制度未来发展时必须将"统账结合"作为研究的外生变量或既定条件加以考虑；我们对该制度未来发展的目标进行定位和设计，从目前来看也只能是放在"统账结合"这一制度框架内进行。除非中国人口老龄化压力得到极大缓解而无基金积累必要，或者因环境变量发生重大变化而使得该制度遭受严重冲击，或者其他导致该制度模式不可持续或不具比较优势的情形发生，否则我们必须将它作为一个前提条件来进行该制度未来发展的研究。

当然，这并不是说"统账结合"的制度模式在城镇企业职工养老保险制度中是绝对不可加以改造或发展演变的。具体构想详见下文有关城镇企业职工养老保障制度未来发展目标的论述。

（四）谋求构建多层次的养老保障体系是国际社会普遍共识

人均预期寿命延长所带来的未来养老责任的增加以及家庭保障功能（或个人负责能力）的持续弱化，不仅使得社会化的养老保险制度安排成为必要，而且也促进了多层次的老年保障体系的形成。从世界范围来看，解决老年生活保障问题的制度安排已经走过了单一层次的时代，发挥有关各方的积极性并共同分担养老保障责任，已经成为这种社会制度发展的必由之路。❶ 对于多层次或多支柱养老保障体系的构建，许多国际组织和机构的先行研究为我们提供了丰富而宝贵的经验借鉴。

世界银行（WB）于 2005 年发布报告，倡导建立五支柱的养老金制度：第一，非缴费型养老金或"零支柱"（待遇形式为国民养老金或社会养老金），以提供最低水平的保障；第二，"第一支柱"为缴费型养老金制度，与本人的收入水平不同程度地挂钩，旨在替代部分收入；第三，强制性的"第二支柱"基本属于个人储蓄账户，但建立形式各有不同；第四，自愿性的"第三支柱"，可以采取多种形式（如完全个人缴费型、雇主资助型、缴费确定型或待遇确定型等），该支柱性质上比较灵活，个人可自主决定是否参加，以及缴费多少；第五，非正规的保障模式，为家庭成员之间或代际之间对老年人在经济或非经济方面的援助，包括医疗和住房方面的资助。❷

国际劳工组织（ILO）提出了建立四层次养老保障体系的主张：第一层次是为收入最低的人设计的，资金来源国家税收，保障对象是经过家计调查后确定生活水平低于贫困线的老年人，目的是使他们的收入达到最低生活标准；第二层次是一个强制性公共管理的现收现付的制度；第三层次是强制缴费的职业养老金计划；第四层次也是最高层次，是自愿性退休储蓄和非年金收入。

国际货币基金组织（IMF）提出并倡导建立三级养老金模式：第一级养老金主要是为了扶贫，这一级养老金是强制性的，虽然通常由政府管理并且采用不设基金的现收现付制，但其形式可以有很大区别。第二级养老金的目的是拉平个人一生中消费支出的分布，既可以由政府设立，也可以由私营机构管理；既可以设立基金，也可以不设立基金；既可能与第一级养老金相结合，也可能独立存在。第三级养老金由私营机构管理，采用基金制，并且自愿参与，目的在于使个人有更多的选择余地。

经济合作与发展组织（OECD）也提出了建立三个支柱的养老保障体系：

---

❶ 参见郑功成等：《中国社会保障制度变迁与评估》，第 107 - 108 页，北京，中国人民大学出版社，2002。

❷ 参见罗伯特·霍尔茨曼、理查德·欣茨等：《21 世纪的老年收入保障——养老金制度改革国际比较》，郑秉文等译，第 1 - 2 页，北京，中国劳动社会保障出版社，2006。

第一支柱是现收现付制养老金制度；第二支柱是强制性、完全基金制养老金计划；第三支柱是自愿性、完全基金制养老金计划。❶

中国城镇企业职工养老保险制度改革也把建立多层次保障体系作为其基本目标之一，并多次在制度改革指导性文件中重申。例如，"党的十八大"报告提出，要坚持全覆盖、保基本、多层次、可持续方针，以增强公平性、适应流动性、保证可持续性为重点，全面建成覆盖城乡居民的社会保障体系。其中，多层次原则在养老保障制度中体现得最为突出。总结归纳世界银行等国际组织和机构对多层次养老保障体系的设计，我们发现，任何一种方案中，强制性的、与本人收入水平挂钩的现收现付式的支柱是必不可少的，并且强制性或自愿的基金积累制的支柱也是其中重要组成部分。笔者在此将国际上谋求构建多层次的养老保障体系的共同努力作为中国城镇企业职工养老保险制度未来发展的影响变量来分析，一是想说明作为多层次养老保障体系中必不可少的支柱之一的强制性社会养老保险制度，其保障水平必须是适度的，旨在为参保者提供基本经济保障❷，为其他自愿性养老保障安排留出足够的发展空间；二是现收现付制和完全基金积累制的合理组合业已成为世界养老保障体系建设的必然潮流。

（五）公平、正义和共享日益成为时代价值追求

中国已经进入"后改革开放时代"❸以及全面深化改革的新的历史阶段。在这个新的历史时期里，社会公平与正义以及保证全体国民共享社会经济发展成果已经成为主流价值追求，化解新的社会差距、矛盾、冲突和解决好新的民生问题已经成为时代的根本任务。"十八大"报告指出，在新的历史条件

---

❶ 参见邓大松、刘昌平：《中国企业年金制度研究》，第13~17页，北京，人民出版社，2004。

❷ 所谓基本经济保障，应当综合考虑当时的平均工资水平、人均可支配收入、人均消费支出及恩格尔系数等指标，尤其是人均消费性支出与恩格尔系数作为衡量居民基本生活水平的重要指标更具有参照意义，以保证受保障者正常体面的生活为宜。

❸ "后改革开放时代"一词是由郑功成教授于2003年提出，用来界定我们正处在的这个时代。围绕"后改革开放时代"的标志性特征，郑功成教授曾下过如下结论：单纯强调经济增长的时代已经过去，强调全面协调可持续发展时代已经到来；普遍受惠的改革发展时代已经过去，利益分割的时代已经到来；摸着石头过河改革的时代已经过去，目标明确、路径清晰、理性改革和决策问责时代已经到来；矫枉过正的改革时代已经过去了，理性发展的时代已经到来；共同贫穷时代已经过去，鼓励部分人先富时代正在成为历史，合理分享成果并且迈向共同富裕时代已经到来；被动对外开放的时代已经过去，积极主动地与世界各国共同发展的时代已经到来；等等。相关阐述，请集中参见郑功成："科学发展与共享和谐"，载《群言》2006年第9期，第22-23页。

下夺取中国特色社会主义新胜利，必须"坚持维护社会公平正义。公平正义是中国特色社会主义的内在要求。要在全体人民共同奋斗、经济社会发展的基础上，加紧建设对保障社会公平正义具有重大作用的制度，逐步建立以权利公平、机会公平、规则公平为主要内容的社会公平保障体系，努力营造公平的社会环境，保证人民平等参与、平等发展权利"，并要求"实现发展成果由人民共享"。十八届三中全会决定也明确提出，全面深化改革必须"以促进社会公平正义、增进人民福祉为出发点和落脚点"，"紧紧围绕更好保障和改善民生、促进社会公平正义深化社会体制改革"，"实现发展成果更多更公平惠及全体人民"。

因此，可以说"后改革开放时代"以及全面深化改革的新的历史阶段构成我们探索城镇企业职工养老保险制度未来发展的时代背景。而未来该制度的主要任务和建设目标便是将养老责任在不同代际之间以及同一代人的不同群体之间公平合理地进行分担，在增强该制度互助共济功能和效应的同时，健全多缴多得激励机制，建立健全合理兼顾各类人员的社会保障待遇确定和正常调整机制，以此创造并维护社会公平与正义，尽可能确保全体国民共享社会经济发展成果。我们可以想见，公平而非效率应当成为城镇企业职工养老保险制度建设的核心价值追求。

除了上述五个影响变量之外，世界范围内"强资本弱劳工"格局要求普遍建立强制性的社会保险制度，社会养老保险制度已经成为世界养老保障制度发展的普遍目标以及对原有制度设计的路径依赖与制度惯性等也是中国城镇企业职工养老保险制度未来发展必须考虑的环境变量和制约因素。

二、城镇企业职工养老保险制度未来发展之目标定位

（一）城镇企业职工养老保险制度未来发展的轮廓特征

根据以上关于城镇企业职工养老保险制度未来发展影响因素的分析，我们可以初步地描画出该制度未来发展目标的大致轮廓：

第一，未来城镇企业职工养老保险制度必须是强制性的。作为一项基本社会保险制度安排，未来城镇企业职工养老保险制度的强制性特征应当是确定无疑的，为的是确保在各种类型企业就业的劳动者均得一体纳入制度覆盖。

这既是国家父爱主义（State Paternalism）❶的体现，也是将雇主纳入养老保险责任主体范围内的必然举措。

第二，未来城镇企业职工养老保险制度必须是社会化的。中国城镇企业职工养老保险制度改革二十多年来，社会化一直是其核心建制目标之一。例如，国发〔1995〕6号文提出，企业职工养老保险制度改革的目标是：建立起适应社会主义市场经济体制要求，适用城镇各类企业职工和个体劳动者、资金来源多渠道、保障方式多层次、社会统筹与个人账户相结合、权利与义务相对应、管理服务社会化的养老保险体系。在这里，社会化主要体现在筹资社会化❷、服务社会化❸以及监督社会化❹等三个方面。

第三，未来城镇企业职工养老保险制度必须是由公平理念主导的。在"后改革开放时代"以及全面深化改革的新的历史阶段，发展和完善城镇企业职工养老保险制度，必定须坚持公平的价值理念作为其指导思想，立足于通过该制度安排使全体参保人都能获得基本老年生活保障。

第四，未来城镇企业职工养老保险制度的保障水平必须是适度的。城镇企业职工养老保险制度作为目前中国倡导建立的劳动者"基本养老保险、企业年金以及个人储蓄性养老保险三支柱养老保障体系"中的第一支柱，承担的是为企业职工提供基本老年生活保障的责任，保障水平太低则无法确保参保人权益，太高则财务上不可持续并且容易压缩其他支柱的发展空间，因而其保障水平必须是适度的。

第五，未来城镇企业职工养老保险制度应当是"统账结合"模式或者是由"统账结合"模式演化而来的新架构。由于制度惯性和路径依赖的存在，未来城镇企业职工养老保险制度设计应当在现有的社会统筹和个人账户相结合的制度框架下进行，或是延续"统账结合"的模式，或是沿着该模式衍生出来的能够体现互助共济以及职工个人自我保障责任的新制度模式。

---

❶ 在这里，国家父爱主义是指为了避免个人在安排一生中消费支出时做出不理性行为（年轻时没有预留适量的收入以备老年失去收入来源后的生活所需），而强制个人在年轻时就加入社会养老保险制度。

❷ 主要包括国家财政投入、企业或雇主缴费、个人缴费等。

❸ 例如，养老金的给付通常需要利用邮局、银行等机构的发达网点才能做到方便发放。

❹ 对于城镇企业职工养老保险制度，除了行政和司法机关的监督之外，还应加入来自企业、个人、新闻媒体等社会各方面的监督。

（二）城镇企业职工养老保险制度未来发展的目标设想

有鉴于城镇企业职工养老保险制度发展目标具有的上述特征，在参考世界银行（WB）五支柱养老金制度设想、国际劳工组织（ILO）四层次养老保障体系主张、国际货币基金组织（IMF）三级养老金模式构想、经济合作与发展组织（OECD）三支柱养老保障体系设计以及郑功成教授关于多层次养老保障体系相关论述的基础上，笔者认为中国城镇企业职工养老保险制度发展目标定位应该是在坚持和完善现有社会统筹和个人账户相结合制度架构的基础上，将其中的社会统筹部分发展成为普惠制国民养老金，以提供最低水平的保障，消除老年贫困，目标替代率为社会平均工资的40%；将其中的个人账户部分发展成为差别性职业养老金，替代部分收入，计划替代率为20%，二者共同为城镇企业职工提供基本老年生活保障（见图6-1）。在这种制度架构中，普惠制国民养老金与差别性职业养老金都是由国家立法强制建立的公共养老金计划。

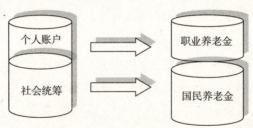

图6-1　城镇企业职工养老保险制度未来发展设想

普惠制的国民养老金和差别性的职业养老金两者相结合，体现了国家责任和个人责任的结合，同时也是公平与效率的结合，并且正好分别与目前企业供款的社会统筹养老金和全部由个人缴费形成的个人账户养老金相对应。相对于之前从现收现付制向特殊的部分积累制转变这样的重大改革来说，实行这种新制度模式需要做的调整不大，涉及的利益重新分配不多，制度变革的阻力较小，转制成本较低，因而是可行的改革设想。

1. 普惠制国民养老金制度：提供40%的目标替代率

设计中的普惠制国民养老金制度是以国家税收为基础，面向包括城镇企业职工在内的全体国民而建立的，具有兜底性质，是一项旨在维护"底线公平"的社会化养老保障制度安排。它采取现收现付的财务模式，并且由政府负责管理，其待遇水平与工资脱钩但与物价水平挂钩，并随着整个社会平均工资水平的提高而提高，体现着社会公平的价值理念以及国家对于全体国民的社会责任，对应着世界银行（WB）五支柱养老金制度设想中的零支柱、国际劳工组织（ILO）四层次养老保障体系主张中的第一层次、国际货币基金组织（IMF）三级养老金模式构想中的第一级以及经济合作与发展组织（OECD）三支柱养老保障体系设计中的第一支柱。

按照设想，普惠制国民养老金将目标替代率确定为 40%，主要是出于以下几点考虑：第一，国际劳工组织要求养老金的最低目标替代率不低于 40%，方能切实保障基本生活之需。第二，中国城镇企业职工缴纳养老保险费满 35 年时养老金目标替代率为 59.2%，按照缴费每满 1 年折合 1% 的目标替代率来计算，若企业职工缴纳养老保险费的年限下降到与城乡居民相同的 15 年，则养老金目标替代率就下降为 39.2%，普惠制国民养老金设想的 40% 的目标替代率与此相当。第三，2013 年中国农村居民恩格尔系数为 37.7%，城镇居民恩格尔系数为 35%，均在 40% 以下，普惠制国民养老金设想的 40% 应能保障国民的基本生活。因此，不管是从国际标准要求的角度，还是从城乡基本养老保险制度整合衔接以及能否保障基本生活的角度，40% 作为普惠制国民养老金的目标替代率都是适宜的。对此目标替代率，莫泰基、马丁·费尔德斯坦以及贾康等学者在研究中都有论证。❶

需要指出的是，普惠制国民养老金的筹资应当主要来自于各类雇主缴纳的社会保险税，对应着目前雇主缴纳的社会保险费。国家财政承担作为机关事业单位工作人员雇主所应承担的费用并为非就业人口享受普惠制国民养老金待遇出资。由于设想中的普惠制国民养老金将覆盖全民，老年收入安全风险得到了最大限度的分散，非常契合保险机制的"大数法则"。因此，普惠制国民养老金要实现 40% 目标替代率的保障水平，将比现在城镇企业职工养老保险制度达到同等保障水平所需付出的成本和代价要低得多。在这种情况下，企业或单位就更有积极性、也更有能力为职工建立与就业相挂钩的职业养老金制度。

---

❶ 参见莫泰基："'国际最低标准规划模式'构思：初步应用于中国城市养老保险制度"，载《中国劳动科学》1994 年第 6 期，第 7 - 10 页；马丁·费尔德斯坦："中国的社会养老保障制度改革"，载《经济社会体制比较》1999 年第 2 期，第 52 - 58 页；贾康、杨良初："可持续养老保险体制的财政条件"，载《管理世界》2001 年第 3 期，第 53 - 60 页。

2. 差别性职业养老金制度：提供 20% 的目标替代率

差别性职业养老金制度则是由职工个人按照工资的一定比例缴纳养老保险费建立，并由国家建立专门机构进行运营和管理，旨在通过强制性储蓄拉平就业劳动者一生中消费支出的分布，补充部分老年收入。它采用个人账户式完全积累的财务模式，待遇与劳动就业、缴费以及投资收益相关联，体现自己责任和职工个体差异，带有激励机制和效率色彩，对应于世界银行（WB）五支柱养老金制度中的第二支柱和第三支柱、国际劳工组织（ILO）四层次养老保障体系中第三层次、国际货币基金组织（IMF）三级养老金模式中的第二级以及经济合作与发展组织（OECD）三支柱养老保障体系中的第二支柱。

通过专门针对就业人口的差别性职业养老金，劳动者能够获得优于未就业城乡居民的老年生活保障，这既是效率的体现，也符合社会公平原则。按照设想，差别性职业养老金制度将为职工退休后提供约合社会平均工资 20% 的养老金收入来源，连同普惠制国民养老金制度提供的目标替代率 40% 的养老金，将达到社会平均工资 60%。该项制度虽然是由职工个人缴费，但是，也允许企业或单位以职工福利的形式为职工补充缴费，提高职工退休后的养老金水平。

在上述两种强制性公共养老金计划之外，政府还可以通过税收优惠政策等手段鼓励建立自愿性私营管理、雇主与劳动者分担缴费、实行基金积累制的职业养老金计划以及多种自愿性养老保障安排来为城镇企业职工的老年生活提供更高水平的收入保障。因这些内容超出本书的研究主题，在此不作展开。

需要指出的是，上述改革构想并非一项近期目标，而是远景规划。当前和今后相当长的一段时间内，城镇企业职工养老保险制度仍应坚持和完善社会统筹和个人账户相结合，特别是做实和完善个人账户制度，实现基础养老金全国统筹，并做好其与城乡居民社会养老保险制度之间的整合衔接。在此基础上，待到其他条件成熟后择机向目标制度转型。

三、城镇企业职工养老保险制度未来发展之政策建议

城镇企业职工养老保险制度未来发展的目标定位明晰后，接下来的问题

就是如何设法实现目标设想，即寻找到城镇企业职工养老保险制度未来发展的合适路径，实现该制度由现实状态到理想状态的转变。对此，笔者提出以下政策建议。

（一）尽快做实个人账户，完善个人账户制度，真正实现"统账结合"

"统账结合"模式作为一项制度创新，其意义足以和智利建立的缴费确定型完全积累制养老金制度相提并论，自诞生之日起便受到了广泛关注。"统账结合"的初衷在于将统筹模式下的再分配功能与积累制的激励功能融合起来，构建一种兼备现收现付与积累制优点的新型制度。这种新型制度既考虑了政府责任和社会共济性，又考虑了个人责任和财务可持续性；既可吸取当时西方福利国家出现财政困难的教训，又能吸收新加坡中央公积金模式和智利模式的某些经验。❶

从技术上讲，"统账结合"的制度本身实现起来就是较为困难的。社会统筹与个人账户之间的衔接对于管理与精算技术要求很高，更重要的是该制度达到均衡需要一个特殊的稳态环境。在实际运行中，"统账结合"的养老保险制度更是因为配套措施不到位、各个子系统的设计缺陷而存在许多问题。其中，较为严重的问题是因历史债务所导致的个人账户"空账"问题。

在城镇企业职工养老保险制度转型方案中，试图利用社会统筹基金在制度内消化转制成本。事实上，很多地区的社会统筹基金在制度转型前就已经收不抵支，在没有新增资金来源的情况下，承担转制成本将导致转制后的社会统筹基金收不抵支，挪用个人账户资金将不可避免。同时，该制度实现转型后，社会统筹基金与个人账户基金仍然并账管理，❷这在操作层面为各地挪用个人账户基金弥补当期养老金支付缺口提供了极大便利。于是，在国家没有专门拿出资金用以支付传统养老保险制度下没有任何养老金积累的离退休人员（"老人"）的养老待遇以及新制度实施前就业、实施后退休人员（"中

❶ 参见郑秉文、高庆波、于环："新中国社会保障制度的变迁与发展"，载陈佳贵、王延中主编：《中国社会保障发展报告（2010）：让人人享有公平的社会保障》，第52页，北京，社会科学文献出版社，2010。

❷ 虽然各个地方都建立了个人账户，但是，在账目、管理等方面并没有与社会统筹分开，名义上是部分积累的养老保险制度，实质上还是按现收现付的规则运行。

人")的过渡期待遇，为实现制度转型承担成本的情况下，"老人"们不仅消耗着企业当期所缴纳养老保险费形成的社会统筹基金，个人账户基金也被用来弥补社会统筹基金的不足，这就使得城镇企业职工养老保险制度名义上实行社会统筹与个人账户相结合，实际上只剩下现收现付的社会统筹。❶ 截至2013年底，中国养老保险个人账户"空账"运行规模已经达到约3.1万亿元。个人账户"空账"运行，不仅使得"中人"和"新人"未来养老金权益受到损害，致使制度本身信誉降低，而且将极大地增加制度未来的支付压力和财务风险，还会对劳动力的流动带来现实阻碍。因此，做实个人账户、完善个人账户制度，真正实现"统账结合"，已成为决定城镇企业职工养老保险制度改革成败的关键，也是未来实现其向普惠型国民养老金制度与差别性职业养老金制度发展和演进的制度基础。

具体到如何做实个人账户，笔者认为应该从以下几个方面着手。

首先，应明确政府在做实个人账户中的供款责任。个人账户"空账"的形成，主要是因为在城镇企业职工养老保险制度从现收现付制向"统账结合"制转变的过程中，政府并没有承担弥补因部分当期缴费进入个人账户、不再作代际转移而形成的现期养老支付缺口的责任，不得已只好借用新设立的个人账户中的资金来弥补。因此，做实个人账户，政府应当承担全部供款责任，具体则应由中央政府和地方政府按照适当的比例结构加以分担，具体比例可以参照做实个人账户试点方案来确定。原来各级政府用于养老金的财政补贴不能减少，同时中央财政加大投入，必要时可以发行社会保障特定国债来解决这个问题。

其次，做实个人账户应与分账管理相结合。一旦开始做实基本养老保险个人账户，必须将统筹基金和个人账户基金分别记账，分户存储，专款专用，由此实现基本养老保险从"统账结合、并账管理、空账运行"的制度模式，向"统账结合、分账管理、实账运行"的制度模式转变。要确保统筹基金不再挤占已经做实的个人账户资金，已经做实的个人账户待遇计发也不得从统筹基金中列支，但是，没有做实或者只部分做实的个人账户待遇部分应当按

---

❶ 世界银行新近发布的研究成果也认为东北三省城镇社会保障体系试点中做实个人账户的政策安排是把"非积累制计划改变成部分积累制计划"。参见罗伯特·霍尔茨曼、理查德·欣茨等：《21世纪的老年收入保障——养老金制度改革国际比较》，郑秉文等译，第178页，北京，中国劳动社会保障出版社，2006。

规定从统筹基金中支付。随着时间的推移，没有做实或者部分做实个人账户的参保人员将会逐渐减少，最终全部做实。届时，全部参保人员都将做实个人账户，从此真正建立起社会统筹与个人账户相结合的部分积累模式。

再次，做实个人账户应该低起点起步，划清时点、新老分离，逐步推进。做实个人账户并不要求也不可能一步到位地做实到制度设计的 8% ，而是允许从低起点开始做实、逐步到位。例如，2004 年 5 月，在总结辽宁省试点经验的基础上，国务院又启动了黑龙江、吉林两省试点，按照个人工资的 5% 起步，逐步做实个人账户。同时，应以适当时点（2001 年或者 2006 年）为界限，将老账和新账分离处理。在此之前已经退休的职工的个人账户不做实，在此之后参保人员的个人账户予以做实。新参保人员的个人账户务必做实，形成统筹基金与个人账户分账管理的"分水岭"。

最后，尽快实现基础养老金全国统筹。从最近几年全国各地城镇企业职工养老保险基金收支情况来看，虽然全国有超过一半的省份收不抵支，但是从全国总体来看，城镇基本养老保险基金收入剔除财政补贴后的征缴收入还是与全年基金总支出大数相抵，并且基本养老保险基金还累计结存超过 3.1 万亿元。基础养老金实现全国统筹后不仅有助于节省各级财政对基本养老保险基金的补贴，还便于通过累计结存余额逐步消化个人账户"空账"额。

（二）提高基础养老金统筹层次，最终实现全国统筹

提高城镇企业职工基础养老金统筹层次，最终实现全国统筹，主要出于以下考虑：一是增强互济功能。养老保险制度遵循"大数法则"，只有实现全国范围统筹，才能提高抵御基金收不抵支风险的能力，也才能消除各省级统筹地区的费率差异乃至在名义缴费率降低的情况下实现基金收支平衡。二是便于人员流动。实现基础养老金全国统筹，能够统一各地缴费基数、缴费比例和待遇确定和调整机制，使得劳动者不会再因跨地区流动就业而导致权益渗漏或损失，消除参保职工跨省级统筹地区流动的最大障碍，维护流动就业职工的养老金权益。三是有利于提高管理水平。通过减少管理环节和管理层级，可以将分散的养老保险基金集中管理，并进行真正意义上的投资运营，扭转目前养老基金不断贬值的局面。四是有利于养老金缺口的内部消化。在当前制度设计中，养老保险收支相抵后，结余留在地方，缺口靠中央补助，统筹层次越高，在制度内能够部消化的资金缺口就会越大；反之，统筹层次

越低，中央财政的补贴责任就在无形中被放大。在这里，笔者还要指出的是，在实现基础养老金全国统筹后，城镇企业职工养老保险制度在全国范围内实现统一缴费基数、统一缴费比例、统一管理体制、统一待遇标准等，从而真正实现养老保险制度的统一和定型，既可以为社会统筹部分向普惠制的国民养老保险顺利过渡铺平道路，又能够为机关事业单位养老制度改革创造有利环境。

根据人力资源和社会保障部发布的《2014 年度人力资源和社会保障事业发展统计公报》，全国 31 个省份和新疆生产建设兵团已建立养老保险省级统筹制度。❶ 但是，制度建立和真正实施还是有很大差距的。另据郑功成教授的调查，到 2013 年城镇企业职工养老保险仍处于地区分割统筹状态，"仅有北京、上海、天津、重庆、陕西、青海、西藏 7 省（自治区、直辖市）实现了基本养老保险基金省级统收统支；绝大多数省份还停留在建立省级、地市级调剂金阶段，个别省份还未建立省级调剂金制度"❷。事实上，早在 1991 年 6 月国务院发布的《关于企业职工养老保险制度改革的决定》就针对当时养老基金地方分割统筹现实，要求"由目前的市、县统筹逐步过渡到省级统筹"。不过，这里的省级统筹只是将各地市的养老保险基金结余部分按比例上缴到省一级，再由省一级根据不同地市的需要调剂使用。1992 年劳动部也发出《关于全民所有制企业职工实行基本养老保险基金省级统筹的意见的通知》，要求不断提高统筹层次、尽快实现养老保险基金省级统筹，1997 年、1998 年、1999 年连续 3 年中央政府或其职能部门出台的有关养老保险相关的政策文件中都曾提出过类似要求。❸ 2007 年 1 月，劳动保障部、财政部印发的《关于推进企业职工养老保险省级统筹有关问题的通知》，正式明确省级统筹是指在制度政策、缴费比例、待遇计发办法、基金使用、基金预算、业务规

---

❶ 参见中华人民共和国人力资源和社会保障部：《2014 年度人力资源和社会保障事业发展统计公报》。

❷ 郑功成："全国统筹：优化养老保险制度的治本之计——关于我国职工基本养老保险地区分割统筹状况的调查"，载《光明日报》2013 年第 7 月 23 日，第 15 版。

❸ 1997 年在国务院发布的《关于建立统一的城镇企业职工养老保险制度的决定》中，提出"为有利于提高基本养老保险基金统筹层次和加强宏观管理，要逐步由县级统筹向省或省授权的地区统筹过渡"；1998 年 8 月 6 日，国务院再发出《关于实行城镇企业职工养老保险省级统筹和行业统筹移交地方管理有关问题的通知》，明确督促各地尽快实现基本养老保险省级统筹的目标；1999 年 12 月 30 日，劳动和社会保障部、财政部又联合发出《关于建立基本养老保险制度省级统筹有关问题的通知》，再次明确了建立基本养老保险省级统筹制度的要求。

程六个方面实现省级统一，其核心内容是实行基金省一级统收统支。但是，由于传统养老保险体制遗留下来的历史负担轻重不一，提高统筹层次时采取的责任分担机制也不合理，再加上受到与之相关的财政与行政管理体制的制约，此项工作一直举步维艰、进展缓慢。在提高基础养老金统筹层次的这个问题上，充分体现了各级政府之间复杂的利益博弈。提高统筹层次的最根本阻力来自于地方政府，地方利益已经成为阻碍国家利益实现的最大阻力。❶

鉴于此，我们在推动城镇企业职工基础养老金全国统筹时，关键是要建立一种合理的责任分担、利益平衡机制，在维护既得利益者既有利益的条件下，利用增量资金来补贴现有格局下处于弱势地位者。具体而言，我们在推进基础养老金全国统筹时，可以允许基金有结余的省份保有该结余不必上交，对基金有缺口的省份通过中央财政多途径筹资予以补足，以此来减少改革阻力，在各省份利益均未受损的情况下实现城镇企业职工基础养老金全国统筹。当然，这其中中央政府的决心和意志是最为关键的。

（三）明确政府责任，妥善解决历史欠账

城镇企业职工养老保险制度无论采取何种财务模式，政府都应该在其中发挥主导和关键作用。这不仅是社会保障作为公共产品的内在要求，而且也是现代政府的基本使命。因为掌握公共权力与公共资源的政府只有努力谋求公众福利才能自证其存在合法性。同时，只有明确了政府的责任，才能明晰企业（雇主）、个人以及社会的责任边界，才能真正利用好社会力量和市场机制。

然而，中国城镇企业职工养老保险制度在由传统的国家—单位保障制向国家—社会保障制转型过程中，政府责任不清晰、历史责任与现实责任相混同的问题一直没能很好解决。这种状况的存在既不利于有计划、有步骤化解历史债务及其显性化的转制成本，也使得其现实责任难以准确估量而导致政府责任边界不清；既影响了政府建设养老保险制度的决心，也直接影响了社

---

❶ 参见郑功成：《中国社会保障改革与发展战略》（养老保险卷），第326－327页，北京，人民出版社，2011。

167

会与市场机制作用的有效发挥，甚至还会在一定程度上异化市场机制的功能。❶ 即便是在政府系统内部，中央政府与地方政府之间亦缺乏必要的职责分工，养老保险财权与支出责任出现分离，不仅无形中加重了中央政府的财政责任，而且也造成了目前地方政府在该制度建设中的消极被动局面。❷

如果说政府承担做实个人账户的供款责任表明其在承担现实责任方面逐渐归位的话，那么如何妥善化解城镇企业职工养老保险制度的历史欠账则是我们下一步应该着重考虑的问题。目前，基础养老金全国统筹难以实现，各地缴费率畸高畸低❸，地区之间养老保险关系转移接续涉及的利益纠纷与矛盾加剧，部分地区出现当期养老金支付缺口而长期依赖财政补贴，以及很多地方出现个人账户"空账"运行等现象，其实并非是实行新制度本身造成的，而是在新旧养老保险制度转型中因计划经济时代中老年职工缺乏养老金积累而形成的大量历史欠账造成的。因此，对于城镇企业职工养老保险制度的历史欠账，应该在准确核算的基础上，本着"谁受益、谁负责"的原则，进行责任分解、多途径逐步补偿。

对于历史欠账的化解，中央政府和地方政府应该分工合作、积极配合，谁在计划经济时代获得了被当作利润上缴的养老保险资金或者劳动者的必要劳动积累，谁就应当承担偿还这部分债务的财政责任。这是因为计划经济体制下，不同企业的利润按照隶属关系被分别上缴至各级政府。对于城镇企业职工养老保险历史债务的承担，也应当根据各级政府所属企业负担的"老人"和"中人"的数量来进行分担，将隐性的视同缴费责任显性化。

在清晰划分责任归属的情况下，可以考虑在各级财政预算中建立稳定的历史债务偿还机制，每年划出专项预算资金或者从每年财政增收资金中拿出一部分用于偿还历史欠账。有鉴于改革开放以来国家建设投资多数是投向东部沿海地区，可以说是中西部地区支持了东部地区发展，现在我们在偿还养老保险历史欠账时也应当考虑加大地区间转移支付力度，让东部沿海发达地

---

❶ 参见郑功成："中国社会保障制度改革的新思考"，收录于中国人民大学中国社会保障研究中心、德国弗里德里希－艾伯特基金会主办的"公平与效率——中德社会保障体制改革研讨会"论文集，2007 年 1 月 9～10 日，第 58－67 页。

❷ 参见郑功成："中国社会保障改革与制度建设"，载《中国人民大学学报》，2003（1），第 17－25 页。

❸ 以 2011 年为例，广东省企业实际缴费率仅为 5.9%，而甘肃省的实际缴费率竟然高达 24.5%，即使扣除因补缴或趸缴以及参保群体工资水平高或低于平均工资水平造成的误差，两者之间相差仍应在 3 倍以上。

区支援中西部地区。另外，还可以考虑通过划拨和变现部分国有资产、提高国有企业利润上缴比例乃至发行社会保险特别国债等方式来筹集历史债务偿还资金。

当然，我们现在讲偿还养老保险历史债务，并不是要求一次性还清，而是要通过编制详尽的长期规划由多届政府、利用数十年时间来逐步化解。

（四）创建独立有效的养老基金管理和运营系统

由于养老保险属于资金积累性保障项目，累计结余基金的管理与保值、增值便成为整个城镇企业职工养老保险制度中十分重要的内容。尤其是未来做实个人账户后，将会形成规模庞大、长期积累的个人账户基金，如何有效管理这些基金，并在保证其安全的前提下，通过投资运营来实现保值、增值，将成为我们现在就必须提前思考的问题。

一方面，应当对城镇企业职工养老保险基金实行单独管理。在引入基金制后，养老保险便成为整个社会保险制度中唯一需要长期积累资金的保障项目，追求长期收支平衡。未来养老保险还要实现基金全国统筹，因此，需要有专门的城镇企业职工养老保险基金管理机构，对其实行集中管理。为了适应基础养老金全国统筹的要求，可以设置中央和省（自治区、直辖市）两级养老保险基金管理机构，分别对全国统筹的社会统筹账户基金和仍留各省管理的个人账户基金进行管理。在中央，可以考虑在人力资源和社会保障部下属的社会保险事业管理中心内成立国家养老保险基金管理中心，专管由各省汇集上缴的社会统筹部分基金；在省级社会保险经办机构内则成立专门的省级养老保险基金管理中心，管理各自个人账户部分基金。

另一方面，在建立独立的城镇企业职工养老保险基金管理体系之后，我们还要完善相应的基金投资运营体系。由于国家养老保险基金管理中心管理的社会统筹部分基金全部用于当期发放，因此，这部分资金的投资运营压力相对较小，可以在留足备付金之后将累计结余部分交由国家养老保险基金管理中心主要购买流动性较高、风险较小的证券资产。因此，城镇企业职工养老保险基金投资运营主要涉及各省级养老保险基金管理中心管理的个人账户部分基金。笔者认为，这部分资金可以通过市场机制投资运营，既可以将其委托给自行成立的专业的养老保险基金投资管理机构，也可以委托给在社会保障基金投资运营方面富有专业优势的全国社会保障基金理事会进行投资运营。事实上，在各地做实个人账户试点方案中就规定，中央财政为做实个人账户补助的资金，由各省（自治区、直辖市）政府委托全国社会保障基金理事会投资运营。在明确养老保险基金投资管理受托人后，我们还应当寻找到合适的投资管理人，承担城镇企业职工养老保险基金具体投资运营事务。现阶段，中国已经制定并实施了《全国社会保障基金投资管理暂行办法》和《企业年金基金管理办法》，《养老保险个人账户基金投资管理办法》正在起草制定过程中。由于上述业已实施的管理办法，中国资本市场上已经培育成长起来了一批具有较丰富经验的专业投资管理法人机构，能够较好地满足城镇企业职工养老保险基金投资运营业务需要。

在明确城镇企业职工养老保险基金管理机构和投资管理机构后，还应当尽快出台《养老保险个人账户基金投资管理办法》，确定基金投资工具及其比例限制，规范基金投资运营行为，建立健全基金投资运营监督机制特别是参保人监督机制。

（五）构建合理、高效的管理体制

构建合理、高效的管理体制已成为当前完善城镇企业职工养老保险制度的核心内容之一。虽然，2008 年的机构改革已经明确人力资源和社会保障部门统一管理社会保险事务，但是，现实中的城镇企业职工养老保险管理体制还存在着部门分割、权责不明的缺陷。例如，该制度还处于地方分级统筹管理的状态；养老保险费的征缴主体更是形成了世界上独一无二的两个机构（部分地区由社会保险经办机构征收，部分地区由税务部门代为征收）并存的局面；作为城镇企业职工养老保险直接利益相关方的劳资双方迄今为止仍然缺乏管理与监督养老保险事务的合适途径。这种违背社会保险制度自身规律的管理体制，自然无法产生高效的管理效果，从而亟待理顺。❶

未来，城镇企业职工养老保险制度应当通过用集中管理取代分散管理、用垂直管理取代属地管理以及让责任主体参与管理等方式来加以完善。

首先，用集中管理取代分散管理。在世界各国社会保险管理实践中，事权与责任无疑应当是统一的而不是分离的，这样才能既确立主管部门与管理

---

❶ 参见郑功成："中国社会保障制度改革的新思考"，收录于中国人民大学中国社会保障研究中心、德国弗里德里希－艾伯特基金会主办的"公平与效率——中德社会保障体制改革研讨会"论文集，2007.1.9～10，第58～67页。

机构的权威，同时又让主管部门无法推卸自己的责任。理顺城镇企业职工养老保险管理体制的关键是用集中管理取代分散管理，当务之急是统一养老保险费的征缴机构，完全交由社会保险经办机构在全国范围内统一征收养老保险费，让税务部门退出直接管理养老保险事务。同时，还应当建立养老保险监督机构，财政部门可以通过参与专门的养老保险监督机构发挥作用。

其次，用垂直管理取代属地管理。城镇企业职工养老保险制度的重要政策效应是维系全国统一的劳动力市场，因而必须是全国统一的制度安排，从而也应当在减少管理层级的基础上实行垂直管理。具体而言，就是将社会保险管理层级由现有的中央、省、市、县四个层级减少到中央、省、县三个层级，并改革社会保险管理机构隶属关系，即省级以及县级层次社会保险管理机构应当成为中央社会保险管理机构的派出机构，而不宜成为地方管辖的职能部门。选择垂直管理体制，将能够从根本上改变现行城镇企业职工养老保险制度分散管理、易于受到地方利益干扰的局面，同时还可以提高整个制度的管理运行效率，并有效规避养老保险基金投资运营中的各类风险。

最后，让责任主体参与养老保险事务的监督管理。通过合理有序的途径，让城镇企业职工养老保险制度的直接责任主体——劳资双方参与养老保险事务的管理与监督，是这一制度实现自我平衡、自我发展的必要条件。具体而言，我们应当打破直接责任主体无法有效参与城镇企业职工养老保险管理监督的现行格局，让工会、雇主组织通过合适的途径与方式直接参与该制度事务的管理与监督中去。例如，由人力资源和社会保障部门以及财政部门官员、工会组织代表、雇主协会（各级工商联和企业家联合会）代表、外部专家以及会计、审计和精算方面的专业人士共同组成养老保险监督机构。

（六）加快法制建设，实现依法治理

在当代社会，任何制度安排均只有通过立法加以固定并上升为国家意志后才能摆脱单纯偶然性和任意性的羁绊，才具有稳定性和强制性。包括城镇企业职工养老保险制度在内的社会保障制度对法制化要求更高，这不仅是法治社会和市场经济的客观要求，更是社会保障制度建设自身的需要。城镇企业职工养老保险制度是涉及亿万国民切身利益的社会公共事业，没有立法的规范和硬约束，便不可能得到有效推进；而且该制度还牵涉政府、企业和个人之间的责任分担和不同社会团体或利益群体之间的利益调整，需要通过立

法来实现相关主体责任与权益的合理配置，树立该制度的权威和强制性。

目前，除了《社会保险法》之外，中国缺乏对城镇企业职工养老保险制度的专门法律规范，主要依靠国务院及其职能部门颁布的行政法规、规范性文件以及部门规章等推动制度建设。这种现状不仅无法使得城镇企业职工养老保险制度迅速走向定型稳定、可持续发展，而且容易因政策的多变和过度灵活而损害该制度应有的稳定性。因此，立法滞后已经严重影响了当前城镇企业职工养老保险制度的发展和完善。

针对上述现状，笔者认为应当从以下几个方面入手加以改进：

首先，尽快确立科学的立法理念。在追求社会公平与正义、促使全体国民共享经济社会发展成果已成为全社会主流价值追求的情况下，城镇企业职工养老保险制度法制化建设应当超越传统的保障退休人员基本生活、维护社会稳定等单纯的对于秩序价值的追求，吸收实现社会公平与正义、促进全体国民共享经济社会发展成果等价值取向，从而确立公平、正义与共享等价值理念在城镇企业职工养老保险立法中的指导地位。

其次，理顺立法主体，不断提升法律规范层级和效力。在城镇企业职工养老保险法制建设中，我们应当明确行政机关与立法机关在立法权责上的合理分配，牢固树立国家立法机关在其中的主导地位，行政机关只有在获得立法机关授权的情况下才能制定相关行政法规、部门规章及其他规范性文件。同时，还应对现有法规文件进行清理，特别是要对下位法中与上位法规定不一致，甚至相违背的地方进行修改，坚决维护法律权威。针对当前城镇企业职工养老保险法律规范的效力层级低、权威性不够的现状，应当在统筹协调的前提下，将部分已经走向定型、迫切需要提高效力层级的行政法规和部门规章上升为立法机关制定的法律，增强制度稳定性与权威。

最后，强化法律制度的实施机制。城镇企业职工养老保险法律制度的具体落实需要强有力的实施机制来予以保障，具体应从以下两个方面着手：第一，加强法律规范本身的强制力，尽快建立法律责任制度，对违反城镇企业职工养老保险法律规范的行为给予相应制裁，提高行为主体违法成本，促进制度安排的具体落实；第二，可以仿照德国专门法院审判方式，建立专门的社会法院（庭），专门审理劳动和社会保障领域的相关案件，切实维护劳动者和参保人合法权益，提高司法审判效率。

（七）着力解决养老保险关系转移接续问题

目前，除了部分参保人经过组织、人事、劳动部门的批准调动工作，其养老保险关系可以顺利转移接续，大多数企业职工由于跨统筹地区就业而变换工作岗位时就会遇到养老保险关系转移接续难的问题。虽然国办发〔2009〕66号文转发了人力资源社会保障部、财政部制定的《城镇企业职工养老保险关系转移接续暂行办法》，2010年人力资源和社会保障部还下发了《关于印发城镇企业职工养老保险关系转移接续若干具体问题意见的通知》，对城镇企业职工养老保险关系转移接续问题作了专门规定，实践中参保人的基本养老保险关系从原参保地转出来往往并不是很困难，但到转入新参保地时却由于受到户籍等种种因素限制而很难接续上。2013年10月底，国务院总理李克强在中国工会第十六次全国代表大会上表示，中国大概有3亿多人参加了城镇职工养老保险，当年有累计3800万人中断缴纳保险费，占城镇企业参保职工总数的一成还多。这其中多数人是由于基本养老保险关系难以转移接续造成的。

探究城镇企业职工养老保险关系转移接续困难的原因，主要有❶：第一，现有连续工龄政策不适用于流动就业人员，这一部分人员跨统筹区域流动后原有权益无法兑现；第二，基本养老保险管理与户籍挂钩的管理办法，也使得保险关系转移接续遇到问题，有户籍的可以转入，无户籍的不能转入；第三，按目前政策，基本养老保险关系转移时只转移数额不大的个人账户部分基金以及部分用人单位缴费（12%），转入地不情愿在只收缴几年缴费却需要承担转入职工退休后长达十几年甚至几十年的养老金支付责任；第四，参保人的趋利心理容易促使其更倾向于将自己的基本养老保险关系转移到高工资水平的地区而不愿意转入低工资水平地区，从而导致流动就业人员与经济发达地区间发生利益分歧和矛盾；第五，现有社会保险管理手段相对落后、操作办法不规范，也制约着基本养老保险关系转移接续。

从以上分析可以看到，基本养老保险关系转移接续困难的原因是多方面的，最大的阻力来自于制度设计本身。因此，需要进一步完善制度，调整政策，着力解决现存问题。首先，努力提高养老保险统筹层次，尽快实现基础

---

❶ 参见姚苏丽："养老保险关系转移难引发思考"，载《羊城晚报》2005年04月28日。

养老金全国统筹，在统一制度、统一管理机构、统一缴费比例、统一养老金计发办法的基础上，实现基础养老金的全国统收统支。基础养老金全国统筹可以从根本上解决不同统筹地区在城镇企业职工养老保险制度规定和管理运行机制方面存在差异、利益难以协调而造成基本养老保险关系转移接续困难。

其次，通过全国统一的制度设计确认个人过渡性养老金历史权益以及视同缴费年限的即期兑现责任，同时尽快做实个人账户，并多方落实需随着基本养老保险关系而转移的社会统筹部分基金，妥善解决好转入地的养老金支付压力。

最后，要解决转移接续困难问题，还要不断提升社会保险管理手段，特别是要加快养老保险信息化建设进程，尽快实现国家、省、市、县四级业务联网。同时，在进一步完善基本养老保险关系转移接续政策的基础上，规范转移接续的具体操作办法，明确职责、制定措施，减少环节、方便办理，使城镇企业职工养老保险制度运行更加顺畅。

（八）加强经办机构软硬件建设，不断提高管理服务水平

城镇企业职工养老保险经办机构管理服务水平的高低直接关系到制度有效性及制度运行效率，也是促进该制度不断发展的组织保障，对于顺利实现该项制度未来发展目标有着重要意义。因此，完善城镇企业职工养老保险制度，除了要加强上述涉及制度建设的各项工作外，还应该重视经办机构软硬件建设，不断提高整个制度管理服务水平。

笔者认为，我们应当从经办机构软件和硬件建设两个方面入手，不断提高其城镇企业职工养老保险管理服务水平：

在经办机构软件建设方面，一方面我们应该通过举办多种业务培训、建立帮带机制、实行竞争上岗等形式着重提高经办机构工作人员的文化素质、业务能力、办事效率和服务水平，重视经办能力建设；另一方面，我们还应当建立规范、科学、有效的经办机构人员工作制度和管理方法，不断提高管理效率。

在经办机构硬件建设方面，一方面加快养老保险信息服务网络建设，将养老保险资金的缴纳、记录、核算、支付以及查询服务等都纳入管理信息系统，并逐步实现全国联网。劳动保障、民政、财政、税务部门要根据各自的职能，逐步实现参保人各方面信息在全国范围内联机共享，以及参保人对于

自身参保情况实时可查询；另一方面，合理布局各地社会保险经办大厅及其分支机构，尽一切可能方便用人单位及个人参保、缴费、咨询。

在原有2002年10月启动的"金保工程"取得显著成效的基础上，为提高基层劳动就业和社会保障服务条件以及基层公共服务能力和办事效率，2010年，中国启动了基层劳动就业和社会保障服务设施建设试点。截至2014年底，已有544个县、2677个乡镇完成试点项目建设并投入使用。与此同时，30个省份及新疆生产建设兵团实现了部、省、市三级网络贯通；全国30个省份和新疆生产建设兵团已发行全国统一的社会保障卡，实际发卡地市已达354个，实际持卡人数达到7.12亿；社会保障跨地区系统建设应用迈出坚实步伐，基本养老关系转移已有30个省份的321个地市入网（含省本级）。❶下一步，我们应该以这些工程建设为契机，在提高养老保险经办机构信息化水平的基础上，扎实推进经办能力建设，不断提高城镇企业职工养老保险经办管理服务水平。

---

❶ 参见人力资源和社会保障部：《2014年度人力资源和社会保障事业发展统计公报》。

第7章 结 语

一、本书的基本研究结论

（一）关于制度变迁的基本结论

中国城镇企业职工养老保险制度的创立借鉴了新中国成立前中国共产党领导工人阶级争取社会保险的斗争经验以及革命根据地、抗日根据地以及解放区的社会保险制度探索和实践经验。新中国成立后，在苏联"国家保险"模式的影响下，中国通过《劳动保险条例》建立了具有明显计划经济时代特征、由工会系统主导的"国家统筹和企业保险"相结合的"国家/企业保险"制度，形成了国家和企业一体化的养老保险模式。

回顾城镇企业职工养老保险制度随后的发展演进历程，从总体上来看，它走过的是一条从传统的与计划经济体制相适应的国家负责、单位包办、封闭运行、缺乏效率的国家—单位保障型制度向新型市场经济条件下的政府主导、责任共担、社会化的国家—社会保障型制度转变的发展道路。在这其中，我们可以清楚地发现：

在制度影响因素方面，城镇企业职工养老保险制度的发展与改革，先是受到政治因素，然后是经济因素，最后是以社会因素为主的多种因素的综合主导，并深受该制度各个发展阶段的具体国情与时代背景的影响。不管是在哪一个发展阶段，城镇企业职工养老保险制度建构意愿都无法突破现实生产力的局限，具体制度安排总是受制于经济社会发展水平。

在价值取向方面，城镇企业职工养老保险制度经历了传统养老保险制度阶段的"公平为主、承认差别"（1950～1966 年）、"公平至上、消灭差别"

（1967～1977年），到改革开放之后的"效率优先、兼顾公平"和"兼顾公平和效率"，最后发展到追求"公平、正义、共享"的价值理念。

在制度模式方面，城镇企业职工养老保险制度最早实行的是部分统筹调剂的国家/企业保险模式，经"文化大革命"冲击后蜕变成为完全实报实销的"纯粹的企业保险"模式；1984年开始探索建立略有结余的社会统筹式的养老保险制度，最后在20世纪90年代中后期被定型为特殊部分积累的"统账结合"式社会养老保险制度并延续至今。

在管理体制方面，城镇企业职工养老保险制度创建初期采取的是各级工会组织负责管理经办、劳动部门负责政策制定与运行监督的体制。"文化大革命"期间，蜕变为无政府管理、企业统包所有保险事务、封闭运行的状态。该制度改革以来逐渐演变为人力资源和社会保障部主管、社会保险事业管理机构具体负责经办事务格局下的分级属地管理体制。

在制度变迁方式方面，城镇企业职工养老保险制度发展变迁在计划经济时代总体上呈现出以国家（通过中央政府法规和政策）为主导、自上而下的强制性制度变迁的特征。改革开放初期，由于受到整体改革采取的"摸着石头过河"的渐进式改革方略的影响，城镇企业职工养老保险改革与发展呈现出的是主要由地方政府和企业推动、自下而上的诱致性制度变迁特征。20世纪90年代以来，国家重新主导该制度改革，并通过各类法律法规、规范性文件推动该制度发展，从而显现出很明显的强制性制度变迁的特征。

由此可见，城镇企业职工养老保险制度发展演进的过程是曲折的，历经反复，总体上是呈螺旋式而非直线式上升、向前发展的。经过近三十年的改革探索，目前该制度已经基本定型、稳定，正在朝着"增强公平性、适应流动性、保证可持续性"的方向不断发展完善。

（二）关于责任分配的基本结论

在城镇企业职工养老保险制度从"国家/企业保险"到"纯粹的企业保险"再到社会保险的制度变迁过程中，背后埋藏着国家（政府）、企业和个人之间责任不断分配和调整这一条逻辑主线。该制度的每一次重大变革实际上都是主体间利益和责任分配格局的变革。从某种程度上说，城镇企业职工养老保险制度发展变迁的过程，实质就是责任分配格局改革发展的过程。

在城镇企业职工养老保险制度发展变迁过程中，制度变革、资金供给以及管理监督是其中三个关键的责任环节。城镇企业职工养老保险制度建立后，国家（政府）、企业和个人在这三个方面的责任分配格局逐渐从计划经济时代国家（政府）在制度中"无所不包"的严重失衡状态，走向市场经济时期政府"有所为有所不为"、企业和个人各担其责的相对均衡状态。不管责任分配格局怎么转变，国家（政府）在城镇企业职工养老保险制度中的主导作用是不变的。与此同时，企业、职工个人在制度中的责任分配发生了显著变化。企业结束"办社会"的包袱，彻底从该制度管理服务事务中解脱出来，转而承担有限的资金供给及监督责任；职工个人从计划经济时期纯粹的福利享受者变成了社会养老保险中的责任分担者，自我责任意识不断增强。其他社会主体，如金融机构等也被引入责任主体范畴中来，就协议委托事项向制度主体提供社会化服务。

然而，时至今日，国家（政府）、企业和个人在城镇企业职工养老保险制度中的责任分配还远未成熟，并面临着主体间相互转嫁资金供给责任以及责任边界模糊等现实困境。例如，在责任转嫁方面，国家（政府）通过向企业征收超高的基本养老保险费和挪用职工个人账户资金用于当期养老金发放，将隐性债务和转制成本转嫁给企业和个人；企业通过不申请办理社会保险登记或拖欠、少缴养老保险费，个人通过违规提前退休和冒领养老金等行为将资金供给责任转嫁给国家（政府）。

上述这种困境是多种因素造成的，主要包括有：路径依赖和制度惯性（对国家（政府）主导和企业包办劳动保险等传统做法的沿袭以及对新时期"摸着石头过河"的渐进式改革方式的依赖）、体制机制和资源能力（城镇企业职工养老保险管理监督体制不完善以及国家（政府）在该制度中财政能力有限）、道德风险（政府、企业和个人在城镇企业职工养老保险制度中的故意回避责任或非法谋取利益的自利性和非理性行为）等方面。合理分配三方主体在城镇企业职工养老保险制度中的责任，明确国家（政府）责任是关键中的关键。在此基础上，厘清国家（政府）、企业和个人责任边界，合理分配各方责任。

（三）关于未来展望的基本结论

城镇企业职工养老保险制度的未来发展，将会受到诸多因素的影响。人口老龄化趋势加快会降低劳动力供给、增加退休人口数量进而不断提高制度内老年人口负担系数，给养老金收支造成极大压力；由于家庭人口规模的持续缩小带来的家庭养老保障功能的不断弱化需要社会养老保险体系来填补；已经牢固确立的社会统筹和个人账户相结合的制度架构也会对城镇企业职工养老保险未来制度模式的选择和发展形成强烈的路径依赖和制度惯性；国际社会普遍谋求建立多层次养老保障体系的努力会对城镇企业职工养老保险未来制度模式选择以及保障水平的确定产生很大影响；公平正义共享的时代价值追求决定了未来城镇企业职工养老保险制度的发展必须牢固树立"公平"作为其核心价值理念。

展望城镇企业职工养老保险制度的未来发展，在"统账结合"的制度框架已经牢固确立、整体制度设计趋于定型稳定的基础上，我们应当充分认识到该制度改革和发展的艰巨性、复杂性和长期性，统筹考虑影响制度未来发展的各种相关因素，理性决策，坚决摒弃以往制度建设中的错误做法，稳妥有序地解决制度完善过程中个人账户"空账"运行、统筹层次不高、责任划分不明、历史债务巨大、基金管理缺乏效率、管理体制不合理、管理服务水平有待提高以及法制建设滞后等突出问题，积极创造条件，逐步实现向基于国家税收的普惠式的国民养老金制度和依靠个人缴费的差别性的职业养老金制度相结合的目标定位过渡。

二、有待进一步研究的课题

本书对城镇企业职工养老保险制度变迁及责任分配进行了系统回顾、总结，得出了一些较有理论和实践价值的结论，并对该制度的未来发展进行了展望，基本上完成了本书的研究设想和任务。但是，笔者也只是完成了所涉主题的部分研究任务，该主题其实还可以继续进行更深入的研究。因此，在本书研究的基础上，笔者对进一步研究有如下建议：

第一，深化从制度经济学视角进行的研究。本书已尝试以新制度经济学中制度变迁理论为指导，运用制度分析方法，对这一主题进行了宏观研究。关于这一主题的进一步研究可以继续以制度经济学为角度，采用制度变迁需求—供给、成本—收益分析等研究方法，对城镇企业职工养老保险制度变迁过程进行深入挖掘，不断深化制度经济学分析视角下对这一主题的研究。

第二，深入研究制度未来发展路径选择及其政策建议。当前关于中国城镇企业职工养老保险制度建设的研究中，对该制度未来发展进行理性规划和科学展望，并就实现目标制度设计具体发展路径、步骤等问题提出政策建议的研究还是较为欠缺。当下正值中国养老金并轨方案顶层设计关键时期，最终方案的出台尚需时日。因此，今后还是应该加强城镇企业职工养老保险制度未来发展路径选择及其相关政策建议方面的研究。

第三，根据城乡统筹和社会养老保险制度一体化的原则，对机关事业单位工作人员退休养老制度、城乡居民基本养老保险制度及其与城镇企业职工养老保险制度的衔接与整合问题进行深入研究。之所以要进行这些研究，是因为这些养老保障制度的衔接与统一，能够确保各类参保人员的养老权益，促进全国统一的劳动力市场的构建和完善，不仅是践行"公平、正义、共享"这一现代社会保障制度核心价值理念的要求，也是普惠式的国民养老金制度与差别性的职业养老金制度目标得以建立的基础和前提。

附　录

附录 1

中华人民共和国劳动保险条例

（1951 年 2 月 23 日政务院第七十三次政务会议通过，
1951 年 2 月 26 日政务院公布）

第一章　总　则

第一条　为了保护雇佣劳动者的健康，减轻其生活中的特殊困难，特依据目前经济条件，制定本条例。

第二条　本条例的实施，采取重点试行办法，俟实行有成绩，取得经验后，再行推广。其适用范围，目前暂定为下列各企业：

甲、雇佣工人与职员人数在一百人以上的国营、公私合营、私营及合作社经营的工厂、矿场及其附属单位与业务管理机关。

乙、铁路、航运、邮电的各企业单位及附属单位。

第三条　不属于第二条甲乙两款范围的企业及季节性的企业，有关劳动保险事项，得由各该企业行政方面或资方与工会基层委员会双方根据本条例原则及本企业实际情况协商，订立集体合同规定之。

第四条　凡在实行劳动保险各企业内工作的工人与职员（包括学徒）不分民族、年龄、性别和国籍，均适用本条例，但被剥夺政治权利者除外。

第五条　凡在实行劳动保险各企业内工作的临时工、季节工与试用人员的劳动保险待遇，在本条例实施细则中另行规定之。

第六条　本条例适用范围内的企业，因经济特殊困难，不易维持，或尚未正式开工营业者，经企业行政方面或资方与工会基层委员会双方协商同意，并报请当地人民政府劳动行政机关批准后，可暂缓实行本条例。

第二章　劳动保险金的征集与保管

第七条　本条例所规定之劳动保险的各项费用，全部由实行劳动保险的各企业行政方面或资方负担，其中一部分由各企业行政方面或资方直接支付，另一部分由各企业行政方面或资方缴纳劳动保险金，交工会组织办理。

第八条　凡根据本条例实行劳动保险的各企业行政方面或资方，须按月缴纳相当于各该企业全部工人与职员工资总额的百分之三，作为劳动保险金。此项劳动保险金，不得在工人与职员工资内扣除，并不得向工人与职员另行征收。

第九条　劳动保险金的征集与保管方法如下：

甲、企业行政方面或资方，须按照上月份工资总额计算，于每月一日至十日限期内，一次向中华全国总工会指定代收劳动保险金的国家银行缴纳每月应缴的劳动保险金。

乙、在开始实行劳动保险的头两月内，由企业行政方面或资方按月缴纳的劳动保险金，全数存于中华全国总工会户内，作为劳动保险总基金，为举办集体劳动保险事业之用。自开始实行的第三个月起，每月缴纳的劳动保险金，其中百分之三十，存于中华全国总工会户内，作为劳动保险总基金；百分之七十存于各该企业工会基层委员会户内，作为劳动保险基金，为支付工人职员按照本条例应得的抚恤费、补助费与救济费之用。

第十条　各企业行政方面或资方逾期未缴或欠缴劳动保险金时，须每日增缴滞纳金，其数额为未缴部分百分之一。如逾期二十日尚未缴纳，对于国营、公私合营或合作社经营的企业，由工会基层委员会通知当地国家银行从其经费中扣缴；对于私营企业，由工会基层委员会报告当地人民政府劳动行政机关，对该企业资方追究责任。

第十一条　劳动保险金的保管，由中华全国总工会委托中国人民银行代理之。

第三章 各项劳动保险待遇的规定

第十二条 因工负伤、残废待遇的规定：

甲、工人与职员因工负伤，应在该企业医疗所、医院或特约医院医治。如该企业医疗所、医院或特约医院无法医治时，应由该企业行政方面或资方转送其他医院医治，其全部治疗费、药费、住院费、住院时的膳费与就医路费，均由企业行政方面或资方负担。在医疗期间，工资照发。

乙、工人与职员因工负伤确定为残废时，按下列情况，由劳动保险基金项下按月付给因工残废抚恤费或因工残废补助费。

一、完全丧失劳动力不能工作退职后，饮食起居需人扶助者，其因工残废抚恤费数额为本人工资百分之七十五，付至死亡时止。

二、完全丧失劳动力不能工作退职后，饮食起居不需人扶助者，其因工残废抚恤费数额为本人工资百分之六十，付至恢复劳动力或死亡时止。

三、部分丧失劳动力尚能工作者，应由企业行政方面或资方给予适当工作，并按其残废后丧失劳动力的程度，付给因工残废补助费，至退职养老或死亡时止，其数额为残废前本人工资百分之五至百分之二十，但与复工时本人工资合计，不得超过残废前本人工资。详细办法在实施细则中规定之。

四、残废状况的确定与变更，由残废审查委员会审查。详细办法在实施细则中规定之。

第十三条 疾病、非因工负伤、残废待遇的规定：

甲、工人与职员疾病或非因工负伤，应在该企业医疗所、医院或特约医院医治，如该企业医疗所、医院或特约医院无法医治时，应由该企业行政方面或资方转送其他医院医治，必须住院者，得住院医治。其治疗费、住院费及普通药费，均由企业行政方面或资方负担；贵重药费、就医路费及住院时的膳费由本人自理。

乙、工人与职员疾病或非因工负伤停止工作医疗时，其医疗期间连续在三个月以内者，按其本企业工龄的长短，由该企业行政方面或资方每月发给其本人工资百分之五十至百分之一百；连续医疗期间在三个月以上时，改由劳动保险基金项下按月付给疾病或非因工负伤救济费，其数额为本人工资百分之三十至百分之五十，至能工作或确定为残废，或死亡时止。但连续停工医疗期间以六个月为限，超过六个月者按丙款残废退职待遇办理。详细办法在实施细则中规定之。

丙、工人与职员因病或非因工负伤致成残废，完全丧失劳动力不能工作而退职者，按其本企业工龄的长短，由劳动保险基金项下按月付给非因工残废救济费，其数额为本人工资百分之二十至百分之三十，至恢复劳动力或死亡时止。如有其他经济来源可以维持生活，此项非因工残废救济费不予发给。详细办法在实施细则中规定之。

丁、工人与职员供养的直系亲属疾病时，得在该企业医疗所、医院或特约医院免费诊治，普通药费减半，贵重药费、就医路费、住院费、住院时的膳费及其他一切费用，均由本人自理。

第十四条 工人与职员及其供养的直系亲属死亡时待遇的规定：

甲、工人与职员因工死亡时，由该企业行政方面或资方发给丧葬费，其数额为该企业全部工人与职员平均工资两个月。另由劳动保险基金项下，依其供养的直系亲属人数，每月付给供养直系亲属抚恤费，其数额为死者本人工资百分之二十五至百分之五十，至受供养者失去受供养的条件时为止。详细办法在实施细则中规定之。

乙、工人与职员因病或非因工负伤死亡时，由劳动保险基金项下付给丧葬补助费，其数额为该企业全部工人与职员平均工资一个月。另由劳动保险基金项下，按其本企业工龄的长短，付给供养直系亲属救济费，其数额为死者本人工资三个月至十二个月。详细办法在实施细则中规定之。

丙、工人与职员因工负伤致成残废，完全丧失劳动力不能工作退职后死亡时，应按本条乙款规定的待遇付给丧葬补助费与供养直系亲属救济费。

丁、工人与职员退职养老后死亡时，及非因工残废完全丧失劳动力不能工作退职后死亡时，由劳动保险基金项下付给丧葬补助费，其数额为该企业全部工人与职员平均工资一个月。

戊、工人与职员供养的直系亲属死亡时，由劳动保险基金项下付给供养直系亲属丧葬补助费。死者年龄在十周岁以上者，其数额为该企业全部工人与职员平均工资一个月的三分之一，一周岁至十周岁者为平均工资一个月的四分之一，不满一周岁者不给。

第十五条 养老待遇的规定：

甲、男工人与男职员年满六十岁，一般工龄已满二十五年，本企业工龄已满十年者，由劳动保险基金项下按其本企业工龄的长短，付给养老补助费，其数额为本人工资百分之三十五至百分之六十，至死亡时止。如因该企业工作的需要，商得本人同意，留其继续工作时，除应得工资外，每月付给在职养老补助费，其数额为本人工资百分之十至百分之二十。详细办法在实施细则中规定之。

乙、女工人与女职员年满五十岁，一般工龄满二十年，本企业工龄已满十年者，得享受甲款规定的养老补助费待遇。

丙、井下矿工或固定在华氏三十二度以下的低温或华氏一百度以上的高温工作场所工作者，男工人与男职员年满五十五岁，女工人与女职员年满四十五岁，均得享受甲款规定的养老补助费待遇。但计算其一般工龄及本企业工龄时，每在此种场所工作一年，均作一年零三个月计算。

丁、在提炼或制造铅、汞、砒、磷、酸及其他化学、兵工工业中直接从事有害身体健康工作者，男工人与男职员年满五十五岁，女工人与女职员年满四十五岁，均得享受甲款规定的养老补助费待遇。但计算其一般工龄及本企业工龄时，每从事此种工作一年，均作一年零六个月计算。

第十六条　生育待遇的规定：

甲、女工人与女职员生育，产前产后共给假五十六日，产假期间，工资照发。

乙、女工人与女职员小产，怀孕在三个月以内者，给假十五日；在三个月以上不满七个月者，给假三十日，产假期间，工资照发。

丙、产假期满（不论正产或小产）仍不能工作，经医生证明后，均应按第十三条疾病待遇规定处理之。

丁、女工人与女职员或男工人与男职员的配偶生育时，由劳动保险基金项下付给生育补助费，其数额为五尺红市布，按当地零售价付给之。

第十七条　集体劳动保险事业的规定：

甲、凡在实行劳动保险各企业内工作的工人与职员，均有享受集体劳动保险事业的权利。详细办法由中华全国总工会制定之。

乙、集体劳动保险事业，由中华全国总工会统筹举办，但得委托各地方工会组织、各产业工会组织办理，其项目如下：

一、疗养所；

二、残废院；

三、养老院；

四、孤儿保育院；

五、休养所；

六、其他。

详细办法由中华全国总工会另定之。

第十八条　凡在实行劳动保险企业内工作的工人与职员，未加入工会者，除因工负伤、残废、死亡待遇，生育假期待遇，因病或非因工负伤治疗待遇，均得按本条例的规定享受外，其他各项，如疾病或非因工负伤医疗期间的工资与救济费，非因工残废救济费，供养直系亲属救济费，养老补助费及生育补助费等，只能领取规定额的半数。

第十九条　凡在实行劳动保险企业内工作的工人与职员，领取各种抚恤费、补助费与救济费时，只能领取最高额的一种，不得同时领取两种。

第四章　享受优异劳动保险待遇的规定

第二十条　凡对本企业有特殊贡献的劳动模范，及转入本企业工作的战斗英雄，经工会基层委员会提出，并经各省、市工会组织或产业工会全国委员会的批准，得享受下列较优异的劳动保险待遇：

甲、疾病或非因工负伤的全部医药费、住院膳费，概由企业行政方面或资方负担。

乙、疾病或非因工负伤医疗期间前三个月工资照发。疾病或非因工负伤救济费及非因工残废救济费，一律付给本人工资百分之五十。因工残废抚恤费为本人工资百分之一百。因工残废补助费为残废前本人工资与残废后现领工资的差额。因工死亡供养直系亲属抚恤费为本人工资百分之三十至百分之六十。退职养老补助费为本人工资百分之五十至百分之八十。在职养老补助费为本人工资百分之十五至百分之二十。详细办法在实施细则中规定之。

丙、有享受集体劳动保险事业的优先权。

第二十一条　残废军人转入本企业工作者，疾病或非因工负伤停止工作医疗期间，不计本企业工龄长短，前三个月工资照发，三个月以后，仍按第十三条乙款规定办理。

第五章　劳动保险金的支配

第二十二条　劳动保险金的支配办法如下：

甲、劳动保险总基金由中华全国总工会用以举办集体劳动保险事业。

乙、劳动保险基金由工会基层委员会用以支付各项抚恤费、补助费与救济费，每月结算一次，其余额全部转入省、市工会组织或产业工会全国委员会户内，作为劳动保险调剂金（以下简称调剂金）。

丙、调剂金由省、市工会组织或产业工会全国委员会用于对所属各工会基层委员会劳动保险基金不足开支时的补助或举办集体劳动保险事业之用。各产业工会全国委员会得授权其地方机构，掌管调剂金的调用。中华全国总工会对所属各省、市工会组织，各产业工会全国委员会的调剂金，有统筹调用之权，并得用以举办集体劳动保险事业。如省、市工会组织或产业工会全国委员会调剂金不足开支，得申请中华全国总工会调拨调剂金补助之。

第二十三条　劳动保险金，除用于劳动保险事业外，不得移作其他用途。

第二十四条　各企业的会计部门，均须设立劳动保险基金的独立会计，负责办理劳动保险基金的收支事宜。劳动保险基金会计制度，由中央人民政府劳动部会同中华全国总工会制定之。

第二十五条　劳动保险调剂金的收支事宜，由各级工会组织的财务部门根据中华全国总工会的规定办理之。

第六章　劳动保险事业的执行与监督

第二十六条　各工会基层委员会，为执行劳动保险业务的基层单位，其主要工作为：督促劳动保险金的缴纳；决定劳动保险基金的支付；监督本条例所规定由企业行政方面或资方直接支付的各项费用的开支；推动该企业改进医疗所或医院的工作；执行一切有关劳动保险的实际业务；每月编造劳动保险基金月报表，每年编造预算、决算、业务计划书及业务报告书，报告省、市工会组织，和产业工会全国委员会及当地人民政府劳动行政机关；并向工会全体会员大会或代表大会报告工作。

第二十七条　各工会基层委员会的经费审查委员会，应按月审核劳动保险基金收支账目及本条例所规定的由企业行政方面或资方直接支付的各项费用，并公布之。

第二十八条　各省、市工会组织，各产业工会全国委员会或地区委员会对所属各工会基层委员会的劳动保险业务，负指导督促之责，审核劳动保险基金的收支月报表、预算、决算及劳动保险基金的收支有无错误，接受工人与职员有关劳动保险事件的申诉，每月编造劳动保险基金及调剂金的收支月报表，每年编造预算、决算、业务计划书及业务报告书，并行下列程序报告：

甲、各省、市工会组织向当地人民政府劳动行政机关及大行政区工会组织报告。

乙、各产业工会全国委员会向中华全国总工会及中央人民政府劳动部报告。

第二十九条　各大行政区工会组织对所属各省、市工会组织及其区域内产业工会组织的劳动保险工作，负指导督促之责，审核省、市工会组织劳动保险基金及调剂金的收支月报表、预算、决算、业务计划书及业务报告书，并每三个月编造劳动保险基金收支报告，每年编造预算、决算、业务计划书及业务报告书，报告所在地大行政区人民政府劳动部、中央人民政府劳动部及中华全国总工会。

第三十条　中华全国总工会为全国劳动保险事业的最高领导机关，统筹全国劳动保险事业的进行，督导所属各地方工会组织，各产业工会组织有关劳动保险事业的执行；审核并汇编劳动保险基金及总基金的收支报告表，每年编造劳动保险金的预算、决算、业务计划书及业务报告书，并送中央人民政府劳动部、财政部备查。

第三十一条　各级人民政府劳动行政机关应监督劳动保险金的缴纳，检查劳动保险业务的执行，并处理有关劳动保险事件的申诉。

第三十二条　中央人民政府劳动部为全国劳动保险业务的最高监督机关，贯彻劳动保险条例的实施，检查全国劳动保险业务的执行，其检查制度另订之。

第七章　附　则

第三十三条　本条例由中央人民政府政务院通过后公布施行，修改时同。

第三十四条　本条例自一九五一年三月一日起施行，自一九五一年五月一日起支付工人、职员根据本条例应享有的劳动保险费。凡根据本条例实行劳动保险的各企业，其原有的劳动保险办法，从一九五一年五月一日起废止。但如该企业工人、职员认为原有办法规定的各项待遇总额超过本条例，不愿改变时，该企业行政方面或资方应会同工会基层委员会向当地人民政府劳动行政机关申请，经中央人民政府劳动部批准后，得维持原有办法，暂缓实行本条例。

附件一：

政务院关于《中华人民共和国劳动保险条例》若干修正的决定

(1953 年 1 月 2 日政务院第一百六十五次政务会议通过，
1953 年 1 月 9 日公布)

一九五一年二月本院颁布了中华人民共和国劳动保险条例，在实行中已取得了一些成绩和经验，获得了广大职工群众的拥护，对于减轻职工生活中的困难，鼓舞职工的劳动热情，都起了积极的作用。但劳动保险条例是在国家财政经济还没有全面恢复情况下制定的，有些待遇规定得较低，在实施范围上也只能采取重点试行办法。现有国家财政经济状况已经根本好转，大规模经济建设工作即将展开，自应适当扩大劳动保险条例实施范围并酌量提高待遇标准，但由于抗美援朝的斗争仍在继续进行，经济建设又需投入大量资金，国家必须将财力首先用之于关系全国人民根本利益的主要事业，同时工人阶级和全体人民的福利也只有在生产发展的基础上才能逐步改进。因此目前劳动保险条例的实施范围还不能扩大得过广，待遇标准也不能提得过高。为此，本院特作下列决定：

一、关于扩大实施范围问题，除原已施行的铁路、邮电、航运及有职工一百人以上的工厂、矿场外，现将实施范围扩大到下列各项企业：（一）工厂、矿场及交通事业的基本建设单位；（二）国营建筑公司。在扩大范围内的单位一般应自一九五三年一月一日起由其行政方面缴纳劳动保险金，工人职员从一九五三年三月一日起，享受劳动保险条例所规定的各项劳动保险待遇。

凡属于扩大范围内的企业单位，应由企业行政方面会同工会基层组织拟定实施办法，向当地劳动行政机关申请审核实行。如因有特殊困难，暂时难于实行者，经当地劳动行政机关批准后亦可暂缓实行。

二、关于提高劳动保险待遇问题，废止停工医疗以六个月为限的规定，适当提高职工疾病医疗期间待遇标准，规定贵重药费的酌情补助，增加养老补助费，放宽养老条件，其他如生育待遇、丧葬费、丧葬补助费、非因工死亡家属救济费亦酌量增加。上述各项标准已在修改后的劳动保险条例中具体规定。凡已实行劳动保险条例的企业应自一九五三年一月一日起按照新规定支付工人职员应得的各项劳动保险费。

三、中央人民政府劳动部应会同中华全国总工会根据修正后的中华人民共和国劳动保险条例从速修改劳动保险条例实施细则草案及其他有关法令并公布之。

附件二：

劳动保险条例原条例和修改后条例的规定的比较

这次劳动保险条例修改的主要内容有二：

第一，是扩大条例的实施范围；

第二，提高劳动保险待遇。

原条例和修改后条例的规定分别比较于后：

项　目	原条例的规定	修改后条例的规定
范围	限于铁路、邮电、航运三个产业及一百人以上的工厂、矿场。	扩大到（一）工厂、矿场及交通事业的基本建设单位；（二）国营建筑公司。

项　目	原条例的规定	修改后条例的规定
待　遇		
（一）疾病或非因工负伤待遇		
1. 医疗期间	以六个月为限。	至医生决定停止医疗时止。
2. 贵重药费	本人自理。	原则上由本人负担，但经济困难者可申请劳动保险基金补助。
3. 病伤假期工资	三个月以内单人工资百分之五十至一百。	六个月以内本人工资百分九六十至一百。
4. 病伤救济费	停工医疗三个月以上至六个月者百分之三十至五十，六个月以后百分之二十至三十。	六个月以后本人工资百分之四十至六十。
5. 就医路费住院膳费	单人自理。	经济困难者，可由劳保基金补助，回原企业工作。
6. 病伤痊愈复工	无规定。	回原企业工作。
（二）养老		
1. 养老条件	男职工年满六十岁（女职工五十岁）本企业工龄十年，一般工龄二十五年（女职工二十年）。	男职工年满六十岁（女职工五十岁）本企业工龄五年，一般工龄二十五年（女职工二十年）。
2. 退职养老补助费	本人工资百分之三十五至六十。	本人工资百分之五十至七十。
（三）生育		
1. 生育假期	正产五十六日，小产七个月以内三十日，小产三个月以内十五日，产假期中工资照发。	正产五十六日，小产三十日以内，双生难产七十日，产假期中工资照发。
2. 生育补助费	五尺红市布。	四万元人民币。
3. 包生费、检查费	无规定。	企业负担。

项　目	原条例的规定	修改后条例的规定
（四）死亡 1. 因工死亡丧葬费 2. 因工残废退职后死亡	本企业平均工资两个月。 丧葬补助费平均工资一个月，供养直系亲属救济费本人工资三至十二个月。	本企业平均工资三个月。 丧葬补助费平均工资三个月，按月付给供养直系亲属抚恤费本人工资百分之二十五至五十。
3. 非因工死亡丧葬补助费	本企业平均工资一个月。	本企业平均工资两个月。
4. 供养直系亲属救济费	单人工资三至十二个月。（按本企业工龄付给）	本人工资六个月至十二个月。（按供养直系亲属人数发给）
5. 退职养老后及非因工残废退职后死亡	丧葬补助费平均工资一个月。	丧葬补助费平均工资两个月，供养直系亲属救济费本人工资六至十二个月。
6. 供养直系亲属丧葬补助费	十周岁以上平均工资一个月的三分之一，一周岁至十周岁平均工资一个月的四分之一。	十周岁以上平均工资一个月的二分之一，一周岁至十周岁平均工资一个月的三分之一。
（五）残废 1. 因工残废补助费	本人工资百分之五至百分之二十。	本人工资百分之十至百分之三十。
2. 非因工残废救济费	本人工资百分之二十至百分之三十。	本人工资百分之四十至百分之五十。

附录2

国务院关于工人、职员退休处理的暂行规定

（1957 年 11 月 16 日全国人大常委会第八十五次会议原则批准。
1958 年 2 月 6 日国务院全体会议修改通过，同年 2 月 9 日
国务院总理周恩来公布施行）

第一条　为了妥善地安置年老的和身体衰弱、因工残废而丧失劳动能力的工人、职员，制定本暂行规定。

第二条　国营、公私合营的企业、事业单位和国家机关、人民团体（以下简称企业、机关）的工人、职员，符合下列条件之一的，应该退休：

（一）男工人、职员年满六十周岁，连续工龄满五年，一般工龄（包括连续工龄，下同）满二十年的；女工人年满五十周岁、女职员年满五十五周岁，连续工龄满五年，一般工龄满十五年的；

（二）从事井下、高空、高温、特别繁重体力劳动或者其他有损身体健康工作的工人、职员，男年满五十五周岁、女年满四十五周岁，其连续工龄和一般工龄又符合本条（一）项条件的；

（三）男年满五十周岁、女年满四十五周岁的工人、职员，连续工龄满五年，一般工龄满十五年，身体衰弱丧失劳动能力，经过劳动鉴定委员会确定或者医生证明不能继续工作的；

（四）连续工龄满五年，一般工龄满二十五年的工人、职员，身体衰弱丧失劳动能力，经过劳动鉴定委员会确定或者医生证明不能继续工作的；

（五）专职从事革命工作满二十年的工作人员，因身体衰弱不能继续工作而自愿退休的。

第三条　符合本规定第二条（一）、（二）两项条件的工人、职员，如果因为工作需要，企业、机关可以继续留用。在本规定发布以后留用的这种工人、职员，都不加发在职养老补助费。

在本规定发布前留用的这种工人、职员，如果今后仍然需要继续留用，

其原来领取的在职养老补助费可以照旧发给。

第四条　工人、职员退休以后，按月发给退休费，直至本人去世的时候为止。退休费的标准如下：

（一）符合本规定第二条（一）、（二）两项条件的工人，职员，连续工龄在五年以上不满十年的，为本人工资的50%；十年以上不满十五年的，为本人工资的60%；十五年以上的，为本人工资的70%；

（二）符合本规定第二条（三）、（四）两项条件的工人、职员，连续工龄在五年以上不满十年的，为本人工资的40%；十年以上不满十五年的，为本人工资的50%；十五年以上的，为本人工资的60%；

（三）符合本规定第二条（五）项条件的工作人员，为本人工资的70%；

（四）对于社会有特殊贡献的工人、职员的退休费，可以酌情高于本条（一）、（二）、（三）三项的标准，但是提高的幅度最高不得超过本人工资的15%，并且必须经过上级主管机关批准。

第五条　工人、职员因工残废，经过劳动鉴定委员会确定或者医生证明完全丧失劳动能力的，也应该退休。退休后的待遇，在实行劳动保险条例的企业单位，仍然按照劳动保险条例的有关规定办理；在没有实行劳动保险条例的企业、机关，其退休费，饮食起居需人扶助的，按月发给本人工资的75%，饮食起居不需人扶助的，按月发给本人工资的60%，直至本人去世的时候为止，其中对于社会有特殊贡献的，同样享受本规定第四条（四）项的待遇。

如果因工残废完全丧失劳动能力的工人、职员符合本规定第二条（一）、（二）、（五）项条件，并且其应该领取的退休费的标准高于本条前款规定按月发给本人工资的60%的时候，其退休费应该按照本规定第四条的规定发给。

第六条　工人、职员退休的时候，本人和他们的供养直系亲属前往居住地点途中所需用的车船费、旅馆费、行李搬运费和伙食补助费，都按照本单位现行的行政经费开支的规定办理。

第七条　退休人员本人，可以享受与他所居住的地方的国家机关工作人员相同的公费医疗待遇。医药费按照企业、机关现行的办法报销。

第八条　退休人员去世以后，一次发给五十元至一百元的丧葬补助费；并且根据他供养的直系亲属人数的多少，一次发给相当于本人六至九个月的退休费总额的亲属抚恤费。

第九条　本规定所说的连续工龄的计算办法：企业的工人、职员按照《劳动保险条例实施细则修正草案》计算本企业工龄的规定办理；事业单位、国家机关和人民团体的工作人员按照《国务院关于处理国家机关工作人员退职退休时计算工作年限的暂行规定》办理。

第十条　本规定所说的本人工资，是指工人、职员退休前最后一个月的计时工资标准。凡在本规定发布以前已经具备本规定第二条所列退休条件的工人、职员，在当时并未退休而只调任轻便工作并且降低工资的，按照调动工作前最后一个月的计时工资标准计算，如果在具备退休条件以后的期间内调动工作不止一次的，按照第一次调动工作前最后一个月的计时工资标准计算。

第十一条　工人、职员退休，由企业、机关行政决定，取得同级工会同意以后执行。如果是领导人员退休，还必须报送任免机关批准。

有关退休的工龄计算，退休待遇标准的确定，填发退休人员证明书等工作，由企业、机关的人事部门会同同级工会办理。

第十二条　规定发给的各项费用，在实行劳动保险的企业单位，退休费、丧葬补助费和亲属抚恤费，由劳动保险基金中支付，如果本单位的劳动保险基金不敷开支，可以在本省、自治区、直辖市或者本产业系统内进行调剂，仍然不足的时候，差额部分由本单位行政支付。在没有实行劳动保险的企业单位，上述各项费用，全部由企业行政支付；在事业单位、国家机关和人民团体，全部由退休人员居住地方的县级民政部门另列预算支付。

第十三条　本规定同样适用于学校的教员、职员、工人，供销合作社的工人、职员和在军队中工作的无军籍的工人、职员；但是，不适用于手工业生产合作社、运输合作社和未定息的公私合营企业的人员。

第十四条　本规定自发布之日起施行。国务院发布的《国家机关工作人员退休处理暂行办法》同时废止，前政务院发布的《劳动保险条例》与本规定有抵触的，按照本规定执行。但是，过去已经退休现在继续领取退休费的人员，仍然按照原来的标准享受待遇。

第十五条　本规定的实施细则，分别由劳动部和省、自治区、直辖市人民委员会制定发布施行。

国务院关于工人退休、退职的暂行办法

（国发〔1978〕104 号，1978 年 5 月 24 日第五届全国人民代表大会
常务委员会第二次会议原则批准，1978 年 6 月 2 日发布）

老年工人和因工、因病丧失劳动能力的工人，对社会主义革命和建设做出了应有的贡献。妥善安置他们的生活，使他们愉快地度过晚年，这是社会主义制度优越性的具体体现，同时也有利于工人队伍的精干，对实现我国的四个现代化，必将起促进作用。为了做好这项工作，特制定本办法。

第一条 全民所有制企业、事业单位和党政机关、群众团体的工人，符合下列条件之一的，应该退休。

（一）男年满 60 周岁，女年满 50 周岁，连续工龄满 10 年的。

（二）从事井下、高空、高温、特别繁重体力劳动或者其他有害身体健康的工作，男年满 55 周岁、女年满 45 周岁，连续工龄满 10 年的。

本项规定也适用于工作条件与工人相同的基层干部。

（三）男年满 50 周岁、女年满 45 周岁，连续工龄满 10 年，由医院证明，并经劳动鉴定委员会确认，完全丧失劳动能力的。

（四）因工致残，由医院证明，并经劳动鉴定委员会确认，完全丧失劳动能力的。

第二条 工人退休以后，每月按下列标准发给退休费，直至去世为止。

（一）符合第一条第（一）、（二）、（三）项条件，抗日战争时期参加革命工作的，按本人标准工资的 90% 发给。解放战争时期参加革命工作的，按本人标准工资的 80% 发给。中华人民共和国成立后参加革命工作，连续工龄满 20 年的，按本人标准工资的 75% 发给；连续工龄满 15 年不满 20 年的，按本人标准工资的 70% 发给；连续工龄满 10 年不满 15 年的，按本人标准工资的 60% 发给。退休费低于 25 元的，按 25 元发给。

（二）符合第一条第（四）项条件，饮食起居需要人扶助的，按本人标

准工资的 90% 发给，还可以根据实际情况发给一定数额的护理费，护理费标准，一般不得超过一个普通工人的工资；饮食起居不需要人扶助的，按本人标准工资的 80% 发给。同时具备两项以上的退休条件，应当按最高的标准发给。退休费低于 35 元的，按 35 元发给。

第三条 患二、三期矽肺病离职休养的工人，如果本人自愿，也可以退休。退休费按本人标准工资的 90% 发给，并享受原单位矽肺病人在离职休养期间的待遇。

患二、三期矽肺病离职休养的干部，也可以按照本条的办法执行。

第四条 获得全国劳动英雄、劳动模范称号，在退休时仍然保持其荣誉的工人；省、市、自治区革命委员会认为在革命和建设中有特殊贡献的工人；部队军以上单位授予战斗英雄称号的转业、复员军人，在退休时仍保持其荣誉的，其退休费可以酌情高于本办法所定标准的 5% ~ 15%，但提高标准后的退休费，不得超过本人原标准工资。

第五条 不具备退休条件，由医院证明，并经劳动鉴定委员会确认，完全丧失劳动能力的工人，应该退职。退职后，按月发给相当于本人标准工资 40% 的生活费，低于 20 元的，按 20 元发给。

第六条 退休工人易地安家的，一般由原工作单位一次发给 150 元的安家补助费，从大中城市到农村安家的，发给 300 元。

退职工人易地安家的，可以发给相当于本人两个月标准工资的安家补助费。

第七条 工人退休、退职的时候，本人及其供养的直系亲属前往居住地点途中所需的车船费、旅馆费、行李搬运费和伙食补助费，都按照现行的规定办理。

第八条 退休、退职工人本人，可以继续享受公费医疗待遇。

第九条 工人的退休费、退职生活费，企业单位，由企业行政支付；党政机关、群众团体和事业单位，由退休、退职工人居住地方的县级民政部门另列预算支付。

第十条 工人退休、退职后，家庭生活确实困难的，或多子女上山下乡、子女就业少的，原则上可以招收其一名符合招工条件的子女参加工作。招收的子女，可以是按政策规定留城的知识青年，可以是上山下乡知识青年，也可以是城镇应届中学毕业生。

我国农村生产水平还比较低，粮食还没有过关，对增加城镇和其他吃商品粮的人口，必须严加控制。因此，家居农村的退休、退职工人，应尽量回到农村安置，本人户口迁回农村的，也可以招收他们在农村的一名符合招工条件的子女参加工作；退休、退职工人回农村后，其口粮由所在生产队供应。

招收退休、退职工人的子女，应当由当地劳动部门统一安排。招收子女的具体办法，由省、市、自治区根据上述原则结合本地区的实际情况自行规定。

第十一条　工人退休、退职后，不要继续留在全民所有制单位。他们到城镇街道、农村社队后，街道组织和社队要加强对他们的管理教育，关心他们的生活，注意发挥他们的积极作用。街道、社队集体所有制单位如果需要退休、退职工人从事力所能及的工作，可以付给一定的报酬，但连同本人退休费或退职生活费在内，不能超过本人在职时的标准工资。

对于单身在外地工作的工人，退休、退职后要求迁到家属所在地居住的，迁入地区应当准予落户。

第十二条　各地区、各部门、各单位要切实加强对工人退休、退职工作的领导。对应该退休、退职的工人，要做好深入细致的思想政治工作，动员他们退休、退职。退休、退职工作要分期分批进行。要严格掌握退休、退职条件和招工条件，防止因招收退休、退职工人子女而任意扩大退休、退职范围和降低招工质量。

第十三条　集体所有制企业、事业单位工人的退休、退职，由省、市、自治区革命委员会参照本办法，结合本地区集体所有制单位的实际情况，自行制定具体办法，其各项待遇，不得高于本办法所定的标准。

第十四条　过去有关工人退休、退职的规定与本办法不一致的，按本办法执行。已按有关规定办理了退休的工人，其退休费标准低于本办法所定标准的，自本办法下达之月起，改按本办法规定的标准发给，但解放战争时期参加革命工作，连续工龄不满20年的，只按本人标准工资的75%发给。改变退休费标准后的差额部分一律不予补发。已按有关规定办理了退职的工人，其待遇一律不再变动。

附录 4

《国营企业实行劳动合同制暂行规定》* 关于养老保险的论述

（国发〔1986〕77 号，1986 年 7 月 12 日国务院发布，
1992 年 5 月 18 日国务院修改）

······

第五章 退休养老期间的待遇

第二十六条（修改前）　国家对劳动合同制工人退休养老实行社会保险制度。退休养老基金的来源，由企业和劳动合同制工人缴纳。退休养老金不敷使用时，国家给予适当补助。

企业缴纳的退休养老基金，在缴纳所得税前列支，缴纳的数额为劳动合同制工人工资总额的 15%。由企业开户银行按月代为扣缴，转入当地劳动行政主管部门所属的社会保险专门机构在银行开设的"退休养老基金"专户。对逾期不缴者，按照规定加收滞纳金。

劳动合同制工人缴纳的退休养老基金数额为不超过本人标准工资的 3%。由企业按月在工资中扣除，向当地劳动行政主管部门所属的社会保险专门机构缴纳。

退休养老基金存入银行的款项，按照城乡居民个人储蓄存款利率计息，所得利息转入退休养老基金项下。

第二十六条（修改后）　国家对劳动合同制工人退休养老实行社会保险制度。退休养老基金的来源，由企业和劳动合同制工人缴纳。退休养老基金不敷使用时，国家给予适当补助。

企业缴纳的退休养老基金，在缴纳所得税前列支，缴纳的数额为劳动合

＊ 节选《国营企业实行劳动合同制暂行规定》中关于"养老保险"的相关内容。

同制工人工资总额的 15% 左右。由企业开户银行按月代为扣缴，转入当地劳动行政主管部门所属的社会保险专门机构在银行开设的"退休养老基金"专户。对逾期不缴的，依照规定加收滞纳金。

劳动合同制工人缴纳的退休养老基金数额为不超过本人标准工资的 3%，由企业按月在工资中扣除，向当地劳动行政主管部门所属的社会保险专门机构缴纳。

经国务院批准按系统实行统筹的，企业和劳动合同制工人应当依照国家有关规定向该系统的主管部门所属的社会保险专门机构缴纳退休养老基金。

退休养老基金存入银行的款项，按照城乡居民个人储蓄存款利率计息，所得利息转入退休养老基金项下。本决定自发布之日起施行。

第二十七条　劳动合同制工人的退休养老待遇包括：退休费（含国家规定加发的其他补贴、补助）、医疗费和丧葬补助费、供养直系亲属抚恤费、救济费。

劳动合同制工人退休后，按月发给退休费，直至死亡。退休费标准，根据缴纳退休养老基金年限长短、金额多少和本人一定工作期间平均工资收入的不同比例确定，医疗费和丧葬补助费、供养直系亲属抚恤费、救济费，参照国家有关规定执行。

对缴纳退休养老基金年限比较短的工人，其退休养老费用可以一次发给。

第二十八条　劳动合同制工人退休养老工作，由劳动行政主管部门所属的社会保险专门机构管理，其主要职责是筹集退休养老基金，支付退休养老费用和组织管理退休工人。

附录 5

国务院关于企业职工养老保险制度改革的决定

（国发〔1991〕33 号，1991 年 6 月 26 日）

我国企业职工的养老保险制度是 20 世纪 50 年代初期建立的，以后在 1958 年和 1978 年两次作了修改。近年来，各地区适应经济体制改革的需要，又进行了以退休费用社会统筹为主要内容的改革，取得一定成效。按照国民经济和社会发展十年规划和第八个五年计划纲要的要求，在总结各地经验的基础上，国务院对企业职工养老保险制度改革作如下决定：

一、根据我国生产力发展水平和人口众多且老龄化发展迅速的情况，企业职工养老保险制度改革要处理好国家利益、集体利益和个人利益，目前利益和长远利益，整体利益和局部利益的关系，主要是对现行的制度办法进行调整、完善。考虑到各地区和企业的情况不同，各省、自治区、直辖市人民政府可以根据国家的统一政策，对职工养老保险作出具体规定，允许不同地区、企业之间存在一定的差距。

二、随着经济的发展，逐步建立起基本养老保险与企业补充养老保险和职工个人储蓄性养老保险相结合的制度。改变养老保险完全由国家、企业包下来的办法，实行国家、企业、个人三方共同负担，职工个人也要缴纳一定的费用。

三、基本养老保险基金由政府根据支付费用的实际需要和企业、职工的承受能力，按照以支定收、略有结余、留有部分积累的原则统一筹集。具体的提取比例和积累率，由省、自治区、直辖市人民政府经实际测算后确定，并报国务院备案。

四、企业和职工个人缴纳的基本养老保险费分别记入《职工养老保险手册》。企业缴纳的基本养老保险费，按本企业职工工资总额和当地政府规定的比例在税前提取，由企业开户银行按月代为扣缴。企业逾期不缴，要按规定加收滞纳金。滞纳金并入基本养老保险基金。职工个人缴纳基本养老保险费，

201

在调整工资的基础上逐步实行，缴费标准开始时可不超过本人标准工资的3%，以后随着经济的发展和职工工资的调整再逐步提高。职工个人缴纳的基本养老保险费，由企业在发放工资时代为收缴。

五、企业和职工个人缴纳的基本养老保险费转入社会保险管理机构在银行开设的"养老保险基金专户"，实行专项储存，专款专用，任何单位和个人均不得擅自动用。银行应按规定提取"应付未付利息"；对存入银行的基金，按其存期照人民银行规定的同期城乡居民储蓄存款利率计息，所得利息并入基金。积累基金的一部分可以购买国家债券。地方各级政府要设立养老保险基金委员会，实施对养老保险基金管理的指导和监督。委员会由政府主管领导任主任，劳动、财政、计划、审计、银行、工会等部门的负责同志参加，办公室设在劳动部门。

六、职工退休后的基本养老金计发办法目前不作变动，今后可结合工资制度改革，通过增加标准工资在工资总额中的比重，逐步提高养老金的数额。国家根据城镇居民生活费用价格指数增长情况，参照在职职工工资增长情况对基本养老金进行适当调整，所需费用从基本养老保险基金中开支。

七、尚未实行基本养老保险基金省级统筹的地区，要积极创造条件，由目前的市、县统筹逐步过渡到省级统筹。实行省级统筹后，原有固定职工和劳动合同制职工的养老保险基金要逐步按统一比例提取，合并调剂使用。具体办法由各省、自治区、直辖市人民政府制定。中央部属企业，除国家另有规定者外，都要参加所在地区的统筹。

八、企业补充养老保险由企业根据自身经济能力，为本企业职工建立，所需费用从企业自有资金中的奖励、福利基金内提取。个人储蓄性养老保险由职工根据个人收入情况自愿参加。国家提倡、鼓励企业实行补充养老保险和职工参加个人储蓄性养老保险，并在政策上给予指导。同时，允许试行将个人储蓄性养老保险与企业补充养老保险挂钩的办法。补充养老保险基金，由社会保险管理机构按国家技术监督局发布的社会保障号码（国家标准GB 11643—89）记入职工个人账户。

九、劳动部和地方各级劳动部门负责管理城镇企业（包括不在城镇的全民所有制企业）职工的养老保险工作。劳动部门所属的社会保险管理机构，是非营利性的事业单位，经办基本养老保险和企业补充养老保险的具体业务，并受养老保险基金委员会委托，管理养老保险基金。现已由人民保险公司经办的养老保险业务，可以维持现状不作变动。个人储蓄性养老保险由职工个人自愿选择经办机构。

十、社会保险管理机构可从养老保险基金中提取一定的管理服务费，具体的提取比例根据实际工作需要和节约的原则，由当地劳动部门提出，经同级财政部门审核，报养老保险基金委员会批准。管理服务费主要用于支付必要的行政和业务等费用。养老保险基金及管理服务费，不计征税费。社会保险管理机构应根据国家的政策规定，建立健全基金管理的各项制度，编制养老保险基金和管理服务费收支的预、决算，报当地人民政府在预算中列收列支，并接受财政、审计、银行和工会的监督。

十一、本决定适用于全民所有制企业。城镇集体所有制企业可以参照执行；对外商投资企业中方职工、城镇私营企业职工和个体劳动者，也要逐步建立养老保险制度。具体办法由各省、自治区、直辖市人民政府制定。

十二、国家机关、事业单位和农村（含乡镇企业）的养老保险制度改革，分别由人事部、民政部负责，具体办法另行制定。企业职工养老保险制度改革，是保障退休职工生活，维护社会安定的一项重要措施，对减轻国家和企业负担，促进经济体制改革以及合理引导消费有重要作用。这项工作政策性强，涉及面广，各级政府要切实加强领导，根据本决定的精神，结合实际抓紧制定具体的实施方案，积极稳妥地推进企业职工养老保险制度的改革。

附录 6

中共中央关于建立社会主义市场经济体制若干问题的决定[*]

（中国共产党第十四届中央委员会第三次全体会议
1993 年 11 月 14 日通过）

……

（26）建立多层次的社会保障体系，对于深化企业和事业单位改革，保持社会稳定，顺利建立社会主义市场经济体制具有重大意义。社会保障体系包括社会保险、社会救济、社会福利、优抚安置和社会互助、个人储蓄积累保障。社会保障政策要统一，管理要法制化。社会保障水平要与我国社会生产力发展水平以及各方面的承受能力相适应。城乡居民的社会保障办法应有区别。提倡社会互助。发展商业性保险业，作为社会保险的补充。

（27）按照社会保障的不同类型确定其资金来源和保障方式。重点完善企业养老和失业保险制度，强化社会服务功能以减轻企业负担，促进企业组织结构调整，提高企业经济效益和竞争能力。城镇职工养老和医疗保险金由单位和个人共同负担，实行社会统筹和个人账户相结合。进一步健全失业保险制度，保险费由企业按职工工资总额一定比例统一筹交。普遍建立企业工伤保险制度。农民养老以家庭保障为主，与社区扶持相结合。有条件的地方，根据农民自愿，也可以实行个人储蓄积累养老保险。发展和完善农村合作医疗制度。

（28）建立统一的社会保障管理机构。提高社会保障事业的管理水平，形成社会保险基金筹集、运营的良性循环机制。社会保障行政管理和社会保险基金经营要分开。社会保障管理机构主要是行使行政管理职能。建立由政府

---

[*] 节选《中共中央关于建立社会主义市场经济体制若干问题的决定》中关于"社会保障"的相关内容。

有关部门和社会公众代表参加的社会保险基金监督组织，监督社会保险基金的收支和管理。社会保险基金经办机构，在保证基金正常支付和安全性流动性的前提下，可依法把社会保险基金主要用于购买国家债券，确保社会保险基金的保值增值。

　　……

附录 7

国务院关于深化企业职工养老保险制度改革的通知

（国发〔1995〕6 号，1995 年 3 月 17 日）

各省、自治区、直辖市人民政府，国务院各部委、各直属机构：

《国务院关于企业职工养老保险制度改革的决定》发布以来，各地区、各有关部门积极进行企业职工养老保险制度改革，在推进保险费用社会统筹、扩大保险范围、实行职工个人缴费制度和进行社会统筹与个人账户相结合试点等方面取得了一定成效，对保障企业离退休人员基本生活，维护社会稳定和促进经济发展发挥了重要作用。但是，由于这项改革尚处于探索阶段，现行的企业职工养老保险制度还不能适应建立社会主义市场经济体制的要求，必须进一步深化改革。根据《中共中央关于建立社会主义市场经济体制若干问题的决定》精神，经过调查研究和广泛征求意见，现就深化企业职工养老保险制度改革的有关问题通知如下：

一、企业职工养老保险制度改革的目标是：到本世纪末，基本建立起适应社会主义市场经济体制要求，适用城镇各类企业职工和个体劳动者，资金来源多渠道、保障方式多层次、社会统筹与个人账户相结合、权利与义务相对应、管理服务社会化的养老保险体系。基本养老保险应逐步做到对各类企业和劳动者统一制度、统一标准、统一管理和统一调剂使用基金。

二、深化企业职工养老保险制度改革的原则是：保障水平要与我国社会生产力发展水平及各方面的承受能力相适应；社会互济与自我保障相结合，公平与效率相结合；政策统一，管理法制化；行政管理与保险基金管理分开。

三、基本养老保险费用由企业和个人共同负担，实行社会统筹与个人账户相结合。在理顺分配关系，加快个人收入工资化、工资货币化进程的基础上，逐步提高个人缴费比例。提高个人缴费比例的幅度，由各省、自治区、直辖市人民政府根据本地区职工工资增长等情况确定。为适应各地区的不同情况，对实行社会统筹与个人账户相结合提出两个实施办法，由地、市（不含县级市）提出选择意见报省、自治区人民政府批准，直辖市由市人民政府选择，均报劳动部备案。各地区还可以结合本地实际，对两个实施办法进行修改完善。

四、为了保障企业离退休人员基本生活，各地区应当建立基本养老金正常调整机制。基本养老金可按当地职工上一年度平均工资增长率的一定比例进行调整，具体办法在国家政策指导下由省、自治区、直辖市人民政府确定。

五、国家在建立基本养老保险、保障离退休人员基本生活的同时，鼓励建立企业补充养老保险和个人储蓄性养老保险。企业按规定缴纳基本养老保险费后，可以在国家政策指导下，根据本单位经济效益情况，为职工建立补充养老保险。企业补充养老保险和个人储蓄性养老保险，由企业和个人自主选择经办机构。

六、各地区应充分考虑到养老保险制度改革是一件涉及长远的大事，对企业与个人缴纳养老保险费的比例、发放养老金的标准和基金积累率等问题，要从我国生产力水平比较低、人口众多且老龄化问题日益突出等实际情况出发，兼顾国家、企业、个人三者利益，兼顾目前利益和长远利益，在充分测算论证的基础上进行统筹安排。要严格控制基本养老保险费的收缴比例和基本养老金的发放水平，减轻企业和国家的负担。

七、要根据国家有关规定建立健全养老保险基金的预算管理和财务、会计制度，做好缴费记录和个人账户等基础工作，严格控制管理费的提取和使用，坚持专款专用原则，切实搞好基金管理，确保基金的安全并努力实现其保值增值。当前，养老保险基金的结余额，除留足两个月的支付费用外，百分之八十左右应用于购买由国家发行的社会保险基金特种定向债券，任何单位和个人不得自行决定基金的其他用途。养老保险基金营运所得收益，全部并入基金并免征税费。

八、各地区和有关部门应积极创造条件，提高养老保险管理服务的社会化程度，逐步将企业发放养老金改为社会化发放，技术条件和基础工作较好的地区，可以实行由银行或者邮局直接发放；暂不具备条件的地区，可以由社会保险经办机构发放。社会保险经办机构也可以通过在大型企业设立派出机构等办法，对企业离退休人员进行管理服务。同时要充分发挥各方面的积极性，逐步将主要由企业管理离退休人员转为主要依托社区进行管理，提高社会化管理水平，切实减轻企业负担。

九、要实行社会保险行政管理与基金管理分开、执行机构与监督机构分设的管理体制。社会保险行政管理部门的主要任务是制定政策、规划，加强监督、指导。管理社会保险基金一律由社会保险经办机构负责。各地区和有关部门要设立由政府代表、企业代表、工会代表和离退休人员代表组成的社会保险监督委员会，加强对社会保险政策、法规执行情况和基金管理工作的监督。

十、已经国务院批准，由国务院有关部门和单位直接组织养老保险费用统筹的企业，仍参加主管部门和单位组织的统筹，但要按照社会统筹与个人账户相结合的原则进行改革。

十一、全国城镇企业职工养老保险工作由劳动部负责指导、监督，深化企业职工养老保险制度改革的工作亦由劳动部负责推动。国家体改委要积极参与，可选择一些地方进行深化改革的试点，劳动部要积极给予支持。国家计委、国家经贸委、财政部、中国人民银行等有关部门也应按照各自的职责协同配合，搞好深化改革的工作。

深化企业职工养老保险制度改革是一项十分重要的工作，对于完善社会保障体系，促进改革、发展和稳定具有重要意义。各地区、各有关部门对这项工作要高度重视，切实加强领导，精心组织实施，积极稳妥地推进，务求抓出实效。对深化改革中出现的新情况、新问题，要及时认真地研究解决，重大问题及时报告。

附件一：城镇企业职工养老保险社会统筹与个人账户相结合实施办法之一

附件二：城镇企业职工养老保险社会统筹与个人账户相结合实施办法之二

附件一：

城镇企业职工养老保险社会统筹与个人账户
相结合实施办法之一

一、基本养老保险费用的筹集

基本养老保险费用由单位和个人共同负担。

（一）个人缴纳养老保险费。

职工本人上一年度月平均工资为个人缴费工资基数。月平均工资应按国家统计局规定列入工资总额统计的项目计算，其中包括工资、奖金、津贴、补贴等收入。月平均工资超过当地职工平均工资200%或300%以上的部分，不计入个人缴费工资基数；低于当地职工平均工资60%的，按60%计入。

个人缴费的比例。自本办法实施之日起，职工按不低于个人缴费工资基数3%的比例缴费，以后一般每两年提高1个百分点，最终达到个人账户养老保险费的50%。已离退休人员个人不缴费。

个体工商户本人、私营企业主等非工薪收入者，可以当地上一年度职工月平均工资作为缴费的基数，并由个人按20%左右的费率缴费，其中4%左右进入社会统筹基金，16%左右进入个人账户。

（二）企业缴纳养老保险费。

企业按职工工资总额的一定比例缴纳基本养老保险费。为度过本地区人口老龄化高峰，各地应按照部分积累制的筹资模式，测定长期的统筹费率。目前可先按当地现行的统筹费率缴纳养老保险费，通过提高收缴率和扩大覆盖面等措施，力求统筹费率稳定在测定的标准上并有所下降，以逐步减轻企业负担。

（三）企业缴纳的基本养老保险费在税前列支，个人缴纳的养老保险费不计征个人所得税。

基本养老保险基金发生困难时，由同级财政予以支持。

二、建立基本养老保险个人账户

（一）按照社会统筹与个人账户相结合的原则，由社会保险经办机构按照国家技术监督局发布的社会保障号码（国家标准 GB 11643—89）或居民身份证号码，为参加基本养老保险的人员每人建立一个终身不变的基本养老保险个人账户。

（二）基本养老保险个人账户按职工工资收入 16% 左右的费率记入，包括：

1. 职工本人缴纳的全部养老保险费。

2. 从企业缴纳的养老保险费中按个人缴费工资基数的一定比例划转记入的部分。

上述两项合计为 11% 左右。随着个人缴费比例的提高，从企业划转记入的比例相应降低。

3. 从企业缴纳的养老保险费中按当地职工月平均工资的 5% 左右划转记入的部分。

（三）基本养老保险个人账户的储存额按"养老基金保值率"计算利息。"养老基金保值率"根据银行的居民定期存款利率，并参考当地上一年度职工平均工资增长率确定。

（四）职工在同一地区范围内调动工作，不变换基本养老保险个人账户。职工由于各种原因中断工作，其个人账户予以保留。职工调动或中断工作前后个人账户的储存额可以累积计算，不间断计息。

（五）职工在不同地区之间调动工作，基本养老保险个人账户的全部储存额由调出地社会保险经办机构向调入地社会保险经办机构划转，调入地社会保险经办机构为其建立基本养老保险个人账户。

（六）职工基本养老保险个人账户的储存额，只能用于职工本人离退休后按月支付养老金，不能移作他用。

（七）职工在离退休前或者离退休后死亡，其基本养老保险个人账户的储存额尚未领取或未领取完，其余额中的个人缴费部分，按照规定发给职工指定的受益人或法定继承人；从企业缴纳的养老保险费中记入的部分，归入社会统筹基金。职工离退休后，基本养老保险个人账户的储存额已领取完毕时，由社会统筹基金按规定标准继续支付，直至其死亡。

（八）建立基本养老保险社会统筹基金。企业缴纳的养老保险费的一部分进入社会统筹基金。原有离退休人员的养老金、改革时已有一定工龄的职工离退休后的部分养老金、寿命长和收入低的职工的部分养老金，以及根据在职职工工资增长调整养老金水平所需资金，按规定从社会统筹基金中支付。

三、基本养老保险金计发办法

职工到达法定离退休年龄，凡个人缴费累计满 15 年，或本办法实施前参加工作连续工龄（包括缴费年限）满 10 年的人员，均可享受基本养老保险待遇，按月领取养老金。

为确保职工离退休后的基本生活，又能体现本人在职期间的贡献大小和个人缴费多少，实行基本养老保险金与个人缴费的年限和数额挂钩。相应的计发办法是，以个人账户累计储存额（包括本金和利息），按离退休后的预期平均余命按月计发。

鉴于在职职工以前没有实行个人缴费，有些职工实行个人缴费后不久即将离退休，因此分别不同对象，采用不同的计发办法，以使新老养老保险制度有机衔接，平稳过渡。

（一）凡本办法实施后参加工作的职工，到达法定离退休年龄离退休时，一律按基本养老保险个人账户的储存额，按月支付基本养老金。计算公式为：

月基本养老金 = 基本养老保险个人账户储存额 ÷ 120

（二）本办法实施前已经离退休的人员，仍按原来的办法计发养老金，同时享受改革后的养老金调整待遇。本办法实施前参加工作、实施后 3 年内到达法定离退休年龄离退休的职工，在按改革前原养老金计发办法计发的同时，再按缴费期个人账户累计额存额的一定比例增发养老金。计算公式为：

月基本养老金 = 按改革前原计发办法计发的养老金 + 基本养老保险个人账户储存额 × 增发比例

确定增发比例的原则是，使同一工资水平的职工，后离退休的养老金比先离退休的略有增加，但差距不宜太大。

（三）本办法实施前参加工作、实施 3 年后到达法定离退休年龄离退休的职工，其在本办法实施前的工作年限可视同缴费年限，以职工个人账户中的储存额推算出全部工作年限的储存额，再除以 120，按月计发基本养老金。计算公式为：

月基本养老金 = 基本养老保险个人账户储存额 × 系数 ÷ 120

设置系数是为了推算出其全部工作年限的储存额，以及合理调整过渡期

211

间不同人员的养老金待遇。系数根据工龄和缴费年限制定。

少数职工按第（三）条计发的养老金如果低于按第（二）条计发的金额，可改按第（二）条计发。

（四）职工的离退休年龄，按现行规定不变。对国家规定可以提前离退休的从事高空、井下、高温、低温、有毒、有害工作和特别繁重体力劳动的职工，仍可按国家规定的离退休年龄执行，离退休时按本办法计发基本养老金。

（五）本办法实施后，职工获得劳动模范等称号时，由奖励单位给予一次性奖励或由单位为其办理补充养老保险，离退休时不另外提高基本养老金计发标准。对本办法实施前获得国家规定可享受养老保险优惠待遇的劳动模范等称号的职工，离退休时仍保留优惠待遇。

（六）离退休人员养老金最低标准，由地方政府制定。凡符合按月领取养老金条件的离退休人员，养老金达不到最低标准的，可补足到规定的养老金最低标准。

（七）本办法实施前参加工作、连续工龄（包括缴费年限）不满 10 年，或者本办法实施后参加工作、缴费不满 15 年，到达退休年龄的人员，按其基本养老保险个人账户中的全部储存额一次性支付给本人，同时终止养老保险关系。

（八）符合离休条件的人员，其离休待遇仍按国家现行规定执行。

附件二：

城镇企业职工养老保险社会统筹与个人账户
相结合实施办法之二

一、基本养老保险费用的筹集

（一）职工本人上一年度月平均工资为个人缴纳基本养老保险费的基数（以下简称缴费工资基数）。企业以全部职工缴费工资基数之和为企业缴费工资基数。月平均工资应按国家统计局规定列入工资总额统计的项目计算，其中包括工资、奖金、津贴、补贴等收入。职工月平均工资低于当地职工平均工资 60% 的，按 60% 计算缴费工资基数；超过当地职工平均工资 300% 的部分不计入缴费工资基数，也不计入计发养老金的基数。

（二）基本养老保险费由企业和职工个人共同缴纳。企业和职工个人共同缴纳养老保险费的年限，称为"缴费年限"。实行个人缴费制度前，职工的连续工龄可视同缴费年限。

（三）企业按当地政府规定的比例缴费，并在税前列支。

职工按当地政府规定的比例缴费。个人缴纳的养老保险费不计征个人所得税。个人缴费比例随着职工工资收入的增长而逐步提高。具体比例由当地政府根据本地实际需要和职工承受能力确定。已离退休人员不缴纳养老保险费。

（四）个体工商户本人、私营企业主等非工薪收入者，可以当地全部职工月平均工资作为基数，缴纳基本养老保险费。缴费比例不超过当地企业缴费比例与个人缴费比例之和，具体比例由当地政府规定。缴费年限自开始缴费始，至到达法定退休年龄时止。

（五）社会统筹基金发生困难时，由同级财政予以支持。

二、建立基本养老保险个人账户

（一）按照社会统筹与个人账户相结合的原则，由社会保险经办机构按照国家技术监督局发布的社会保障号码（国家标准 GB 11643—89），为每个参加基本养老保险的人员建立基本养老保险个人账户。企业和个人缴纳的养老保险费逐月计入职工养老保险手册和个人账户。手册和个人账户由所在企业填写，社会保险经办机构定期审核，职工本人保管。职工离退休时，按照手册中记载的缴费工资和个人账户中的储存额（包括本金和利息）为其计发养老金。

（二）个人账户包括：

1. 职工个人缴费的全部或者一部分记入个人账户；

2. 企业缴费中，职工缴费工资基数高于当地职工平均工资 200% 以上至 300% 的部分，可以全部或者一部分记入个人账户；

3. 上述储存额的利息。

个人账户中还应当记录企业和职工个人的缴费工资基数以及缴费比例。

（三）个人账户中储存额的利息，按照养老保险基金营运的实际收益计算。

（四）职工在同一地区内调动工作，不变换个人账户。职工由于各种原因停止工作或失业而间断缴纳养老保险费的，其个人账户予以保留。职工调动或中断工作前后缴费年限可以累积计算，个人账户储存额不间断计息。

职工在不同地区之间调动工作，个人账户及其储存额应随同转移。

三、基本养老保险金计发办法

（一）缴费年限满 10 年及以上的，按以下办法计发养老金：

1. 社会性养老金：按当地职工平均工资的 20%～25% 计发，具体比例由当地政府确定。

2. 缴费性养老金：个人及企业缴费每满 1 年，按缴费工资基数的 1.0%～1.4% 计发，具体系数由当地政府确定。

社会性养老金和缴费性养老金从养老保险社会统筹基金中支付，按月计发。

3. 个人账户养老金：记入基本养老保险个人账户的储存额（包括本金和利息）归个人所有，职工符合离退休条件离退休后，可以由本人选择一次或者多次或者按月领取。职工或离退休人员死亡后，其个人账户储存额的结余部分一次发给其指定的受益人或者法定继承人。职工未达到规定离退休条件但遇到非常特殊的困难时，经过申请、审查和批准，可以在个人账户中提前支取一部分费用，具体办法另行规定。

4. 随着个人账户养老金逐年增加，逐步冲减基本养老金中保留的各种补贴，以至缴费性养老金。逐步将基本养老金调整到与我国经济发展相适应的合理水平。

（二）缴费年限不满 10 年的，社会性养老金和缴费性养老金按缴费每满 1 年发给相当于两个月当地职工平均工资的养老金，一次付清。个人账户养老金按个人账户的储存额（包括本金和利息）计发，一次付清。

（三）职工的离退休年龄和离退休后其他待遇，暂不作变动。

从事高空、井下、高温、低温、有毒、有害工作和特别繁重体力劳动的职工，仍可按国家规定的离退休年龄执行，离退休时按本办法计发基本养老金。

（四）本办法实施后，职工获得劳动模范等称号时，由奖励单位给予一次性奖励或由本单位为其办理补充养老保险，离退休时不另外提高基本养老金计发标准。对本办法实施前获得国家规定可享受养老保险优惠待遇的劳动模范等称号的职工，离退休时仍保留原规定的优惠待遇。

（五）符合离休条件的人员，其离休待遇仍按国家现行规定执行。

附录 8

国务院关于建立统一的城镇企业职工养老保险制度的决定

（国发〔1997〕26 号，1997 年 7 月 16 日）

各省、自治区、直辖市人民政府，国务院各部委、各直属机构：

近年来，各地区和有关部门按照《国务院关于深化企业职工养老保险制度改革的通知》（国发〔1995〕6 号）要求，制定了社会统筹与个人账户相结合的养老保险制度改革方案，建立了职工基本养老保险个人账户，促进了养老保险新机制的形成，保障了离退休人员的基本生活，企业职工养老保险制度改革取得了新的进展。但是，由于这项改革仍处在试点阶段，目前还存在基本养老保险制度不统一、企业负担重、统筹层次低、管理制度不健全等问题，必须按照党中央、国务院确定的目标和原则，进一步加快改革步伐，建立统一的城镇企业职工养老保险制度，促进经济与社会健康发展。为此，国务院在总结近几年改革试点经验的基础上作出如下决定：

一、到本世纪末，要基本建立起适应社会主义市场经济体制要求，适用城镇各类企业职工和个体劳动者，资金来源多渠道、保障方式多层次、社会统筹与个人账户相结合、权利与义务相对应、管理服务社会化的养老保险体系。企业职工养老保险要贯彻社会互济与自我保障相结合、公平与效率相结合、行政管理与基金管理分开等原则，保障水平要与我国社会生产力发展水平及各方面的承受能力相适应。

二、各级人民政府要把社会保险事业纳入本地区国民经济与社会发展计划，贯彻基本养老保险只能保障退休人员基本生活的原则，把改革企业职工养老保险制度与建立多层次的社会保障体系紧密结合起来，确保离退休人员基本养老金和失业人员失业救济金的发放，积极推行城市居民最低生活保障制度。为使离退休人员的生活随着经济与社会发展不断得到改善，体现按劳分配原则和地区发展水平及企业经济效益的差异，各地区和有关部门要在国家政策指导下大力发展企业补充养老保险，同时发挥商业保险的补充作用。

三、企业缴纳基本养老保险费（以下简称企业缴费）的比例，一般不得超过企业工资总额的20%（包括划入个人账户的部分），具体比例由省、自治区、直辖市人民政府确定。少数省、自治区、直辖市因离退休人数较多、养老保险负担过重，确需超过企业工资总额20%的，应报劳动部、财政部审批。个人缴纳基本养老保险费（以下简称个人缴费）的比例，1997年不得低于本人缴费工资的4%，1998年起每两年提高1个百分点，最终达到本人缴费工资的8%。有条件的地区和工资增长较快的年份，个人缴费比例提高的速度应适当加快。

四、按本人缴费工资11%的数额为职工建立基本养老保险个人账户，个人缴费全部记入个人账户，其余部分从企业缴费中划入。随着个人缴费比例的提高，企业划入的部分要逐步降至3%。个人账户储存额，每年参考银行同期存款利率计算利息。个人账户储存额只用于职工养老，不得提前支取。职工调动时，个人账户全部随同转移。职工或退休人员死亡，个人账户中的个人缴费部分可以继承。

五、本决定实施后参加工作的职工，个人缴费年限累计满15年的，退休后按月发给基本养老金。基本养老金由基础养老金和个人账户养老金组成。退休时的基础养老金月标准为省、自治区、直辖市或地（市）上年度职工月平均工资的20%，个人账户养老金月标准为本人账户储存额除以120。个人缴费年限累计不满15年的，退休后不享受基础养老金待遇，其个人账户储存额一次支付给本人。

本决定实施前已经离退休的人员，仍按国家原来的规定发给养老金，同时执行养老金调整办法。各地区和有关部门要按照国家规定进一步完善基本养老金正常调整机制，认真抓好落实。

本决定实施前参加工作、实施后退休且个人缴费和视同缴费年限累计满15年的人员，按照新老办法平稳衔接、待遇水平基本平衡等原则，在发给基础养老金和个人账户养老金的基础上再确定过渡性养老金，过渡性养老金从养老保险基金中解决。具体办法，由劳动部会同有关部门制订并指导实施。

六、进一步扩大养老保险的覆盖范围，基本养老保险制度要逐步扩大到城镇所有企业及其职工。城镇个体劳动者也要逐步实行基本养老保险制度，其缴费比例和待遇水平由省、自治区、直辖市人民政府参照本决定精神确定。

七、抓紧制定企业职工养老保险基金管理条例，加强对养老保险基金的管理。基本养老保险基金实行收支两条线管理，要保证专款专用，全部用于职工养老保险，严禁挤占挪用和挥霍浪费。基金结余额，除预留相当于2个月的支付费用外，应全部购买国家债券和存入专户，严格禁止投入其他金融和经营性事业。要建立健全社会保险基金监督机构，财政、审计部门要依法加强监督，确保基金的安全。

八、为有利于提高基本养老保险基金的统筹层次和加强宏观调控，要逐步由县级统筹向省或省授权的地区统筹过渡。待全国基本实现省级统筹后，原经国务院批准由有关部门和单位组织统筹的企业，参加所在地区的社会统筹。

九、提高社会保险管理服务的社会化水平，尽快将目前由企业发放养老金改为社会化发放，积极创造条件将离退休人员的管理服务工作逐步由企业转向社会，减轻企业的社会事务负担。各级社会保险机构要进一步加强基础建设，改进和完善服务与管理工作，不断提高工作效率和服务质量，促进养老保险制度的改革。

十、实行企业化管理的事业单位，原则上按照企业养老保险制度执行。

建立统一的城镇企业职工养老保险制度是深化社会保险制度改革的重要步骤，关系改革、发展和稳定的全局。各地区和有关部门要予以高度重视，切实加强领导，精心组织实施。劳动部要会同国家体改委等有关部门加强工作指导和监督检查，及时研究解决工作中遇到的问题，确保本决定的贯彻实施。

附录 9

国务院关于印发完善城镇社会保障体系试点方案的通知

（国发〔2000〕42号，2000年12月25日）

各省、自治区、直辖市人民政府，国务院各部委、各直属机构：

《关于完善城镇社会保障体系的试点方案》（以下简称《试点方案》）已经党中央、国务院批准，现印发给你们，请按照《试点方案》组织试点。现就试点工作的有关问题通知如下：

一、提高认识，加强领导，确保试点工作顺利进行

建立完善的城镇社会保障体系，是关系改革、发展、稳定的一件大事。各地区和有关部门都要充分认识做好试点工作的重大意义，切实加强对试点工作的组织领导，保证试点工作顺利进行。国务院将成立由劳动保障部牵头的国务院完善城镇社会保障体系试点工作小组（以下简称国务院试点工作小组），负责对试点工作的具体协调和指导。试点地区也要成立由政府主要领导负责的试点工作领导小组，具体组织试点工作。

二、严格选定试点市，精心组织实施

国务院确定，只选择辽宁省在全省范围内进行完善城镇社会保障体系试点；其他省、自治区、直辖市自行决定是否进行试点，如决定试点，可确定1个具备条件的市进行试点。各地区确定的试点市名单要报国务院试点工作小组备案。试点市一经确定，要根据《试点方案》尽快拟定具体的工作计划和实施办法，报省人民政府批准后实施。

三、及时总结试点经验，不断完善有关政策

各试点地区要注意研究试点过程中出现的新情况、新问题并积极探索解决问题的办法，重要情况要及时向国务院试点工作组报告。国务院试点工作小组要切实加强对试点工作的跟踪、指导，及时总结试点经验，不断完善有关政策，切实解决工作中遇到的问题。

除辽宁省和其他省（自治区、直辖市）的试点市外，其他地区仍然执行

现行的社会保障制度和办法。各地区、各部门要积极采取措施，妥善处理改革、发展、稳定的关系，继续全力做好两个确保工作，积极推进医疗保险制度改革，认真做好各项社会保障工作，确保社会的稳定。

《关于完善城镇社会保障体系的试点方案》[*]

······

二、调整和完善城镇企业职工养老保险制度

（一）坚持社会统筹与个人账户相结合的基本养老保险制度，基本养老保险费由企业和职工共同负担。

（二）企业依法缴纳基本养老保险费，缴费比例一般为企业工资总额的20%左右，目前高于20%的地区，可暂维持不变。企业缴费部分不再划入个人账户，全部纳入社会统筹基金，并以省（自治区、直辖市）为单位进行调剂。

（三）职工依法缴纳基本养老保险费，缴费比例为本人缴费工资的8%，并全部计入个人账户。个人账户规模由本人缴费工资的11%调整为8%。个人账户储存额的多少，取决于个人缴费额和个人账户基金收益，并由社会保险经办机构定期公布。个人账户基金只用于职工养老，不得提前支取。职工跨统筹范围流动时，个人账户随同转移。职工或退休人员死亡，个人账户可以继承。

（四）社会统筹基金与个人账户基金实行分别管理。社会统筹基金不能占用个人账户基金。个人账户基金由省级社会保险经办机构统一管理，按国家规定存入银行，全部用于购买国债，以实现保值增值，运营收益率要高于银行同期存款利率。

（五）基本养老金由基础养老金和个人账户养老金组成。职工达到法定退休年龄且个人缴费满15年的，基础养老金月标准为省（自治区、直辖市）或市（地）上年度职工月平均工资的20%，以后缴费每满一年增加一定比例的基础养老金，总体水平控制在30%左右；个人缴费不满15年的，不发给基础养老金，个人账户全部储存额一次支付给本人。基础养老金由社会统筹基金支付；个人账户养老金由个人账户基金支付，月发放标准根据本人账户储存额除以120。个人账户基金用完后，由社会统筹基金支付。已经离退休的人

---

[*]　节选《关于完善城镇社会保障体系的试点方案》中关于"养老保障"的相关内容。

员，仍按国家原来的规定发给养老金；1997年统一全国城镇企业职工养老保险制度前参加工作的人员，其退休后在发给基础养老金和个人账户养老金的基础上，再发给过渡性养老金。

（六）基本养老金领取者死亡后，其遗属按国家有关规定领取丧葬补助金，丧葬补助金由基本养老保险社会统筹基金支付。

（七）基本养老金水平的调整，由劳动保障部和财政部参照城市居民生活费用价格指数和在职职工工资增长情况，提出方案报国务院审定后统一组织实施。

（八）未参加过基本养老保险统筹，且已经没有生产经营能力、无力缴纳养老保险费的城镇集体企业，不再纳入养老保险统筹范围，其已退休职工本人由民政部门按企业所在地城市居民最低生活保障标准按月发放生活费。

（九）自由职业人员、城镇个体工商户应参加基本养老保险，具体办法由各省（自治区、直辖市）人民政府规定。

（十）有条件的企业可为职工建立企业年金，并实行市场化运营和管理。企业年金实行基金完全积累，采用个人账户方式进行管理，费用由企业和职工个人缴纳，企业缴费在工资总额4%以内的部分，可从成本中列支。同时，鼓励开展个人储蓄性养老保险。

三、改革机关事业单位职工养老保险办法

（一）公务员（含参照国家公务员制度管理的事业单位工作人员，下同）的现行养老保险制度仍维持不变。

（二）全部由财政供款的事业单位，仍维持现行养老保险制度；已改制为企业的，执行城镇城镇企业职工养老保险制度，并保持已退休人员基本养老金水平不就；由财政部分供款事业单位的养老保险办法，在调查研究和试点的基础上另行制定。

（三）公务员转入企业工作的，执行企业职工的基本养老保险制度；企业职工调入机关的，执行机关的基本养老保险制度。其养老保险关系的衔接以及退休时待遇计发的办法，另行研究制定。

（四）已经进行机关事业单位养老保险制度改革试点的地区，要继续完善和规范。

......

附录 10

国务院关于完善城镇企业职工养老保险制度的决定

（国发 2005〔38〕号，2005 年 12 月 3 日）

各省、自治区、直辖市人民政府，国务院各部委、各直属机构：

近年来，各地区和有关部门按照党中央、国务院关于完善城镇企业职工养老保险制度的部署和要求，以确保企业离退休人员基本养老金按时足额发放为中心，努力扩大基本养老保险覆盖范围，切实加强基本养老保险基金征缴，积极推进企业退休人员社会化管理服务，各项工作取得明显成效，为促进改革、发展和维护社会稳定发挥了重要作用。但是，随着人口老龄化、就业方式多样化和城市化的发展，现行城镇企业职工养老保险制度还存在个人账户没有做实、计发办法不尽合理、覆盖范围不够广泛等不适应的问题，需要加以改革和完善。为此，在充分调查研究和总结东北三省完善城镇社会保障体系试点经验的基础上，国务院对完善城镇企业职工养老保险制度作出如下决定：

一、完善城镇企业职工养老保险制度的指导思想和主要任务。以邓小平理论和"三个代表"重要思想为指导，认真贯彻党的十六大和十六届三中、四中、五中全会精神，按照落实科学发展观和构建社会主义和谐社会的要求，统筹考虑当前和长远的关系，坚持覆盖广泛、水平适当、结构合理、基金平衡的原则，完善政策，健全机制，加强管理，建立起适合我国国情，实现可持续发展的基本养老保险制度。主要任务是：确保基本养老金按时足额发放，保障离退休人员基本生活；逐步做实个人账户，完善社会统筹与个人账户相结合的基本制度；统一城镇个体工商户和灵活就业人员参保缴费政策，扩大覆盖范围；改革基本养老金计发办法，建立参保缴费的激励约束机制；根据经济发展水平和各方面承受能力，合理确定基本养老金水平；建立多层次养老保险体系，划清中央与地方、政府与企业及个人的责任；加强基本养老保险基金征缴和监管，完善多渠道筹资机制；进一步做好退休人员社会化管理

221

工作，提高服务水平。

二、确保基本养老金按时足额发放。要继续把确保企业离退休人员基本养老金按时足额发放作为首要任务，进一步完善各项政策和工作机制，确保离退休人员基本养老金按时足额发放，不得发生新的基本养老金拖欠，切实保障离退休人员的合法权益。对过去拖欠的基本养老金，各地要根据《中共中央办公厅国务院办公厅关于进一步做好补发拖欠基本养老金和企业调整工资工作的通知》要求，认真加以解决。

三、扩大基本养老保险覆盖范围。城镇各类企业职工、个体工商户和灵活就业人员都要参加城镇企业职工养老保险。当前及今后一个时期，要以非公有制企业、城镇个体工商户和灵活就业人员参保工作为重点，扩大基本养老保险覆盖范围。要进一步落实国家有关社会保险补贴政策，帮助就业困难人员参保缴费。城镇个体工商户和灵活就业人员参加基本养老保险的缴费基数为当地上年度在岗职工平均工资，缴费比例为20%，其中8%记入个人账户，退休后按企业职工基本养老金计发办法计发基本养老金。

四、逐步做实个人账户。做实个人账户，积累基本养老保险基金，是应对人口老龄化的重要举措，也是实现城镇企业职工养老保险制度可持续发展的重要保证。要继续抓好东北三省做实个人账户试点工作，抓紧研究制订其他地区扩大做实个人账户试点的具体方案，报国务院批准后实施。国家制订个人账户基金管理和投资运营办法，实现保值增值。

五、加强基本养老保险基金征缴与监管。要全面落实《社会保险费征缴暂行条例》的各项规定，严格执行社会保险登记和缴费申报制度，强化社会保险稽核和劳动保障监察执法工作，努力提高征缴率。凡是参加城镇企业职工养老保险的单位和个人，都必须按时足额缴纳基本养老保险费；对拒缴、瞒报少缴基本养老保险费的，要依法处理；对欠缴基本养老保险费的，要采取各种措施，加大追缴力度，确保基本养老保险基金应收尽收。各地要按照建立公共财政的要求，积极调整财政支出结构，加大对社会保障的资金投入。

基本养老保险基金要纳入财政专户，实行收支两条线管理，严禁挤占挪用。要制定和完善社会保险基金监督管理的法律法规，实现依法监督。各省、自治区、直辖市人民政府要完善工作机制，保证基金监管制度的顺利实施。要继续发挥审计监督、社会监督和舆论监督的作用，共同维护基金安全。

六、改革基本养老金计发办法。为与做实个人账户相衔接，从 2006 年 1

月1日起，个人账户的规模统一由本人缴费工资的11%调整为8%，全部由个人缴费形成，单位缴费不再划入个人账户。同时，进一步完善鼓励职工参保缴费的激励约束机制，相应调整基本养老金计发办法。

《国务院关于建立统一的城镇企业职工养老保险制度的决定》（国发〔1997〕26号）实施后参加工作、缴费年限（含视同缴费年限，下同）累计满15年的人员，退休后按月发给基本养老金。基本养老金由基础养老金和个人账户养老金组成。退休时的基础养老金月标准以当地上年度在岗职工月平均工资和本人指数化月平均缴费工资的平均值为基数，缴费每满1年发给1%。个人账户养老金月标准为个人账户储存额除以计发月数，计发月数根据职工退休时城镇人口平均预期寿命、本人退休年龄、利息等因素确定。

国发〔1997〕26号文件实施前参加工作，本决定实施后退休且缴费年限累计满15年的人员，在发给基础养老金和个人账户养老金的基础上，再发给过渡性养老金。各省、自治区、直辖市人民政府要按照待遇水平合理衔接、新老政策平稳过渡的原则，在认真测算的基础上，制订具体的过渡办法，并报劳动保障部、财政部备案。

本决定实施后到达退休年龄但缴费年限累计不满15年的人员，不发给基础养老金；个人账户储存额一次性支付给本人，终止基本养老保险关系。

本决定实施前已经离退休的人员，仍按国家原来的规定发给基本养老金，同时执行基本养老金调整办法。

七、建立基本养老金正常调整机制。根据职工工资和物价变动等情况，国务院适时调整企业退休人员基本养老金水平，调整幅度为省、自治区、直辖市当地企业在岗职工平均工资年增长率的一定比例。各地根据本地实际情况提出具体调整方案，报劳动保障部、财政部审批后实施。

八、加快提高统筹层次。进一步加强省级基金预算管理，明确省、市、县各级人民政府的责任，建立健全省级基金调剂制度，加大基金调剂力度。在完善市级统筹的基础上，尽快提高统筹层次，实现省级统筹，为构建全国统一的劳动力市场和促进人员合理流动创造条件。

九、发展企业年金。为建立多层次的养老保险体系，增强企业的人才竞争能力，更好地保障企业职工退休后的生活，具备条件的企业可为职工建立企业年金。企业年金基金实行完全积累，采取市场化的方式进行管理和运营。要切实做好企业年金基金监管工作，实现规范运作，切实维护企业和职工的利益。

十、做好退休人员社会化管理服务工作。要按照建立独立于企业事业单位之外社会保障体系的要求，继续做好企业退休人员社会化管理工作。要加强街道、社区劳动保障工作平台建设，加快公共老年服务设施和服务网络建设，条件具备的地方，可开展老年护理服务，兴建退休人员公寓，为退休人员提供更多更好的服务，不断提高退休人员的生活质量。

十一、不断提高社会保险管理服务水平。要高度重视社会保险经办能力建设，加快社会保障信息服务网络建设步伐，建立高效运转的经办管理服务体系，把社会保险的政策落到实处。各级社会保险经办机构要完善管理制度，制定技术标准，规范业务流程，实现规范化、信息化和专业化管理。同时，要加强人员培训，提高政治和业务素质，不断提高工作效率和服务质量。

完善城镇企业职工养老保险制度是构建社会主义和谐社会的重要内容，事关改革发展稳定的大局。各地区和有关部门要高度重视，加强领导，精心组织实施，研究制订具体的实施意见和办法，并报劳动保障部备案。劳动保障部要会同有关部门加强指导和监督检查，及时研究解决工作中遇到的问题，确保本决定的贯彻实施。

本决定自发布之日起实施，已有规定与本决定不一致的，按本决定执行。

附录 11

国务院办公厅关于转发人力资源社会保障部、财政部《城镇企业职工养老保险关系转移接续暂行办法》的通知

（国办发〔2009〕66 号）

各省、自治区、直辖市人民政府，国务院各部委、各直属机构：

人力资源社会保障部、财政部《城镇城镇企业职工养老保险关系转移接续暂行办法》已经国务院同意，现转发给你们，请结合实际，认真贯彻执行。

国务院办公厅

二〇〇九年十二月二十八日

城镇企业职工养老保险关系转移接续暂行办法

（人力资源社会保障部、财政部）

第一条　为切实保障参加城镇企业职工养老保险人员（以下简称参保人员）的合法权益，促进人力资源合理配置和有序流动，保证参保人员跨省、自治区、直辖市（以下简称跨省）流动并在城镇就业时基本养老保险关系的顺畅转移接续，制定本办法。

第二条　本办法适用于参加城镇企业职工养老保险的所有人员，包括农民工。已经按国家规定领取基本养老保险待遇的人员，不再转移基本养老保险关系。

第三条　参保人员跨省流动就业的，由原参保所在地社会保险经办机构（以下简称社保经办机构）开具参保缴费凭证，其基本养老保险关系应随同转移到新参保地。参保人员达到基本养老保险待遇领取条件的，其在各地的参保缴费年限合并计算，个人账户储存额（含本息，下同）累计计算；未达到待遇领取年龄前，不得终止基本养老保险关系并办理退保手续；其中出国定居和到香港、澳门、台湾地区定居的，按国家有关规定执行。

第四条　参保人员跨省流动就业转移基本养老保险关系时，按下列方法计算转移资金：

（一）个人账户储存额：1998年1月1日之前按个人缴费累计本息计算转移，1998年1月1日后按计入个人账户的全部储存额计算转移。

（二）统筹基金（单位缴费）：以本人1998年1月1日后各年度实际缴费工资为基数，按12%的总和转移，参保缴费不足1年的，按实际缴费月数计算转移。

第五条　参保人员跨省流动就业，其基本养老保险关系转移接续按下列规定办理：

（一）参保人员返回户籍所在地（指省、自治区、直辖市，下同）就业参保的，户籍所在地的相关社保经办机构应为其及时办理转移接续手续。

（二）参保人员未返回户籍所在地就业参保的，由新参保地的社保经办机构为其及时办理转移接续手续。但对男性年满50周岁和女性年满40周岁的，应在原参保地继续保留基本养老保险关系，同时在新参保地建立临时基本养老保险缴费账户，记录单位和个人全部缴费。参保人员再次跨省流动就业或在新参保地达到待遇领取条件时，将临时基本养老保险缴费账户中的全部缴费本息，转移归集到原参保地或待遇领取地。

（三）参保人员经县级以上党委组织部门、人力资源社会保障行政部门批准调动，且与调入单位建立劳动关系并缴纳基本养老保险费的，不受以上年龄规定限制，应在调入地及时办理基本养老保险关系转移接续手续。

第六条　跨省流动就业的参保人员达到待遇领取条件时，按下列规定确定其待遇领取地：

（一）基本养老保险关系在户籍所在地的，由户籍所在地负责办理待遇领取手续，享受基本养老保险待遇。

（二）基本养老保险关系不在户籍所在地，而在其基本养老保险关系所在地累计缴费年限满10年的，在该地办理待遇领取手续，享受当地基本养老保险待遇。

（三）基本养老保险关系不在户籍所在地，且在其基本养老保险关系所在地累计缴费年限不满10年的，将其基本养老保险关系转回上一个缴费年限满10年的原参保地办理待遇领取手续，享受基本养老保险待遇。

（四）基本养老保险关系不在户籍所在地，且在每个参保地的累计缴费年限均不满10年的，将其基本养老保险关系及相应资金归集到户籍所在地，由户籍所在地按规定办理待遇领取手续，享受基本养老保险待遇。

第七条　参保人员转移接续基本养老保险关系后，符合待遇领取条件的，按照《国务院关于完善城镇企业职工养老保险制度的决定》（国发〔2005〕38号）的规定，以本人各年度缴费工资、缴费年限和待遇领取地对应的各年度在岗职工平均工资计算其基本养老金。

第八条　参保人员跨省流动就业的，按下列程序办理基本养老保险关系转移接续手续：

（一）参保人员在新就业地按规定建立基本养老保险关系和缴费后，由用人单位或参保人员向新参保地社保经办机构提出基本养老保险关系转移接续的书面申请。

（二）新参保地社保经办机构在15个工作日内，审核转移接续申请，对符合本办法规定条件的，向参保人员原基本养老保险关系所在地的社保经办机构发出同意接收函，并提供相关信息；对不符合转移接续条件的，向申请单位或参保人员作出书面说明。

（三）原基本养老保险关系所在地社保经办机构在接到同意接收函的15个工作日内，办理好转移接续的各项手续。

（四）新参保地社保经办机构在收到参保人员原基本养老保险关系所在地社保经办机构转移的基本养老保险关系和资金后，应在15个工作日内办结有关手续，并将确认情况及时通知用人单位或参保人员。

第九条　农民工中断就业或返乡没有继续缴费的，由原参保地社保经办机构保留其基本养老保险关系，保存其全部参保缴费记录及个人账户，个人账户储存额继续按规定计息。农民工返回城镇就业并继续参保缴费的，无论其回到原参保地就业还是到其他城镇就业，均按前述规定累计计算其缴费年限，合并计算其个人账户储存额，符合待遇领取条件的，与城镇职工同样享受基本养老保险待遇；农民工不再返回城镇就业的，其在城镇参保缴费记录及个人账户全部有效，并根据农民工的实际情况，或在其达到规定领取条件时享受城镇职工基本养老保险待遇，或转入新型农村社会养老保险。

农民工在城镇参加城镇企业职工养老保险与在农村参加新型农村社会养老保险的衔接政策，另行研究制定。

第十条　建立全国县级以上社保经办机构联系方式信息库，并向社会公布，方便参保人员查询参保缴费情况，办理基本养老保险关系转移接续手续。加快建立全国统一的基本养老保险参保缴费信息查询服务系统，发行全国通用的社会保障卡，为参保人员查询参保缴费信息提供便捷有效的技术服务。

第十一条　各地已制定的跨省基本养老保险关系转移接续相关政策与本办法规定不符的，以本办法规定为准。在省、自治区、直辖市内的基本养老保险关系转移接续办法，由各省级人民政府参照本办法制定，并报人力资源社会保障部备案。

第十二条　本办法所称缴费年限，除另有特殊规定外，均包括视同缴费年限。

第十三条　本办法从 2010 年 1 月 1 日起施行。

附录 12

中华人民共和国社会保险法[*]

（2010 年 10 月 28 日第十一届全国人民代表大会
常务委员会第十七次会议通过）

第一章　总　则

……

第二条　国家建立基本养老保险、基本医疗保险、工伤保险、失业保险、生育保险等社会保险制度，保障公民在年老、疾病、工伤、失业、生育等情况下依法从国家和社会获得物质帮助的权利。

第二章　基本养老保险

……

第十条　职工应当参加基本养老保险，由用人单位和职工共同缴纳基本养老保险费。

无雇工的个体工商户、未在用人单位参加基本养老保险的非全日制从业人员以及其他灵活就业人员可以参加基本养老保险，由个人缴纳基本养老保险费。

公务员和参照公务员法管理的工作人员养老保险的办法由国务院规定。

第十一条　基本养老保险实行社会统筹与个人账户相结合。

基本养老保险基金由用人单位和个人缴费以及政府补贴等组成。

第十二条　用人单位应当按照国家规定的本单位职工工资总额的比例缴

---

* 节选《中华人民共和国社会保险法》中关于"养老保险"的相关规定。

纳基本养老保险费，记入基本养老保险统筹基金。

职工应当按照国家规定的本人工资的比例缴纳基本养老保险费，记入个人账户。

无雇工的个体工商户、未在用人单位参加基本养老保险的非全日制从业人员以及其他灵活就业人员参加基本养老保险的，应当按照国家规定缴纳基本养老保险费，分别记入基本养老保险统筹基金和个人账户。

第十三条　国有企业、事业单位职工参加基本养老保险前，视同缴费年限期间应当缴纳的基本养老保险费由政府承担。

基本养老保险基金出现支付不足时，政府给予补贴。

第十四条　个人账户不得提前支取，记账利率不得低于银行定期存款利率，免征利息税。个人死亡的，个人账户余额可以继承。

第十五条　基本养老金由统筹养老金和个人账户养老金组成。

基本养老金根据个人累计缴费年限、缴费工资、当地职工平均工资、个人账户金额、城镇人口平均预期寿命等因素确定。

第十六条　参加基本养老保险的个人，达到法定退休年龄时累计缴费满十五年的，按月领取基本养老金。

参加基本养老保险的个人，达到法定退休年龄时累计缴费不足十五年的，可以缴费至满十五年，按月领取基本养老金；也可以转入新型农村社会养老保险或者城镇居民社会养老保险，按照国务院规定享受相应的养老保险待遇。

第十七条　参加基本养老保险的个人，因病或者非因工死亡的，其遗属可以领取丧葬补助金和抚恤金；在未达到法定退休年龄时因病或者非因工致残完全丧失劳动能力的，可以领取病残津贴。所需资金从基本养老保险基金中支付。

第十八条　国家建立基本养老金正常调整机制。根据职工平均工资增长、物价上涨情况，适时提高基本养老保险待遇水平。

第十九条　个人跨统筹地区就业的，其基本养老保险关系随本人转移，缴费年限累计计算。个人达到法定退休年龄时，基本养老金分段计算、统一支付。具体办法由国务院规定。

第二十条　国家建立和完善新型农村社会养老保险制度。

新型农村社会养老保险实行个人缴费、集体补助和政府补贴相结合。

第二十一条　新型农村社会养老保险待遇由基础养老金和个人账户养老

金组成。

参加新型农村社会养老保险的农村居民，符合国家规定条件的，按月领取新型农村社会养老保险待遇。

第二十二条　国家建立和完善城镇居民社会养老保险制度。

省、自治区、直辖市人民政府根据实际情况，可以将城镇居民社会养老保险和新型农村社会养老保险合并实施。

……

第四章　工伤保险

第四十条　工伤职工符合领取基本养老金条件的，停发伤残津贴，享受基本养老保险待遇。基本养老保险待遇低于伤残津贴的，从工伤保险基金中补足差额。

第五章　失业保险

第四十九条　失业人员在领取失业保险金期间死亡的，参照当地对在职职工死亡的规定，向其遗属发给一次性丧葬补助金和抚恤金。所需资金从失业保险基金中支付。

个人死亡同时符合领取基本养老保险丧葬补助金、工伤保险丧葬补助金和失业保险丧葬补助金条件的，其遗属只能选择领取其中的一项。

……

第八章　社会保险基金

第六十四条　社会保险基金包括基本养老保险基金、基本医疗保险基金、工伤保险基金、失业保险基金和生育保险基金。各项社会保险基金按照社会保险险种分别建账，分账核算，执行国家统一的会计制度。

社会保险基金专款专用，任何组织和个人不得侵占或者挪用。

基本养老保险基金逐步实行全国统筹，其他社会保险基金逐步实行省级统筹，具体时间、步骤由国务院规定。

参 考 文 献

一、著作类

[1] 柯木兴. 社会保险 [M]. 台北：中国社会保险学会，1991.

[2] [美] 道格拉斯·C. 诺斯. 经济史中的结构与变迁 [M]. 陈郁，罗华平等译. 上海：上海三联书店、上海人民出版社，2004.

[3] [美] 科斯. 财产权利与制度变迁———产权学派与新制度学派论文集 [M]. 刘守英等译. 上海：上海三联书店，1991.

[4] [美] 罗伯特·霍尔茨曼，理查德·欣茨等. 21 世纪的老年收入保障——养老金制度改革国际比较 [M]. 郑秉文等译. 北京：中国劳动社会保障出版社，2006.

[5] [美] 罗伯特·霍尔茨曼，约瑟夫·E. 斯蒂格利茨. 21 世纪可持续发展的养老金制度 [M]. 胡劲松等译. 北京：中国劳动社会保障出版社，2004.

[6] [美] 小哈罗德·斯凯博等. 国际风险与保险 [M]. 荆涛，高蒙，季燕梅等译. 北京，机械工业出版社，1999.

[7] [日] 武川正吾，佐藤博树. 企业保障与社会保障 [M]. 李黎明，张永春译. 北京：中国劳动社会保障出版社，2003.

[8] 蔡向东. 统账结合的中国城镇职工基本养老保险制度可持续性研究 [M]. 北京：经济科学出版社，2011.

[9] 陈佳贵，何春雷，罗斯纳等. 中国城市社会保障的改革 [M]. 北京：德国阿登纳基金会系列丛书，2000.

[10] 陈佳贵，王延中. 中国社会保障发展报告（2001～2004）[M]. 北京：社会科学文献出版社，2004.

[11] 陈佳贵，王延中. 中国社会保障发展报告（2010）：让人人享有公平的社会保障 [M]. 北京：社会科学文献出版社，2010.

[12] 陈心德，苑立波等. 养老保险：政策与实务 [M]. 北京：北京大学出版社，2008.

[13] 邓大松，刘昌平. 中国企业年金制度研究 [M]. 北京：人民出版社，2004.

[14] 董克用. 中国经济改革 30 年（社会保障卷）[M]. 重庆：重庆大学出版社，2008.

[15] 董克用，王燕. 养老保险 [M]. 北京：中国人民大学出版社，2000.

[16] 段家喜. 养老保险制度中的政府行为 [M]. 北京：社会科学文献出版社，2007.

[17] 高书生. 社会保障改革何去何从 [M]. 北京：中国人民大学出版社，2006.

[18] 郭士征，葛寿昌. 中国社会保险的改革与探索 [M]. 上海：上海财经大学出版社，1998.

[19] 国家劳动总局. 中国劳动立法资料汇编 [M]. 北京：工人出版社，1980.

[20] 国家统计局国民经济综合统计司. 新中国五十年统计资料汇编 [M]. 北京：中国统计出版社，1999.

[21] 国务院研究室课题组. 中国社会保险制度改革 [M]. 北京：中国社会科学出版社，1993.

[22] 国务院政策研究室课题组. 中国社会保险制度改革 [M]. 北京：中国社会科学出版社，1993.

[23] 侯文若，孔泾源. 社会保险 [M]. 北京：中国人民大学出版社，2004.

[24] 胡家勇. 转型经济学 [M]. 合肥：安徽人民出版社，2003.

[25] 胡晓义. 走向和谐：中国社会保障发展 60 年 [M]. 北京：中国劳动社会保障出版社，2009.

[26] 胡玉琴. 中国城镇城镇企业职工养老保险账户的统计研究 [M]. 杭州：浙江工商大学出版社，2012.

[27] 贾俊玲. 劳动法与社会保障法学 [M]. 北京：中国劳动社会保障出版社，2005.

[28] 姜向群. 老年社会保障制度——历史与变革 [M]. 北京：中国人民大学出版社，2005.

[29] 焦凯平. 养老保险（第二版）[M]. 北京：中国劳动社会保障出版社，2004.

[30] 劳动人事部保险福利局. 社会保险与职工福利讲稿 [M]. 北京：劳动人事出版社，1986.

[31] 雷洁琼. 中国社会保障体系的建构 [M]. 太原：山西人民出版社，1999.

[32] 李时宇. 双重困境下的养老保险体系改革研究：基于老龄化和城镇化的视角 [M]. 北京：中国人民大学出版社，2013.

[33] 李雪增. 中国养老保险体制转型的动态经济效应研究：基于资本积累的分析视角 [M]. 北京：对外经济贸易大学出版社，2012.

[34] 李志明. 社会保险权：理念、实践与思辨 [M]. 北京：知识产权出版社，2012.

[35] 厉以宁. 中国社会福利模型——老年保障制度研究 [M]. 北京：上海人民出版社，1994.

［36］列宁.《列宁全集》第 17 卷［M］. 北京：人民出版社，1972.

［37］林嘉. 社会保障法的理念、实践与创新［M］. 北京：中国人民大学出版社，2002.

［38］林卡，陈梦雅. 社会政策的理论和研究范式［M］. 北京：中国劳动社会保障出版社，2008.

［39］林义. 社会保险［M］. 北京：中国金融出版社，2003.

［40］刘昌平. 可持续发展的中国城镇基本养老保险制度研究［M］. 北京：中国社会科学出版社，2008.

［41］刘贯学. 新中国劳动保障史话（1949～2003）［M］. 北京：中国劳动社会保障出版社，2004.

［42］刘庄，徐厚德. 新世纪的企业职工养老保险［M］. 北京：气象出版社，2001.

［43］鲁全. 转型期中国养老保险制度改革中的中央地方关系研究——以东北三省养老保险改革试点为例［M］. 北京：中国劳动社会保障出版社，2011.

［44］马洪. 西方新制度经济学［M］. 上海：上海三联出版社，1999.

［45］孟庆平. 我国城镇养老保险制度改革：市场化的比较、借鉴与政策选择［M］. 上海：上海三联书店，2009.

［46］秦海. 制度、演化与路径依赖——制度分析综合的理论尝试［M］. 北京：中国财政经济出版社，2004.

［47］邵雷，陈向东. 中国社会保障制度改革［M］. 北京：经济管理出版社，1991.

［48］申曙光，彭浩然. 中国养老保险隐性债务问题研究［M］. 广州：中山大学出版社，2009.

［49］盛洪. 现代制度经济学（下）［M］. 北京：北京大学出版社，2003.

［50］史柏年. 中国社会养老保险制度研究［M］. 北京：经济管理出版社，1999.

［51］世界银行. 防止老龄危机——保护老年人及促进增长的政策［M］. 北京：中国财政经济出版社，1996.

［52］世界银行. 老年保障：中国的养老金体制改革［M］. 北京：中国财政经济出版社，1998.

［53］宋晓梧. 中国社会保障体制改革与发展报告［M］. 北京：中国人民大学出版社，2001.

［54］孙祁祥，郑伟等. 中国社会保障制度——社会保险改革与商业保险发展［M］. 北京：中国金融出版社，2005.

［55］王利军. 中国养老金缺口财政支付能力研究［M］. 北京：经济科学出版社，2008.

［56］王梦奎. 中国社会保障体制改革［M］. 北京：中国发展出版社，2001.

［57］卫兴华. 中国社会保障制度研究［M］. 北京：中国人民大学出版社，1994.

［58］吴敬琏. 比较（第六辑）［M］. 北京：中信出版社，2003.

［59］吴连霞. 中国养老保险制度变迁机制研究［M］. 北京：中国社会科学出版社，2012.

［60］徐滇庆，尹尊声，郑玉歆. 中国社会保障体制改革［M］. 北京：经济科学出版社，1999.

［61］闫宝卿. 劳动和社会保障法制［M］. 北京：中国劳动社会保障出版社，2005.

［62］严忠勤. 当代中国的职工工资福利和社会保险［M］. 北京：中国社会科学出版社，1987.

［63］杨方方. 从缺位到归位——中国转型期社会保险中的政府责任［M］. 北京：商务印书馆，2006.

［64］杨燕绥. 社会保险法［M］. 北京：中国人民大学出版社，2000.

［65］叶响裙. 中国社会养老保障：困境与抉择［M］. 北京：社会科学文献出版社，2004.

［66］尹伯成等. 中国社会保险制度改革［M］. 上海：复旦大学出版社，1993.

［67］张京萍. 社会保障法［M］. 北京：中国劳动社会保障出版社，2005.

［68］张怡恬. 社会养老保险制度效率论［M］. 北京：北京大学出版社，2012.

［69］张卓元. 中国经济学 60 年（1949～2009）［M］. 北京：中国社会科学出版社，2009.

［70］郑秉文等. 社会保障体制改革攻坚［M］. 北京：中国水利水电出版社，2005.

［71］郑秉文. 中国养老金发展报告 2013——社保经办服务体系改革［M］. 北京：经济管理出版社，2013.

［72］郑功成等. 中国社会保障制度变迁与评估［M］. 北京：中国人民大学出版社，2002.

［73］郑功成. 中国社会保障改革与发展战略：理念、目标与行动方案［M］. 北京：人民出版社，2008.

［74］郑功成. 社会保障学［M］. 北京：中国劳动社会保障出版社，2005.

［75］郑功成. 中国社会保障改革与发展战略（养老保险卷）［M］. 北京：人民出版社，2011.

［76］郑功成. 从企业保障到社会保障［M］. 沈阳：辽宁人民出版社，1996.

［77］郑功成. 构建和谐社会——郑功成教授演讲录［M］. 北京：人民出版社，2005.

［78］郑功成. 关注民生——郑功成教授访谈录［M］. 北京：人民出版社，2005.

［79］郑功成. 科学发展与共享和谐——民生视角下的和谐社会［M］. 北京：人民出版社，2006.

［80］郑功成. 论中国特色的社会保障道路［M］. 武汉：武汉大学出版社，1997.

［81］郑功成. 社会保障学——理念、制度、实践与思辨［M］. 北京：商务印书馆，2000.

［82］郑海航. 国有企业亏损研究［M］. 北京：经济管理出版社，1998.

［83］郑伟. 中国社会养老保险：制度变迁与经济效应［M］. 北京：北京大学出版社，2005.

［84］中共中央马克思恩格斯列宁斯大林著作编译局. 马克思恩格斯选集（第3卷）［M］. 北京：人民出版社，1995.

［85］中国经济改革研究基金会、中国经济体制改革研究会联合专家组. 中国社会养老保险体制改革［M］. 上海：上海远东出版社，2006.

［86］中华全国总工会中国职工运动史研究室. 中国工会历史文献（1921.7～1927.7）［M］. 北京：工人出版社，1958.

［87］中华全国总工会中国职工运动史研究室. 中国历次全国劳动大会文献［M］. 北京：工人出版社，1957.

［88］中华人民共和国劳动和社会保障部. 中国劳动和社会保障年鉴2006［M］. 北京：中国劳动社会保障出版社，2007.

［89］朱冬梅. 中国企业基本养老保险改革与实践［M］. 济南：山东人民出版社，2006.

［90］邹德新. 中国养老保险制度改革效率研究［M］. 沈阳：辽宁人民出版社，2009.

二、论文、研究报告类

［1］［美］罗伯特·霍尔茨曼，理查德·汉兹等. 21世纪养老保险改革展望［J］. 林义，李静译. 经济社会体制比较，2006（3）：47–54.

［2］《劳动工作》编辑部. 消除千家愁换来万人欢——一九七九年全国七百多万城镇待业青年得到安置［J］. 劳动工作，1980（3）：3–5.

［3］Lin Shuanglin. Forced Savings, Social Safety Net, and Family Support：A New Ole-Age Security System for China［J］. The Chinese Economy, 2008, 41（6）：10–44.

［4］Song Shunfeng & George S–F Chu. Social Security Reform in China：The Case of Old-Age Insurance［J］. Contemporary Economic Policy, 1997, 15（2）：85–93.

［5］北京大学课题组. 构建个人经济保障体系，实现小康社会发展目标［R］. 北京大学中国保险与社会保障研究中心研究报告，2004（2）.

［6］北京大学中国经济研究中心宏观研究组. 中国社会养老保险制度的选择——激励与增长［J］. 金融研究，2000（5）：1–12.

［7］蔡昉，孟昕，王美艳. 中国老龄化趋势与养老保障改革：挑战与选择［J］. 国际经济评论，2004（4）：40–43.

［8］成志刚，何晖. 论我国养老保险隐性债务中的政府责任［J］. 文史博览，2006（24）：39–42.

［9］ 慈勤英. 关于基本养老保险统筹"条块之争"的思考［J］. 湖北大学学报·哲学社会科学版, 2000（3）: 95 – 98.

［10］ 董慧丽. 养老保险制度演进中的个人责任与国家责任. 南都学坛（人文社会科学学报）, 2006 年第 3 期, 第 36 – 38 页.

［11］ 封进. 公平与效率的交替和协调——中国养老保险制度的再分配效应［J］. 世界经济文汇, 2004（1）: 24 – 36.

［12］ 封进. 中国养老保险体系改革的福利经济学分析［J］. 经济研究, 2004（2）: 55 – 63.

［13］ 顾文静. 企业与财政养老保险供款责任边界及分担［J］. 中南财经政法大学学报, 2008（5）: 104 – 108.

［14］ 胡秋明. 中国社会养老保险制度改革的路径选择分析［J］. 天府新论, 2004（2）: 50 – 53.

［15］ 胡晓义. 我们为什么要搞养老保险——关于我国养老保险制度历史、现实和未来的思考［J］. 中国社会保障, 2001（12）: 5 – 8.

［16］ 黄少安. 关于制度变迁的三个假说及其验证［J］. 中国社会科学, 2000（4）: 37 – 49.

［17］ 贾春环. "养老保险研讨会"观点综述［J］. 企业改革与管理, 1995（11）: 35 – 36.

［18］ 贾康, 杨良初. 可持续养老保险体制的财政条件［J］. 管理世界, 2001（3）: 53 – 60.

［19］ 寇国明. "国有股划拨社保基金"及"社保基金海外投资"政策的经济效应——基于文字表述的一般均衡模型分析［J］. 中央财经大学学报, 2007（6）: 19 – 23.

［20］ 李连友. 论利益分化对我国养老保险制度变迁的影响［J］. 财经理论与实践, 2000（1）: 7 – 11.

［21］ 李路曲. 制度变迁的动力、特性与政治发展［J］. 学习与探索, 2013（7）: 44 – 51.

［22］ 李绍光. 划拨国有资产和偿还养老金隐性债务［J］. 经济学动态, 2004（10）: 57 – 60.

［23］ 李艳军, 王瑜. 养老保险中的政府责任: 一个分析框架［J］. 重庆社会科学, 2007（7）: 95 – 98, 106.

［24］ 李志明. 德国社会保险自治管理机制: 历史嬗变、改革及其启示［J］. 欧洲研究, 2012（4）: 109 – 122.

［25］ 林义. 退休费用社会统筹问题研究［J］. 华东师范大学学报·哲学社会科学版, 1994（2）: 13 – 18.

［26］ 林治芬. 中央与地方养老保险责任划分模式设计. 财贸经济, 2006 年第 6 期, 第

237

73－77 页.

[27] 刘玮. 个人责任：养老保险的一种理论分析［J］. 云南社会科学，2006（3）：73－77.

[28] 刘远风. 养老保险中的政府责任——基于风险管理的视角［J］. 社会保障研究，2011（4）：17－25.

[29] 龙翠新，张光耀. 国家的养老保险责任——兼谈国家对职工视同缴费年限的补偿［J］. 中国社会保障，1999（4）：28－29.

[30] 马丁·费尔德斯坦. 中国的社会养老保障制度改革［J］. 经济社会体制比较，1999（2）：52－58.

[31] 马杰，郑秉文. 计划经济条件下新中国社会保障制度的再评价［N］. 马克思主义研究，2005（1）：38－48.

[32] 莫泰基. "国际最低标准规划模式"构思：初步应用于中国城市养老保险制度［J］. 中国劳动科学，1994（6）：7－10.

[33] 聂明隽. 做好养老保险关系接续的几个问题［J］. 中国劳动保障，2005（10）：50.

[34] 潘锦棠. 新中国基本养老保险六十年［J］. 马克思主义与现实，2010（1）：36－41.

[35] 仇新忠. 养老保险基金管理与政府责任［J］. 金融纵横，2005（3）：63－64.

[36] 人社部社会保险事业管理中心. 2013 年全国社会保险情况［N］. 中国劳动保障报，2014－06－25（2）.

[37] 邵挺. 养老保险体系从现收现付制向基金制转变的时机到了吗？——基于地方财政能力差异的视角［J］. 财贸经济，2010（11）：71－76.

[38] 孙祁祥. "空账"与转轨成本——中国养老保险体制改革的效应分析［J］. 经济研究，2001（5）：20－27.

[39] 谭敏. 违规提前退休与社会公平背道而驰［N］. 广州日报，2014－01－15（24）.

[40] 王飞鹏. 养老保险隐性债务的责任主体与政府职能界定［J］. 西北人口，2009（3）：29－34.

[41] 王利军. 养老保险政府责任的经济学分析［J］. 辽宁大学学报·哲学社会科学版，2005（2）：123－127.

[42] 吴忠民. 从平均到公正：中国社会政策的演进［J］. 社会学研究，2004（1）：75－89.

[43] 项怀诚. 全国社会保障基金投资运营管理过去、现状和未来［N］. 国际金融报，2004－09－22.

[44] 徐德正，韩俊江. 中国城镇职工养老保险制度的历史沿革［J］. 经济视角，2005（12）（B）：2－4.

[45] 薛惠元，王翠琴. 现收现付制与基金制养老保险制度成本比较——基于养老保险收

支平衡数理模型 [J]. 保险研究, 2009 (11): 59-64.

[46] 闫增强, 王娟. 深化城镇养老保险制度改革的思考 [J]. 财经问题研究, 2005
(5): 14-17.

[47] 杨方方. 我国养老保险制度演变与政府责任 [J]. 中国软科学, 2005 (2): 17-23.

[48] 杨方方. 中国社会保险中的政府责任 [J]. 中国软科学, 2005 (12): 18-26.

[49] 杨方方. 中国转型期社会保障中的政府责任 [J]. 中国软科学, 2004 (8): 40-45.

[50] 杨雯. 我国养老保险制度中的隐性债务与政府责任 [J]. 山东大学学报·哲学社会
科学版, 2003 (3): 132-135.

[51] 姚苏丽. 养老保险关系转移难引发思考 [N]. 羊城晚报, 2005-04-28.

[52] 苑科. 论我国城镇企业职工养老保险制度的发展及改革 [J]. 科技信息, 2011
(4): 83-84.

[53] 张翼. 中国家庭的小型化、核心化与老年空巢化 [J]. 中国特色社会主义研究,
2012 (6): 87-94.

[54] 张玉洁. 基本养老保险三方责任分担机制研究 [J]. 劳动保障世界·理论版, 2012
(6): 9-14.

[55] 赵人伟. 福利国家的转型与我国社保体制改革 [J]. 经济学家, 2001 (6): 26-33.

[56] 郑功成. 全国统筹: 优化养老保险制度的治本之计——关于我国职工基本养老保险
地区分割统筹状况的调查 [N]. 光明日报, 2013-07-23 (15).

[57] 郑功成. 中国大陆劳工保障制度的变迁与发展 [J]. 经济评论, 2001 (2): 63-67.

[58] 郑功成. 中国社会保障改革与制度建设 [J]. 中国人民大学学报, 2003 (1):
17-25.

[59] 郑功成. 中国社会保障制度改革的新思考 [G]. 公平与效率——中德社会保障体制
改革研讨会论文集, 2007, 1: 58-67.

[60] 郑功成. 中国养老保险制度的未来发展 [J]. 劳动保障通讯, 2003 (3): 22-27.

[61] 郑尚元. 公开、规范与定型——养老保险制度从政策到法律 [J]. 法学, 2005
(9): 99-107.

[62] 郑伟, 袁新钊. 名义账户制对中国养老保险改革的贡献和挑战 [G]. 第五届中国保
险教育论坛文集 (厦门大学), 2009, 11.

[63] 中国经济体制改革总体设计课题组. 企业社会保障职能的独立化 [J]. 经济研究,
1993 (11): 15-22.

[64] 周弘, 张浚. 福利伦理的演变: "责任" 概念的共性与特性 [J]. 社会保障研究,
2014 (1): 1-12.

[65] 朱玲. 计划经济下的社会保护评析 [J]. 中国社会科学, 1998 (5): 25-36.